Strafrechtliche Probleme bei der illegalen Beschäftigung von Positivstaatern, insbesondere Angehörigen mittel- und osteuropäischer Staaten

Europäische Hochschulschriften
Publications Universitaires Européennes
European University Studies

Reihe II
Rechtswissenschaft

Série II Series II
Droit
Law

Bd./Vol. 3984

PETER LANG
Frankfurt am Main · Berlin · Bern · Bruxelles · New York · Oxford · Wien

Holger Maaß

Strafrechtliche Probleme bei der illegalen Beschäftigung von Positivstaatern, insbesondere Angehörigen mittel- und osteuropäischer Staaten

PETER LANG
Europäischer Verlag der Wissenschaften

Bibliografische Information Der Deutschen Bibliothek
Die Deutsche Bibliothek verzeichnet diese Publikation in der Deutschen Nationalbibliografie; detaillierte bibliografische Daten sind im Internet über <http://dnb.ddb.de> abrufbar.

Zugl.: Berlin, Freie Univ., Diss., 2004

D 188
ISSN 0531-7312
ISBN 3-631-52744-6

www.peterlang.de

Vorwort

Die vorliegende Arbeit wurde im Wintersemester 2003/04 vom Fachbereich Rechtswissenschaft der Freien Universität Berlin als Dissertation angenommen.

Dank sagen möchte ich all denen, die meine Dissertation mit Rat und Tat gefördert haben: Herrn Prof. Dr. Axel Montenbruck, der die Arbeit betreut und mit Geduld unterstützt hat, und Herrn Prof. Dr. Klaus Rogall, der das Zweitgutachten erstellt hat. Besonderen Dank schulde ich meiner Familie, meinen Freunden und Kollegen, die mich auf meinem Weg begleitet und mir uneingeschränkten Rückhalt geboten haben. Herauszuheben ist hier mein Vater, der nach fast 40-jähriger Tätigkeit in verwaltungsrechtlicher Praxis und Lehre keine Mühen gescheut hat, sich (erneut) in die strafrechtliche Dogmatik einzuarbeiten, um mir als kompetenter Diskussionspartner zur Verfügung zu stehen. Ohne seine konstruktive Kritik und sein stets offenes Ohr hätte ich die Arbeit nicht vollenden können. Nicht zuletzt habe ich Frau Ursula Raden für die professionelle Erstellung der Druckvorlage zu danken.

Das Manuskript habe ich im Juni 2003 abgeschlossen. Die Rechtslage wird sich zum 1. Mai 2004 insoweit ändern, als dann ein Teil der in der Untersuchung genannten mittel- und osteuropäischen Staaten der Europäischen Union beitritt und damit die langjährige Phase der Binnenmarktassoziierung beenden wird. Die Beitrittsakte enthält zur Arbeitnehmerfreizügigkeit (Art. 39 EU-Vertrag) und zur Dienstleistungsfreiheit (Art. 49 EU-Vertrag) Übergangsregelungen. Die Bundesrepublik Deutschland kann demzufolge nach dem „2+3+2“-Modell die Arbeitnehmerfreizügigkeit zur vorübergehenden Abschottung des heimischen Arbeitsmarktes und zur Aufrechterhaltung der Stabilität des innerstaatlichen Sozialversicherungssystems in drei Etappen auf längstens sieben Jahre beschränken. Sie wird zunächst in der ersten Phase von dieser Möglichkeit Gebrauch machen, sodass sich für Positivstaater, die aus den ab 1. Mai 2004 zur Europäischen Union gehörenden mittel- und osteuropäischen Staaten stammen und in Deutschland als Arbeitnehmer eine Erwerbstätigkeit ausüben wollen, grundsätzlich nichts ändert: Für sie gelten weiterhin die nationalen Regelungen insbesondere auch zur Aufenthalts- und Arbeitsgenehmigungspflicht.

Die zur Dienstleistungsfreiheit getroffene Übergangsregelung betrifft demgegenüber nur einen Teilbereich der Dienstleistungen und ist unter anderem auch in ihrem persönlichen Anwendungsbereich begrenzt. So kann beispielsweise jemand, der als Selbständiger persönlich handelnd Dienstleistungen in Deutschland erbringen will, ab dem 1. Mai 2004 von der Dienstleistungsfreiheit gemäß den allgemeinen gemeinschaftsrechtlichen Regelungen Gebrauch machen.

Berlin/Zittau, im März 2004 Holger Maaß

Gliederung

Literaturverzeichnis 15

1. Kapitel: Einleitung, Problemstellung und Gliederung der Arbeit 37

A. Einleitung 37
I. Begriff der illegalen Beschäftigung 37
II. Illegale Beschäftigung von Ausländern 38
1. Gründe 38
2. Umfang und Struktur 39
3. Auswirkungen 42
4. Bekämpfung 42

B. Problemstellung 43

C. Gliederung der Arbeit 44

2. Kapitel: Straftaten und Ordnungswidrigkeiten aus verwaltungsakzessorischen Tatbeständen 47

A. Einleitung 47
I. Genehmigungsvorbehalt im öffentlichen Recht 47
II. Absicherung des Genehmigungsvorbehaltes durch flankierende Straf- und Ordnungswidrigkeitentatbestände 48
III. Bindung des Strafrechts an verwaltungsrechtliche Vorgaben 49

B. Straftaten und Ordnungswidrigkeiten nach dem Ausländerrecht 52
I. Genehmigungsvorbehalt im Ausländerrecht 52
II. Straftaten und Ordnungswidrigkeiten des Arbeitnehmers 53
1. Einleitung 53
2. Unerlaubte Einreise - § 92 Abs. 1 Nr. 6 AuslG 54
a. Subjektive Theorie 54
b. Objektive Theorie 55
c. Stellungnahme 56
aa. Wortauslegung 56
bb. Logisch-systematische Auslegung: Vergleich mit §§ 8 Abs. 1, 60, 69 AuslG 57
aaa. § 8 Abs. 1 AuslG 57
bbb. § 60 AuslG 57
ccc. § 69 AuslG 57
cc. Historische Auslegung 58
dd. Teleologische Auslegung 59
d. Rechtslage seit In-Kraft-Treten der EU-VisaVO 59
e. Zwischenergebnis 60
3. Unerlaubter Aufenthalt - §§ 92 Abs. 1 Nr. 1 AuslG, 15 StGB 61
a. Tathandlung: Aktives Tun oder Unterlassen? 61
aa. Echtes Unterlassungsdelikt und Vollziehbarkeit der Ausreisepflicht 61

aaa. § 42 Abs. 2 Satz 1 Nr. 1 AuslG 63
bbb. § 42 Abs. 2 Satz 1 Nr. 2 AuslG 63
ccc. § 42 Abs. 2 Satz 1 Nr. 3 AuslG 63
bb. Stellungnahme 64
b. Ohne Aufenthaltsgenehmigung 66
aa. Begriff der Erwerbstätigkeit, § 12 DVAuslG 66
aaa. § 12 Abs. 2 bis 4 DVAuslG 66
bbb. § 12 Abs. 5 DVAuslG 68
(1) § 9 Nr. 1 ArGV und Europa-Abkommen 68
(2) § 9 Nr. 6 ArGV 71
(3) § 9 Nr. 7 ArGV 71
ccc. Erwerbstätigkeit i.S.d. § 12 Abs. 1 DVAuslG 72
(1) Gewinnerzielungsabsicht 73
(2) Vereinbarung eines Entgelts 74
(3) Üblichkeit eines Entgelts 75
(4) Erfordernis einer Arbeitsgenehmigung 76
(5) Erfordernis einer Berufsausübungserlaubnis 78
bb. Zwischenergebnis und Art. 20 SDÜ 79
cc. Rechtswidrige Aufenthaltsgenehmigung 80
aaa. Verwaltungsrechtliche Wirksamkeit der rechtswidrigen Genehmigung 80
bbb. Strafrechtliche Konsequenzen 81
(1) Strenge oder formelle Verwaltungsakts-akzessorietät 81
(2) Materiell-rechtliche Verwaltungsaktsakzessorietät 83
(3) Differenzierender Lösungsansatz 83
ccc. Zwischenergebnis 84
dd. Ausnutzen einer rechtsmissbräuchlich erlangten Genehmigung 84
aaa. Verwaltungsrechtliche Beurteilung 85
bbb. Strafrechtliche Beurteilung 85
(1) Spezielle gesetzliche Regelungen 85
(a) § 330d Nr. 5 StGB 85
(b) § 34 Abs. 8 AWG 86
(c) § 16 Abs. 4 CWÜAG 87
(2) Allgemeine Berücksichtigung des Rechtsmissbrauchs 87
(a) Mindermeinung 87
(b) Herrschende Meinung 88
(c) Zwischenergebnis 88
ee. Widerruf oder Rücknahme der Aufenthaltsgenehmigung 90
ff. Unklarheit über die Genehmigungsbedürftigkeit 91
gg. Genehmigungsfähigkeit 92
c. Ohne Duldung 93
d. Weitere Voraussetzungen der Strafbarkeit 93
aa. Subjektiver Tatbestand 93
bb. Rechtswidrigkeit 94
cc. Schuld, insbesondere § 17 StGB 95

e. Konkurrenzen 95
4. Fahrlässiger unerlaubter Aufenthalt - § 93 Abs. 1 i.V.m. § 92 Abs. 1 Nr. 1 AuslG 98
III. Straftaten des Arbeitgebers 99
1. Beihilfe zum unerlaubten Aufenthalt - §§ 92 Abs. 1 Nr. 1 AuslG, 27 StGB 99
a. Allgemeines 99
b. Anwendbarkeit des § 28 Abs. 1 StGB 101
aa. Besonderes persönliches Merkmal 102
bb. Täter- oder Tatbezogenheit 103
c. Weitere Voraussetzungen der Strafbarkeit 104
aa. Subjektiver Tatbestand 104
bb. Rechtswidrigkeit 104
2. Einschleusen von Ausländern - § 92a Abs. 1 AuslG 105
a. Wortauslegung 105
aa. Wortlaut des Tatbestandes 105
bb. Wortlaut der amtlichen Überschrift 105
b. Historische Auslegung 106
aa. § 47a AuslG 1965 106
bb. § 92 Abs. 2 AuslG 1990 a.F. 108
cc. § 92a Abs. 1 AuslG 108
c. Stellungnahme 109
d. Weitere Tatbestandsvoraussetzungen 110
aa. Erhalt oder Sichversprechenlassen eines Vermögensvorteils 110
bb. Wiederholtes Handeln 112
cc. Begünstigung mehrerer Ausländer 113
e. Gewerbsmäßiges Handeln - § 92a Abs. 2 Nr. 1 AuslG 114
f. Zwischenergebnis 114

C. Straftaten und Ordnungswidrigkeiten nach dem Arbeitsförderungsrecht (SGB III) 115
I. Genehmigungsvorbehalt im Arbeitsförderungsrecht 115
II. Ordnungswidrigkeiten des Arbeitnehmers und des Arbeitgebers 116
III. Straftaten des Arbeitgebers 116
1. Beschäftigung von Ausländern ohne Genehmigung und zu ungünstigen Arbeitsbedingungen - § 406 SGB III 116
a. Objektiver Tatbestand des Absatzes 1 117
aa. Arbeitsbedingungen und Vergleichsmaßstab 117
bb. Auffälliges Missverhältnis 118
aaa. Prozentuale Orientierungsmarken 118
bbb. Stellungnahme 118
b. Weitere Voraussetzungen der Strafbarkeit 120
c. Besonders schwere Fälle 120
2. Beschäftigung von Ausländern ohne Genehmigung in größerem Umfang - § 407 SGB III 121

a. Objektiver Tatbestand des Absatzes 1 121
b. Weitere Voraussetzungen der Strafbarkeit und Absatz 2 123

D. Straftaten und Ordnungswidrigkeiten nach dem Arbeitnehmerüberlassungsgesetz (AÜG) 123
I. Allgemeines 123
1. Einleitung 123
2. Werkverträge als faktische Arbeitnehmerüberlassung 124
II. Genehmigungsvorbehalt im Arbeitnehmerüberlassungsrecht 126
III. Straftaten und Ordnungswidrigkeiten des Verleihers 126
1. Ordnungswidrigkeiten 126
2. Straftat - § 15 AÜG 127
a. Objektiver Tatbestand 127
b. Weitere Voraussetzungen der Strafbarkeit 127
c. Besonders schwere Fälle 127
IV. Straftaten und Ordnungswidrigkeiten des Entleihers 128
1. Ordnungswidrigkeiten 128
2. Straftaten 129
a. Illegaler Verleih 129
b. Legaler Verleih - § 15a AÜG 129

3. Kapitel: Strafbarkeit nach dem StGB 131

A. Strafbarkeit des Arbeitgebers 131
I. (Lohn-)Wucher - § 291 Abs. 1 Satz 1 Nr. 3 StGB 131
1. Lohnwucher in der strafrechtlichen Praxis 131
a. Bis zum 31.08.1976 131
b. 01.09.1976 bis Mitte 1997 131
c. Seit Mitte 1997 132
2. Objektiver Tatbestand 132
a. Leistung und Gegenleistung 132
aa. Leistung des Arbeitgebers 133
bb. Vermögensvorteile des Arbeitgebers 133
aaa. Arbeitsleistung als Vermögensvorteil 133
bbb. Bewertung der Arbeitsleistung: Vergleichsmaßstäbe 134
(1) Tariflohn und Marktwert (Marktpreis) 134
(2) Allgemeinverbindlicher Tarifvertrag und Arbeitnehmer-Entsendegesetz 135
(a) Allgemeinverbindlicher Tarifvertrag 135
(b) Arbeitnehmer-Entsendegesetz 136
(aa) Persönlicher Geltungsbereich des Gesetzes 137
(bb) Allgemeinverbindlicherklärung durch Rechtsverordnung 138
(3) Nicht allgemeinverbindlicher Tarifvertrag 138
b. Missverhältnis zwischen Leistung und Gegenleistung 139
aa. Herrschende Meinung 139
bb. Kritik an der herrschenden Meinung 139

aaa. Entscheidungen des Reichsgerichts 142
bbb. Schrifttum 143
cc. Zwischenergebnis 144
c. Auffälligkeit des Missverhältnisses 145
aa. Definition und Kritik 145
bb. Teilweise Konkretisierung des Begriffs durch Rechtsprechung und Schrifttum 145
cc. Prozentuale Orientierungsmarken für den Lohnwucher 146
aaa. 50-Prozent-Marke 146
bbb. 20-Prozent-Marke 146
ccc. Stellungnahme 147
d. Opferschwäche „Unerfahrenheit“ 147
aa. Herrschende Meinung 147
bb. Mindermeinung 148
cc. Unerfahrenheit auf bestimmtem Gebiet 148
dd. Besonderheiten bei ausländischen Arbeitnehmern 149
e. Ausbeuten der Opferschwäche 149
aa. Bewusstes Ausnutzen der Opferschwäche 149
bb. Ausnutzen der Opferschwäche in besonders anstößiger Weise 150
cc. Stellungnahme 150
3. Weitere Voraussetzungen der Strafbarkeit 151
4. Besonders schwere Fälle 151
II. Vorenthalten von Arbeitsentgelt oder (Beitrags-)Betrug 152
1. Sozialversicherungspflicht ausländischer Arbeitnehmer 152
2. Vorenthalten von Arbeitsentgelt - § 266a Abs. 1 und 4 StGB 152
a. Arbeitsverhältnis 153
b. Arbeitgeber und Täter 153
c. Schaden 153
d. Weitere Voraussetzungen der Strafbarkeit 154
e. Besonders schwere Fälle 154
3. (Beitrags-)Betrug - § 263 Abs. 1 und 3 StGB 155
a. Abgrenzung zu § 266a Abs. 1 StGB 155
b. Täter 156
c. Tathandlung 156
d. Schaden 157
e. Weitere Voraussetzungen der Strafbarkeit 157
f. Besonders schwere Fälle 157
III. Bildung krimineller Vereinigungen - § 129 StGB 157

B. Strafbarkeit des Arbeitnehmers 158

4. Kapitel: Straftaten und Ordnungswidrigkeiten nach sonstigen Vorschriften 159

A. Steuerhinterziehung - § 370 AO 159
I. § 370 Abs. 1 Nr. 1 AO 159
1. Täter 159

a. Steuerpflicht des ausländischen Arbeitnehmers 159
b. Steuerpflicht des Arbeitgebers 160
2. Tathandlung 161
3. Steuerverkürzung 161
4. Kausalität 161
5. Schaden 161
6. Weitere Voraussetzungen der Strafbarkeit 162
II. § 370 Abs. 1 Nr. 2 AO 162
1. Täter 162
2. Tathandlung 163
3. Steuerverkürzung 163
4. Kausalität 163
5. Weitere Voraussetzungen der Strafbarkeit 164
III. Besonders schwere Fälle - § 370 Abs. 3 Nr. 1 AO 164

B. Ordnungswidrigkeit des Arbeitgebers nach § 5 Abs. 1 Nr. 1 AEntG 164

5. Kapitel: Rechtsfolgen der Taten 165

A. Strafzumessung 165
I. Grundzüge der Strafzumessung 165
II. Bestimmung des gesetzlichen Strafrahmens 166
1. Besonders schwere Fälle 166
2. Vertypte Milderungsgründe 167
a. § 27 Abs. 2 Satz 2 StGB 167
b. § 46a StGB 167
aa. Voraussetzungen 168
bb. Anwendbarkeit bei Nachzahlung hinterzogener Steuern und Sozialversicherungsbeiträge 168
cc. Zwischenergebnis 170
III. Bestimmung des Schuldrahmens 170
1. Strafzumessungsgründe 170
a. Strafzumessungserhebliche Faktoren für Arbeitnehmer und Arbeitgeber 171
aa. Strafschärfend 171
bb. Strafmildernd 172
b. Zusätzliche strafzumessungserhebliche Faktoren beim Arbeitnehmer 173
aa. Ausländereigenschaft 173
bb. Besondere Strafempfindlichkeit 174
cc. Ausländerrechtliche Folgen 174
c. Zusätzliche strafzumessungserhebliche Faktoren beim Arbeitgeber 174
d. Schutz des Wettbewerbs als Strafzumessungsfaktor 175
2. Doppelverwertungsverbot 175
IV. Festlegung der Strafe 176

B. Berufsverbot und Verfall 177
I. Berufsverbot - § 70 StGB 177
II. Verfall - §§ 73, 73a StGB 177

C. Abschluss des Ermittlungsverfahrens 178
I. Einstellungsmöglichkeiten 178
1. § 153 Abs. 1 StPO 179
2. § 153a Abs. 1 StPO 179
3. § 154b Abs. 3 StPO 179
II. Erhebung der öffentlichen Klage 180
1. Zustellungsbevollmächtigung - Zweck, Verfahren und Wirkung 181
2. Wiedereinsetzung in den vorigen Stand 182
3. Geldstrafe als faktische Freiheitsstrafe 183
4. Fazit und Ausblick 185

D. Zumessung der Geldbuße 186

E. Außerstrafrechtliche Konsequenzen 189
I. Einleitung 189
II. Vergabesperre nach § 5 SchwarzarbG 189
III. Generalunternehmerhaftung nach § 28e Abs. 3a SGB IV 190
IV. Unterlassungsklage nach § 1 UWG 191
V. Entwurf eines Tariftreuegesetzes 192
VI. Ausschluss als Geschäftsführer oder Vorstand 192
VII. Gewerberechtliche Maßnahmen nach den §§ 15 Abs. 2 Satz 1, 35 GewO 193
VIII. Ausweisung 194

Zusammenfassung 197

Literaturverzeichnis

Abramenko, Andrik	Unerlaubter Aufenthalt und rechtfertigender Notstand - Zur Anwendung von § 34 StGB auf ausländerrechtliche Strafvorschriften - NStZ 2001, 71 ff.
Arzt, Gunther	Die fortgesetzte Handlung geht - die Probleme bleiben JZ 1994, 1000 ff.
Arzt, Gunther/ Weber, Ulrich	Strafrecht Besonderer Teil 2000
Aurnhammer, Katharina	Spezielles Ausländerstrafrecht Die Straftatbestände des Ausländergesetzes und des Asylverfahrensgesetzes. Eine vergleichende Untersuchung. 1996
Baumann, Jürgen/ Weber, Ulrich/ Mitsch, Wolfgang	Strafrecht Allgemeiner Teil 10. Auflage 1995
Becker, Friedrich	Abgrenzung der Arbeitnehmerüberlassung gegenüber Werk- und Dienstverträgen DB 1988, 2561 ff.
Bernsmann, Klaus	Anmerkung zum Urteil des BGH vom 22.04.1997 (BGHSt 43, 53) JZ 1998, 629 ff.
Beuthien, Volker	Das fehlerhafte Arbeitsverhältnis als bürgerlich-rechtliches Abwicklungsproblem RdA 1969, 161 ff.
Bieback, Karl-Jürgen	Rechtliche Probleme von Mindestlöhnen, insbesondere nach dem Arbeitnehmer-Entsendegesetz RdA 2000, 207 ff.
	Grundprobleme des Arbeitserlaubnisrechts ZAR 1995, 99 ff.

Blesinger, Karl — Zur Anwendung des Täter-Opfer-Ausgleichs nach § 46a StGB im Steuerstrafrecht
wistra 1996, 90 f.

Böhm, Wolfgang — Arbeitnehmer-Entsendegesetz als „Ermächtigungsgesetz“?
NZA 1999, 128 ff.

Bogdandy, Armin von — Die außenwirtschaftliche Genehmigung: Rechtsnatur und Rechtsfolgen
VerwArch Bd. 83 (1992), 53 ff.

Brähler, Volker — Die rechtliche Behandlung von Serienstraftaten und -ordnungswidrigkeiten
2000

Brauns, Uwe — Zur Anwendbarkeit des § 46a StGB im Steuerstrafrecht
wistra 1996, 214 ff.

Breuer, Rüdiger — Verwaltungsrechtlicher und strafrechtlicher Umweltschutz - Vom Ersten zum Zweiten Umweltkriminalitätsgesetz
JZ 1994, 1077 ff.

Probleme der Zusammenarbeit zwischen Verwaltung und Strafverfolgung auf dem Gebiet des Umweltschutzes
AöR Bd. 115 (1990), 448 ff.

Empfehlen sich Änderungen des strafrechtlichen Umweltschutzes insbesondere in Verbindung mit dem Verwaltungsrecht?
NJW 1988, 2072 ff.

Konflikte zwischen Verwaltung und Strafverfolgung
DÖV 1987, 169 ff.

Briel, Olaf G. von — Anmerkung zum Beschluss des BayObLG vom 28.02.1996 (NStZ 1997, 33)
NStZ 1997, 33 f.

Brüning, Christoph	Widerspruchsfreiheit der Rechtsordnung - Ein Topos mit verfassungsrechtlichen Konsequenzen? NVwZ 2002, 33 ff.
Bruns, Hans-Jürgen	Das Recht der Strafzumessung 2. Auflage 1985
Bückle, Bodo	Beschäftigung von Leiharbeitnehmern ohne Arbeitserlaubnis BB 1981, 1529 ff.
Bückle, Bodo/ Handschuch, Wolfgang/ Walzel, Werner	Aktuelle Probleme der Arbeitnehmerüberlassung GewArch 1982, 209 ff. und 249 ff.
Bundeskriminalamt	Polizeiliche Kriminalstatistik Bundesrepublik Deutschland Berichtsjahr 2001
Bundesministerium der Justiz	Empfehlungen zur Ausgestaltung von Straf- und Bußgeldvorschriften im Nebenstrafrecht 2. Auflage 1999
Büttner, Erhard	Schwarzarbeit, Leistungsmissbrauch und kein Ende GewArch 1994, 7 ff.
Calliess, Rolf-Peter	Der Rechtscharakter der Regelbeispiele im Strafrecht NJW 1998, 929 ff.
Cramer, Steffen	Bemessung von Geldbuße und Verfall gemäß §§ 17, 29a OWiG unter Berücksichtigung der steuerlichen Belastung sowie der Einnahmen aus rechtmäßigem Alternativverhalten wistra 1996, 248 ff.
Danwitz, Thomas von	Die Rechtsprechung des EuGH zum Entsenderecht EuZW 2002, 237 ff.
Däubler, Wolfgang	Ein Antidumping-Gesetz für die Bauwirtschaft DB 1995, 726 ff.

Detter, Klaus	Zum Strafzumessungs- und Maßregelrecht NStZ 2001, 130 ff.
Dieckmann, Jochen	Europäische Kooperation im Bereich der Strafrechtspflege NStZ 2001, 617 ff.
Dierlamm, Alfred	Anmerkung zum Urteil des BGH vom 18.11.1999 (NStZ 2000, 205) NStZ 2000, 536 f.
Dolde, Klaus-Peter	Zur Verwaltungsrechtsakzessorietät von § 327 StGB NJW 1988, 2329 ff.
Dölling, Dieter	Umweltstrafrecht und Verwaltungsrecht JZ 1985, 461 ff.
Drathjer, Johann	Die Abschöpfung rechtswidrig erlangter Vorteile im Ordnungswidrigkeitenrecht 1997
Dreher, Eduard	Über Strafrahmen, in: Festschrift für Hans-Jürgen Bruns zum 70. Geburtstag 1978, S. 141 ff.
Dreher, Eduard/ Tröndle, Herbert	Strafgesetzbuch und Nebengesetze 47. Auflage 1995
Duden	Das große Wörterbuch der deutschen Sprache Band 8 3. Auflage 1999
Dünnebier, Hanns	Sicherstellung der Strafvollstreckung durch Sicherheitsleistung (§§ 127a, 132 StPO) NJW 1968, 1752 ff.
Eisenberg, Ulrich	Kriminologie 5. Auflage 2000
Ensenbach, Hans-Peter	Probleme der Verwaltungsakzessorietät im Umweltstrafrecht 1988

Erbs, Georg/ Kohlhaas, Max — Strafrechtliche Nebengesetze
Stand: Oktober 2002 (147. Ergänzungslieferung)

Erdmann, Joachim — Maßnahmen zur Bekämpfung der illegalen Beschäftigung und Schwarzarbeit
NdsVBl. 1999, 259 ff.

Erichsen, Hans-Uwe/ Ehlers, Dirk — Allgemeines Verwaltungsrecht
12. Auflage 2002

Fehrenbacher, Ansgar — Ausländerrechtliche Behandlung von Straßenmusikanten
ZAR 2002, 58 ff.

Feuerborn, Andreas — Rahmenbedingungen für den grenzüberschreitenden Einsatz von Fremdfirmenpersonal in Deutschland
WiVerw 1996, 262 ff.

Forsthoff, Ernst — Lehrbuch des Verwaltungsrechts
Erster Band: Allgemeiner Teil
10. Auflage 1973

Fortun, Steffen — Die behördliche Genehmigung im strafrechtlichen Deliktsaufbau
1998

Fraenkel, Michael — Einführende Hinweise zum neuen Ausländergesetz
1991

Franzheim, Horst — Das strafrechtliche Instrumentarium zur Bekämpfung der illegalen Arbeitnehmerüberlassung
JR 1982, 89 ff.

Fries, Rainer — Strafrechtliche Probleme im Zusammenhang mit illegaler Arbeitnehmerüberlassung, insbesondere die Strafbarkeit des Ver- und Entleihers nach § 266a I StGB
1987

Gagel, Alexander — Sozialgesetzbuch III - Arbeitsförderung -
Stand: 01.03.2001 (16. Ergänzungslieferung)

Gargulla, Tanja

Die arbeits- und aufenthaltsrechtlichen Begünstigungen für osteuropäische Arbeitnehmer und Selbständige durch die Europa-Abkommen - Sein oder Schein?
InfAuslR 1995, 181 ff.

Geisler, Claudius

Bekämpfung der Schleuserkriminalität
ZRP 2001, 171 ff.

Der Beschluss des Großen Strafsenats zum Fortsetzungszusammenhang
- BGH - Beschl. vom 3.5.1994 - GSSt 2 und 3/93
Jura 1995, 74 ff.

Geppert, Klaus

Die Anstiftung (§ 26 StGB)
Jura 1997, 299 ff.

Zur straf- und strafverfahrensrechtlichen Bewältigung von Serienstraftaten nach Wegfall der Rechtsfigur der „fortgesetzten Handlung"
NStZ 1996, 57 ff. und 118 ff.

Die „fortgesetzte Tat" im Spiegel jüngerer Rechtsprechung und neuerer Literatur
Jura 1993, 649 ff.

Die Ahndung von Verkehrsverstößen durchreisender ausländischer Kraftfahrer
GA 1979, 281 ff.

Geulen, Reiner

Grundlegende Neuregelung des Umweltstrafrechts
ZRP 1988, 323 ff.

Giehring, Heinz

Das Absehen von der Strafvollstreckung bei Ausweisung und Auslieferung ausländischer Strafgefangener nach § 456a StPO, in:
Strafverfolgung und Strafverzicht - Festschrift zum 125jährigen Bestehen der Staatsanwaltschaft Schleswig-Holstein -
1992, S. 469 ff.

Giesler, Frank

Illegale Beschäftigung und Sozialversicherung
BB 1985, 1798 f.

GK-AsylVfG — Gemeinschaftskommentar zum Asylverfahrensgesetz 1992; Stand: Juni 2002 (64. Aktualisierungslieferung)

GK-AuslR — Gemeinschaftskommentar zum Ausländerrecht
Stand: Juli 2002 (67. Aktualisierungslieferung)

GK-SGB III — Gemeinschaftskommentar zum Arbeitsförderungsrecht
Stand: November 2002 (62. Ergänzungslieferung)

Göhler, Erich — Gesetz über Ordnungswidrigkeiten
13. Auflage 2002

Greßmann, Michael — Strafbefehlsverfahren mit Auslandsberührung
NStZ 1991, 216 ff.

Gromitsaris, Athanasios — Die Unterscheidung zwischen präventivem Verbot mit Erlaubnisvorbehalt und repressivem Verbot mit Befreiungsvorbehalt
DÖV 1997, 401 ff.

Groß, Karl-Heinz — Zum Absehen von der Strafvollstreckung gegenüber Ausländern nach § 456a StPO
StV 1987, 36 ff.

Hailbronner, Kay — Ausländerrecht
Stand: August 2002 (31. Ergänzungslieferung)

Hamann, Wolfgang — Die Grenze zwischen illegaler Arbeitnehmerüberlassung und erlaubtem Fremdpersonaleinsatz im Rahmen von Dienst- und Werkverträgen
WiVerw 1996, 212 ff.

Hamm, Rainer — Das Ende der fortgesetzten Handlung
NJW 1994, 1636 f.

Hanau, Peter — Das Arbeitnehmer-Entsendegesetz
NJW 1996, 1369 ff.

Hassemer, Winfried	Perspektiven einer neuen Kriminalpolitik StV 1995, 483 ff.
Heidig, Stefan/ Langner, Olaf	Haftbefehl bei Verstoß gegen das Ausländergesetz StraFo 2002, 156 ff.
Heine, Günter	Verwaltungsakzessorietät des Umweltstrafrechts NJW 1990, 2425 ff.
Heine, Günter/ Meinberg, Volker	Empfehlen sich Änderungen im strafrechtlichen Umweltschutz, insbesondere in Verbindung mit dem Verwaltungsrecht? In: Verhandlungen des Siebenundfünfzigsten Deutschen Juristentages Mainz 1988, Band I - Gutachten, D 1 ff.
Heinsius, Detlev	Das Rechtsgut des Wuchers 1996
Herrmann, Elisabeth	Literaturauswahl der Kriminologischen Zentralstelle zum Tagungsthema, in: Zur Rechtswirklichkeit nach Wegfall der „fortgesetzten Tat“, herausgegeben von Claudius Geisler 1998, S. 173 ff.
Hohendorf, Andreas	Das Individualwucherstrafrecht nach dem ersten Gesetz zur Bekämpfung der Wirtschaftskriminalität von 1976 1982
Hohmann, Olaf	Zur eingeschränkten Anwendbarkeit von § 129 StGB auf Wirtschaftsdelikte wistra 1992, 85 ff.
Holthausen, Dieter	Die Strafbarkeit der Ausfuhr von Kriegswaffen und sonstigen Rüstungsgütern - 2. Teil - NStZ 1988, 256 ff.
Horn, Eckhard	Strafbares Fehlverhalten von Genehmigungs- und Aufsichtsbehörden? NJW 1981, 1 ff.

Hübenett, Carolin	Rechtswidrige behördliche Genehmigung als Rechtfertigungsgrund - ein gelöstes strafrechtliches Problem? 1986
Huber, Bertold	Anmerkung zum Urteil des EuGH vom 20.11.2001 (EuZW 2002, 120) EuZW 2002, 125 ff.
	Handbuch des Ausländer- und Asylrechts Stand: 01.02.2002 (16. Ergänzungslieferung)
Hübschmann, Walter/ Hepp, Ernst/ Spitaler, Armin	Abgabenordnung Finanzgerichtsordnung Stand: September 2002 (174. Ergänzungslieferung)
Husmann, Manfred	Der erstmalige Zugang zum deutschen Arbeitsmarkt für Drittstaatsangehörige aus EG-assoziierten Ländern SGb 1999, 593 ff.
Ignor, Alexander/ Rixen, Stephan	Grundprobleme und gegenwärtige Tendenzen des Arbeitsstrafrechts NStZ 2002, 510 ff.
Institut für Angewandte Wirtschaftsforschung (IAW)	Pressemitteilung vom 25.01.2002, in: IAW-Mitteilungen 4/2001, 22
Jakobs, Günther	Strafrecht Allgemeiner Teil 2. Auflage 1991 (Lehrbuch)
Jarass, Hans D.	Die Widerspruchsfreiheit der Rechtsordnung als verfassungsrechtliche Vorgabe AöR Bd. 126 (2001), 588 ff.
Jescheck, Hans-Heinrich/ Weigend, Thomas	Lehrbuch des Strafrechts, Allgemeiner Teil 5. Auflage 1996
Jung, Heike	Die fortgesetzte Handlung JuS 1989, 289 ff.
Kindhäuser, Urs	Zur Struktur des Wuchertatbestands NStZ 1994, 105 ff.

KK-OWiG	Karlsruher Kommentar zum Gesetz über Ordnungswidrigkeiten 2. Auflage 2000
Klein, Franz	Abgabenordnung 7. Auflage 2000
Klesczewski, Diethelm	Anmerkung zum Urteil des BayObLG vom 27.02.1998 (NJW 1999, 1794) StV 1999, 257 ff.
Klinge, Gabriele	Die Bedeutung der Schwarzarbeit für das Handwerk WiVerw 1986, 154 ff.
Kloepfer, Michael	Umweltrecht 2. Auflage 1998
Kloesel, Arno/ Christ, Rudolf/ Häußer, Otto	Deutsches Ausländerrecht Stand: Mai 2002 (52. Ergänzungslieferung)
Kolb	Bericht des Ausschusses für Arbeit und Sozialordnung (11. Ausschuss) zu den Gesetzentwürfen BT-Drucksachen 9/800, 9/847, 9/192 und 9/199 BT-Drucksache 9/975, 20 ff.
König, Peter	Kann einem omnimodo facturus Beihilfe geleistet werden? NJW 2002, 1623 ff.
Konzen, Horst	Anmerkung zum Urteil des BAG vom 11.01.1973 (AP Nr. 30 zu § 138 BGB) AP Nr. 30 zu § 138 BGB, 4 f.
Kreß, Claus	Das Sechste Gesetz zur Reform des Strafrechts NJW 1998, 633 ff.
Kreutz, Peter	Gemeinsame Anmerkung zu den Urteilen des BAG vom 11.01.1973 - 5 AZR 322/72 und 5 AZR 321/72 - SAE 1974, 35 ff.

Kühl, Kristian	Probleme der Verwaltungsakzessorietät des Strafrechts, insbesondere im Umweltstrafrecht, in: Festschrift für Karl Lackner zum 70. Geburtstag 1987, S. 815 ff.
Kuhlen, Lothar	Zum Umweltstrafrecht in der Bundesrepublik Deutschland WiVerw 1991, 181 ff. und WiVerw 1992, 215 ff.
Lackner, Karl/ Kühl, Kristian	Strafgesetzbuch mit Erläuterungen 24. Auflage 2001
Lampe, Ernst-Joachim	Der strafrechtliche Schutz der Arbeitskraft, in: Festschrift für Reinhart Maurach zum 70. Geburtstag 1972, S. 375 ff.
Landmann, Robert von/ Rohmer, Gustav	Gewerbeordnung und ergänzende Vorschriften Stand: 01.07.2002 (42. Ergänzungslieferung)
Lange, Klaus	Vertrauensschutz nach dem Verwaltungsverfahrensgesetz Jura 1980, 456 ff.
Lange, Marina	Auswirkungen der Europa-Abkommen mit MOE-Staaten auf das nationale Ausländerrecht und Arbeitserlaubnisrecht GewArch 1997, 407 ff.
Langenscheidt	Großwörterbuch, Deutsch als Fremdsprache 4. Auflage 2000
Larenz, Karl	Methodenlehre der Rechtswissenschaft 6. Auflage 1991
Laubenthal, Klaus/ Baier, Helmut	Durch die Ausländereigenschaft bedingte Verbotsirrtümer und die Perspektiven europäischer Rechtsvereinheitlichung GA 2000, 205 ff.

Lauer, Hartmut	Anmerkung zum Urteil des BGH vom 11.02.2000 (NStZ 2000, 657) NStZ 2000, 661 ff.
Lenckner, Theodor	Behördliche Genehmigungen und der Gedanke des Rechtsmissbrauchs im Strafrecht, in: Festschrift für Gerd Pfeiffer zum Abschied aus dem Amt als Präsident des Bundesgerichtshofes 1988, S. 27 ff.
LK-StGB	Leipziger Kommentar zum Strafgesetzbuch 11. Auflage 1992 ff.
Lohre, Werner/ Mayer, Udo/ Stevens-Bartol, Eckart	Arbeitsförderung/Sozialgesetzbuch III 3. Auflage 2000
Lüdke, Hendrik	Anmerkung zum Beschluss des VGH Kassel vom 14.11.1995 (InfAuslR 1996, 276) InfAuslR 1996, 276 f.
Lutz, Hans-Joachim	Praktische Probleme des Ausländerstrafrechts InfAuslR 1997, 384 ff.
Maiwald, Manfred	Zur Problematik der „besonders schweren Fälle“ im Strafrecht NStZ 1984, 433 ff.
Marschall, Dieter	Bekämpfung illegaler Beschäftigung 2. Auflage 1994
Marschner, Andreas	Neuregelung des Rechts der Arbeitsgenehmigung für ausländische Arbeitnehmer BB 1998, 370 f.
Marx, Claudius	Die behördliche Genehmigung im Strafrecht 1993
Maunz, Theodor/ Dürig, Günter	Grundgesetz Band V (Art. 89 bis 146) Stand: Juni 2002 (40. Ergänzungslieferung)

Maurach, Reinhart/ Gössel, Karl Heinz/ Zipf, Heinz	Strafrecht Allgemeiner Teil Teilband 2: Erscheinungsformen des Verbrechens und Rechtsfolgen der Tat 7. Auflage 1989
Maurach, Reinhart/ Schroeder, Friedrich-Christian/ Maiwald, Manfred	Strafrecht Besonderer Teil Teilband 1: Straftaten gegen Persönlichkeits- und Vermögenswerte 8. Auflage 1995 Teilband 2: Straftaten gegen Gemeinschaftswerte 8. Auflage 1999
Maurach, Reinhart/ Zipf, Heinz	Strafrecht Allgemeiner Teil Teilband 1:Grundlehren des Strafrechts und Aufbau der Straftat 8. Auflage 1992
Maurer, Hartmut	Allgemeines Verwaltungsrecht 14. Auflage 2002
Meier, Bernd-Dieter	Konstruktive Tatverarbeitung im Strafrecht - Bestandsaufnahme und Reformperspektiven - GA 1999, 1 ff.
Meyer-Goßner, Lutz	Strafprozessordnung 46. Auflage 2003
Michel, Elmar/ Kienzle, Werner	Das Gaststättengesetz 13. Auflage 1999
Mitsch, Wolfgang	Bericht über die Strafrechtslehrertagung 1989 JZ 1989, 1047 ff.
Möhrenschläger, Manfred	Revision des Umweltstrafrechts NStZ 1994, 513 ff.
Montenbruck, Axel	Gesamtstrafe - eine verkappte Einheitsstrafe? JZ 1988, 332 ff.
	Zur Aufgabe der besonders schweren Fälle NStZ 1987, 311 ff.
Müller-Gugenberger, Christian/ Bieneck, Klaus	Wirtschaftstrafrecht 3. Auflage 2000

Münch, Ingo von/ Kunig, Philip — Grundgesetz-Kommentar
Band 3 (Art. 70 bis Art. 146)
3. Auflage 1996

Münchner Handbuch zum Arbeitsrecht — Band 1: Individualarbeitsrecht I
2. Auflage 2000

Murmann, Uwe — Zum Tatbestand der Beihilfe
JuS 1999, 548 ff.

Nack, Armin — Aufhebungspraxis der Strafsenate des BGH
- 1992 bis 1995 -
NStZ 1997, 153 ff.

§ 302a StGB - ein Faraday'scher Käfig für Kredithaie?
MDR 1981, 621 ff.

Nägele, Stefan — Wucher - Ein arbeitsrechtliches Problem
BB 1997, 2162 f.

Niesel, Klaus — SGB III
Sozialgesetzbuch - Arbeitsförderung
2. Auflage 2002

NK-StGB — Nomos Kommentar zum Strafgesetzbuch
Stand: 31.07.2002 (12. Ergänzungslieferung)

Odenthal, Hans-Jörg — Strafbewehrter Verwaltungsakt und verwaltungsrechtliches Eilverfahren
NStZ 1991, 418 ff.

Ossenbühl, Fritz — Verwaltungsrecht als Vorgabe für Zivil- und Strafrecht
DVBl. 1990, 963 ff.

Vertrauensschutz im sozialen Rechtsstaat
DÖV 1972, 25 ff.

Ott, Markus — Zur Abgrenzung von unerlaubter Einreise und der Einreise „ohne erforderliches Visum"
ZAR 1994, 76 ff.

Otto, Harro — Das Problem der Abgrenzung von Tun und Unterlassen
Jura 2000, 549 f.

Otto, Harro — Wettbewerbsbeschränkende Absprachen bei Ausschreibungen, § 298 StGB
wistra 1999, 41 ff.

Grundsätzliche Problemstellungen des Umweltstrafrechts
Jura 1991, 308 ff.

Anmerkung zum Beschluss des BayObLG vom 31.08.1984 (NJW 1985, 873) und zum Urteil des OLG Karlsruhe vom 11.10.1984 (JR 1985, 167)
JR 1985, 169 f.

Anmerkung zum Urteil des BGH vom 29.04.1983 (JR 1984, 251)
JR 1984, 252 ff.

Paeffgen, Hans-Ullrich — Verwaltungsakt-Akzessorietät im Umweltstrafrecht, in:
Festschrift für Walter Stree und Johannes Wessels zum 70. Geburtstag
1993, S. 587 ff.

Paetzold, Harald — Die Neuregelung rechtsmissbräuchlich erlangter Genehmigungen durch § 330d Nr. 5 StGB
NStZ 1996, 170 ff.

Peine, Franz-Joseph — Die Legalisierungswirkung
JZ 1990, 201 ff.

Pfaff, Victor — Der Begriff der unerlaubten Einreise im Ausländergesetz
ZAR 1992, 117 ff.

Pfeiffer, Gerd — Strafprozessordnung und Gerichtsverfassungsgesetz
4. Auflage 2002

Pollern, Hans-Ingo von — Das spezielle Strafrecht für Ausländer, Asylbewerber und EU-Ausländer im Ausländergesetz, Asylverfahrensgesetz und EWG-Aufenthaltsgesetz
ZAR 1996, 175 ff.

Ranft, Otfried | Anmerkung zum Urteil des BGH vom 25.01.1995 (NStZ 1995, 405) JZ 1995, 1186 ff.

Reinecke, Gerhard | Anmerkung zum Urteil des BGH vom 22.04.1997 (BGHSt 43, 53) ArbuR 1997, 453 ff .

Rengier, Rudolf | Die öffentlich-rechtliche Genehmigung im Strafrecht ZStW 101 (1989), 874 ff.

Renner, Günter | Ausländerrecht-Kommentar 7. Auflage 1999

Ausländerrecht in Deutschland 1998

Aufenthaltsrechtliche Grundlagen für Arbeitserlaubnis und Sozialleistungen ZAR 1995, 13 ff.

Renzikowski, Joachim | Anmerkung zum Urteil des BGH vom 22.04.1997 (BGHSt 43, 53) JR 1999, 166 ff.

Rittstieg, Helmut | Anmerkung zum Beschluss des OVG Bautzen vom 02.06.1995 (InfAuslR 1997, 69) InfAuslR 1997, 71

Rogall, Klaus | Die Verwaltungsakzessorietät des Umweltstrafrechts- Alte Streitfragen, neues Recht - GA 1995, 299 ff.

Grundprobleme des Abfallstrafrechts - 2. Teil - NStZ 1992, 561 ff.

Roxin, Claus | Strafrecht Allgemeiner Teil Band I: Grundlagen; der Aufbau der Verbrechenslehre 3. Auflage 1997

Rudolphi, Hans-Joachim | Primat des Strafrechts im Umweltschutz? - 1. Teil - NStZ 1984, 193 ff.

Rühl, Ulli F.H. | Grundfragen der Verwaltungsakzessorietät JuS 1999, 521 ff.

Samson, Erich — Konflikte zwischen öffentlichem und strafrechtlichem Umweltschutz
JZ 1988, 800 ff.

Sarstedt, Werner/ Hamm, Rainer — Die Revision in Strafsachen
6. Auflage 1998

Schäfer, Gerhard — Praxis der Strafzumessung
3. Auflage 2001

Schall, Hero — Umweltschutz durch Strafrecht: Anspruch und Wirklichkeit
NJW 1990, 1263 ff.

Schauer, Renate — Grenzen der Preisgestaltungsfreiheit im Strafrecht
1989

Scheffler, Uwe — Zum Verständnis des Wuchers gem. § 302a StGB
GA 1992, 1 ff.

Schenke, Wolf-Rüdiger/ Roth, Wolfgang — Die verwaltungsgerichtliche Feststellung strafbewehrter verwaltungsrechtlicher Pflichten
WiVerw 1997, 81 ff

Scheu, U. — Anmerkung zum Urteil des BGH vom 08.12.1981 (BGHSt 30, 280)
JR 1982, 474 f.

Schlewing, Anja/ Schuhmann, Helmut/ Heinz, Andreas — Ausländische Arbeitnehmer
1998

Schmidt, Andreas/ Schöne, Thomas — Das neue Umweltstrafrecht
NJW 1994, 2514 ff.

Schmidt, Gerold — Zum neuen strafrechtlichen Begriff der „Subvention“ in § 264 StGB
GA 1979, 121 ff.

Schmidt, H.W. — Die Schutzbehauptungen bei der Vorenthaltung von Arbeitnehmeranteilen nach § 533 RVO
JR 1961, 369 ff.

Schmidt, Jens — Verteidigung von Ausländern
2002

Schmidt, Ludwig — Einkommensteuergesetz
21. Auflage 2002

Schmidt-Aßmann, Eberhard — Besonderes Verwaltungsrecht
11. Auflage 1999

Schmitz, Roland — Verwaltungshandeln und Strafrecht
1991

Schneider, Friedrich/
Volkert, Jürgen/
Caspar, Sigried — Schattenwirtschaft und Schwarzarbeit: Beliebt bei vielen - Problem für alle
2002

Scholz, Franz — Kommentar zum GmbH-Gesetz
I. Band: §§ 1 bis 44, Anh. Konzernrecht
9. Auflage 2000

Schönke, Adolf/
Schröder, Horst — Strafgesetzbuch
26. Auflage 2001

Schröder, Meinhard/
Jarass, Hans D. — Verwaltungsrecht als Vorgabe für Zivil und Strafrecht, in:
Veröffentlichungen der Vereinigung der Deutschen Staatsrechtslehrer (VVDStRL)
Heft 50 (1991), 196 ff.

Schünemann, Bernd — Die Strafbarkeit von Amtsträgern im Gewässerstrafrecht
wistra 1986, 235 ff.

Schüren, Peter — Der Scheinwerkvertrag - Rechtsfolgen und Identifikation verdeckter, illegaler Arbeitnehmerüberlassung
WiVerw 2001, 173 ff.

Arbeitnehmerüberlassungsgesetz
1994

Schwerdtfeger, Dirk — Besondere persönliche Unrechtsmerkmale
1992

Seebode, Manfred — Problematische Ersatzfreiheitsstrafe, in: Festschrift für Alexander Böhm zum 70. Geburtstag
1999, S. 519 ff.

SK-StGB — Systematischer Kommentar zum Strafgesetzbuch
Band 1: Allgemeiner Teil (§§ 1 - 79b)
Stand: Oktober 2002 (37. Lieferung)
Band 2: Besonderer Teil (§§ 80 - 358)
Stand: September 2002 (55. Lieferung)

Sodan, Helge — Das Prinzip der Widerspruchsfreiheit der Rechtsordnung
JZ 1999, 864 ff.

Sowada, Christoph — Die natürliche Handlungseinheit - eine Rechtsfigur mit ungewisser Zukunft
NZV 1995, 465 ff.

Spindler, Helga — Lohnwucher - Ein neues Rechtsproblem
ArbuR 1999, 296 ff.

Stahlschmidt, Manfred — Steuerhinterziehung, Beitragsvorenthaltung und Betrug im Zusammenhang mit illegaler Beschäftigung
wistra 1984, 209 ff.

Statistisches Bundesamt — Strafverfolgungsstatistik 2001

Staudinger, Julius von — Kommentar zum Bürgerlichen Gesetzbuch mit Einführungsgesetz und Nebengesetzen
Zweites Buch: Recht der Schuldverhältnisse
§§ 611 - 615
Dreizehnte Bearbeitung 1999

Streng, Franz — Die Strafzumessungsbegründung und ihre Orientierungspunkte
NStZ 1989, 393 ff.

Strieder, Bernd — Neues zur Problematik der unerlaubten Einreise
InfAuslR 2001, 6 ff.

Sturm, Richard — Die Neufassung des Wuchertatbestandes und die Grenzen des Strafrechts
JZ 1977, 84 ff.

Thater, Heiko — Schwarzarbeit im Visier
Hamburger Polizei Journal (HPJ) 1999, 22 f.

Tiedemann, Klaus — Der Entwurf eines Ersten Gesetzes zur Bekämpfung der Wirtschaftskriminalität
ZStW 87 (1975), 253 ff.

Tiedemann, Klaus/ Kindhäuser, Urs — Umweltstrafrecht - Bewährung oder Reform?
NStZ 1988, 337 ff.

Timpe, Gerhard — Fortsetzungszusammenhang und Gesamtvorsatz
JA 1991, 12 ff.

Tröndle, Herbert/ Fischer, Thomas — Strafgesetzbuch und Nebengesetze
51. Auflage 2003

Vahle, Jürgen — Anmerkung zum Beschluss des BGH vom 02.02.2000 (NStZ 2000, 364)
DVP 2001, 130

Wahrig, Gerhard — Deutsches Wörterbuch
6. Auflage 1997

Warda, Heinz-Günter — Die Abgrenzung von Tatbestands- und Verbotsirrtum bei Blankettstrafgesetzen
1955

Weiß, Wolfgang — Gibt es einen Rechtswidrigkeitszusammenhang in der Verwaltungsvollstreckung?
DÖV 2001, 275 ff.

Aktuelle Fragen zum Niederlassungsrecht in den Europaabkommen
InfAuslR 2001, 1 ff.

Welte, Hans-Peter — Das Visum - ein eigenständiger Aufenthaltstitel
ZAR 2002, 320 ff.

Anmerkung zum Beschluss des OVG Bautzen vom 02.06.1995 (InfAuslR 1997, 69)
InfAuslR 1997, 251 ff.

Welzel, Hans — Das Deutsche Strafrecht
11. Auflage 1969

Wessels, Johannes/
Beulke, Werner

Strafrecht Allgemeiner Teil
32. Auflage 2002

Wessels, Johannes/
Hillenkamp, Thomas

Strafrecht Besonderer Teil/2
- Straftaten gegen Vermögenswerte -
25. Auflage 2002

Westphal, Volker/
Stoppa, Edgar

Einreise und Aufenthalt von Drittausländern nach der neuen Visumsverordnung Nr. 539/2001
InfAuslR 2001, 309 ff.

Straftaten im Zusammenhang mit der unerlaubten Einreise und dem unerlaubten Aufenthalt von Ausländern nach dem Ausländergesetz
NJW 1999, 2137 ff.

Wilhelm, Endrik

Zur Konkurrenz zwischen einem Begehungs- und einem Unterlassungsdelikt
NStZ 2001, 404 ff.

Wimmer, Klaus

Strafbarkeit des Handelns aufgrund einer erschlichenen behördlichen Genehmigung
JZ 1993, 67 ff.

Winands, Petra

Analyse der Verwaltungsstraftatbestände des Ausländer- und Asylrechts § 92 Abs. 1, Nrn. 1, 2, 6, Abs. 2, Nr. 1 AuslG und § 85 Nr. 2 AsylVfG
1998

Winkelbauer, Wolfgang

Atomrechtliches Genehmigungsverfahren und Strafrecht - LG Hanau, NJW 1988, 571
JuS 1988, 691 ff.

Die behördliche Genehmigung im Strafrecht
NStZ 1988, 201 ff.

Zur Verwaltungsakzessorietät des Umweltstrafrechts
1985

Wohlers, Wolfgang

Verwaltungsrechtsakzessorietät und Rechtsmissbrauchsklauseln - am Beispiel des § 330d Nr. 5 StGB
JZ 2001, 850 ff.

Wolff, Hans J./
Bachof, Otto/
Stober, Rolf

Verwaltungsrecht
Band 1: 11. Auflage 1999
Band 2: 6. Auflage 2000

Wollenschläger, Michael/
Schraml, Alexander

Die Aufenthaltstitel im neuen Ausländergesetz
ZAR 1991, 59 ff.

Wolters, Gereon

Der Entwurf eines „Gesetzes zur Reform des Sanktionenrechts“
ZStW 114 (2002), 63 ff.

Wüterich, Christoph

Die Bedeutung von Verwaltungsakten für die Strafbarkeit wegen Umweltvergehen (§§ 324 ff. StGB)
NStZ 1987, 106 ff.

Zeitler, Stefan

„Passkontrolle“ durch den Bordellwirt? Zugleich eine Besprechung des Beschlusses des VGH Mannheim vom 29.05.1995 (VBlBW 1995, 404)
VBlBW 1996, 44 ff.

Zieschang, Frank

Besonders schwere Fälle und Regelbeispiele - ein legitimes Gesetzgebungskonzept?
Jura 1999, 561 ff.

Tendenzen in der Rechtsprechung seit der Entscheidung des Großen Senats für Strafsachen zur fortgesetzten Handlung
GA 1997, 457 ff.

Zschockelt, Alfons

Die Auswirkungen der Entscheidung des Großen Senats für Strafsachen zum Fortsetzungszusammenhang
JA 1997, 411 ff.

Die praktische Handhabung nach dem Beschluss des Großen Senats für Strafsachen zur fortgesetzten Handlung
NStZ 1994, 361 ff.

1. Kapitel: Einleitung, Problemstellung und Gliederung der Arbeit

A. Einleitung

I. Begriff der illegalen Beschäftigung

Die illegale Beschäftigung und ihre Bekämpfung sind von besonderer Aktualität. Seit Jahren hohe Arbeitslosenzahlen, die unbefriedigende wirtschaftliche Entwicklung und die permanenten Schwierigkeiten von Bund, Ländern, Gemeinden und Sozialversicherungsträgern, Haushaltsdefizite auf ein erträgliches Maß zu reduzieren, haben dazu geführt, dass sich die Aufmerksamkeit der Öffentlichkeit auf die illegale Beschäftigung und ihre Schäden gerichtet hat.[1]

Der Begriff der illegalen Beschäftigung ist ein Sammelbegriff für eine Vielzahl von verschiedenen Ordnungswidrigkeitentatbeständen oder Straftaten.[2] In Betracht kommen zum einen Verstöße gegen Vorschriften des Kernstrafrechts wegen Nichtzahlung von Sozialversicherungsbeiträgen nach den §§ 263, 266a StGB oder wegen Lohnwuchers nach § 291 StGB, zum anderen Verstöße gegen Normen aus einer Vielzahl von nebenstrafrechtlichen Gesetzen, zum Beispiel wegen Steuerhinterziehung gemäß § 370 AO oder Leistungsmissbrauchs nach § 404 Abs. 2 Nr. 26 SGB III.

Abzugrenzen ist die illegale Beschäftigung von der Schwarzarbeit im juristischen Sinne, wie sie sich begrifflich aus § 1 Abs. 1 SchwarzarbG ergibt. Schwarzarbeit kann zwar auch im Rahmen eines Arbeitsverhältnisses geleistet werden. In erster Linie[3] geht es hier jedoch um das unerlaubte Tätigwerden von Selbständigen, die ihrem Auftraggeber handwerkliche Leistungen erbringen.[4]

---

[1] Vgl. Marschall, S. 1

[2] 9. Bericht der Bundesregierung über Erfahrungen bei der Anwendung des Arbeitnehmerüberlassungsgesetzes - AÜG - sowie über die Auswirkungen des Gesetzes zur Bekämpfung der illegalen Beschäftigung -BillBG -, BT-Drucksache 14/4220, 61
Begründung des Entwurfes eines Gesetzes zur Erleichterung der Bekämpfung von illegaler Beschäftigung und Schwarzarbeit vom 11.02.2002, BT-Drucksache 14/8221, 11

[3] 8. Bericht der Bundesregierung über Erfahrungen bei der Anwendung des Arbeitnehmerüberlassungsgesetzes - AÜG - sowie über die Auswirkungen des Gesetzes zur Bekämpfung der illegalen Beschäftigung - BillBG -, BT-Drucksache 13/5498, 58 f.

[4] Soweit die illegale Beschäftigung im allgemeinen Sprachgebrauch auch als Bestandteil der Schwarzarbeit eingestuft wird, ist dem aus Gründen der Begriffsklarheit nicht zu folgen. Vielmehr ist von dem Begriffspaar „illegale Beschäftigung und Schwarzarbeit (im juristischen Sinne)" auszugehen (vgl. BT-Drucksache 14/4220 [Fn. 2], 50 und 74, und Titel des Gesetzes vom 23.07.2002 (BGBl. I, 2787):
Gesetz zur Erleichterung der Bekämpfung von illegaler Beschäftigung und Schwarzarbeit).
Auf Ordnungswidrigkeiten nach dem Gesetz zur Bekämpfung der Schwarzarbeit wird nicht näher eingegangen. Die illegal tätigen Positivstaater beziehen grundsätzlich keine sozialen Leistungen im Sinne des § 1 Abs. 1 Nr. 1 SchwarzarbG, sodass eine Verletzung von Mitteilungspflichten gegenüber den Leistungsträgern nicht in Betracht kommt. Die nach § 1 Abs. 1 Nrn. 2 und 3 SchwarzarbG zu ahndenden Ordnungswidrigkeiten setzen eine selbständige Gewerbeausübung voraus, die bei illegal beschäftigten Positivstaatern regelmäßig nicht vorliegt.

II. Illegale Beschäftigung von Ausländern

Werden Ausländer[5] illegal beschäftigt, kommen zu den allgemein bei der illegalen Beschäftigung in Betracht kommenden Gesetzesverletzungen noch Verstöße gegen das Aufenthalts-[6] und Arbeitsgenehmigungsrecht[7] hinzu.

Genaue Angaben über den prozentualen Anteil bestimmter Herkunftsländer illegal beschäftigter Ausländer sind nicht möglich. Einen Schwerpunkt bilden jedoch Positivstaater[8] und aus dieser Gruppe die Angehörigen mittel- und osteuropäischer Staaten. Die praktische Relevanz dieser Ausländergruppe ergibt sich vor allem daraus, dass sie für einen Aufenthalt bis zu drei Monaten - allerdings ohne Ausübung einer Erwerbstätigkeit - visumfrei nach Deutschland einreisen und ihren zunächst legalen Aufenthalt zur Aufnahme einer illegalen Beschäftigung nutzen können.

1. Gründe

Die Gründe für die illegale Beschäftigung ausländischer Arbeitnehmer sind vielfältig. In nahezu allen Untersuchungen zum Gesamtthema „Schattenwirtschaft" erweist sich dabei die Steuer- und Sozialversicherungslast als wesentliche Ursache für die Ausbreitung der illegalen Beschäftigung, gefolgt von anderen Einflussfaktoren wie das Ausmaß an staatlicher Regulierung und der Wertewandel der Gesellschaft. Dies zeigen sowohl theoretische Analysen als auch empirische Studien.[9]

Die beiden Parteien eines Beschäftigungsverhältnisses betreffenden Belastungen, die zusammen 100 % des eigentlichen Nettolohnes übersteigen können, führen dazu, illegale Beschäftigung sowohl für den Arbeitgeber als auch für den Arbeitnehmer attraktiv zu machen.[10] Der Arbeitgeber erspart sich insbesondere seinen Anteil

---

[5] Ausländische Staatsangehörige, denen nach den Rechtsvorschriften der Europäischen Gemeinschaften oder nach dem Abkommen über den Europäischen Wirtschaftsraum Freizügigkeit zu gewähren ist, sind aufenthalts- und arbeitsgenehmigungsrechtlich privilegiert. Auf die besonderen Regelungen für diese Gruppen ist in der Arbeit nicht weiter einzugehen.

[6] Maßgeblich ist neben dem AuslG insbesondere die Verordnung zur Durchführung des Ausländergesetzes (DVAuslG) vom 18.12.1990 (BGBl. I, 2983).

[7] Maßgeblich ist neben dem SGB III insbesondere die Verordnung über die Arbeitsgenehmigung für ausländische Arbeitnehmer (Arbeitsgenehmigungsverordnung - ArGV) vom 17.09.1998 (BGBl. I, 2899).

[8] Angehörige der in Anlage I der DVAuslG genannten Staaten (so genannte Positivliste).

[9] Schneider/Volkert/Caspar, S. 61 mit Durchschnittswerten aus 22 Einzelstudien.
Vgl. auch die Entschließung des Bundesrates zur Wiederherstellung der Ordnung auf dem Arbeitsmarkt vom 19.03.1999, in der die Bundesregierung unter anderem gebeten wird zu prüfen, „inwieweit eine weitere Senkung der Lohnneben- und -zusatzkosten möglich ist, um eine der Hauptursachen für das verstärkte Auftreten von Schwarzarbeit und illegaler Beschäftigung zu beseitigen" (BR-Drucksache 798/98, 1).

[10] Antwort der Schleswig-Holsteinischen Landesregierung auf die Große Anfrage der Fraktion der FDP zum Thema „Schwarzarbeit in Schleswig-Holstein", LT-Drucksache 15/960, 20
Klinge, WiVerw 1986, 154 (159)
So mussten 1999 rd. 94,10 DM für eine legale Maurerstunde einschließlich Gemeinkosten kalkuliert werden. Ein Maurer erhält, wenn er verheiratet ist und zwei Kinder hat, ungefähr 18,00 DM netto. Erhält der ausländische Arbeitnehmer für seine illegale Tätigkeit 30,00 DM pro Stunde, so verdient er fast doppelt so viel und der Bauherr spart 2/3 (Rechenbeispiel aus: BT-Drucksache 14/4220 [Fn. 2], 55).

an den Gesamtsozialversicherungsbeiträgen, muss keine Leistungen nach dem Gesetz über die Fortzahlung des Arbeitsentgelts im Krankheitsfalle (LFZG) erbringen, gewährt regelmäßig nicht den im Bundesurlaubsgesetz für Arbeitnehmer (BUrlG) geregelten Mindesturlaub und andere gesetzlich zwingend vorgeschriebene Vergünstigungen. Der Arbeitnehmer erhält seinerseits einen höheren Nettolohn als bei legaler Beschäftigung, da Lohnsteuerabzug und Abzug der Arbeitnehmeranteile an dem Gesamtsozialversicherungsbeitrag entfallen.[11]

Ein weiterer Grund für die Ausweitung illegaler Beschäftigung: Im Wettbewerb zwischen den Unternehmen folgt aus der illegalen Beschäftigung von Arbeitnehmern, dass die illegal Handelnden sich einen erheblichen Wettbewerbsvorteil verschaffen, den seriös kalkulierende Unternehmen bei starkem Konkurrenzdruck nicht ausgleichen können. Um in diesem ruinösen Wettbewerb nicht aus dem Markt verdrängt und in ihrer Existenz gefährdet zu werden, gibt es für die bisher legal handelnden Unternehmen häufig keinen anderen Ausweg, als die mit illegaler Beschäftigung zusammenhängenden Gesetzesverletzungen zu riskieren, um sich im Wettbewerb noch behaupten zu können (sog. Schneeballeffekt).[12]

Letztlich sind auch die Öffnung der Grenzen zu den mittel- und osteuropäischen Staaten Anfang der 90er Jahre und die fortschreitende Integration Europas für die Zunahme illegaler Ausländerbeschäftigung ursächlich. Da Angehörige dieser Staaten grundsätzlich keine Möglichkeit haben, in Deutschland legal zu arbeiten, bleibt ihnen kein anderer Weg als der in die Illegalität, um hier selbst unter schlechten sozial- und arbeitsrechtlichen Bedingungen Einkünfte zu erzielen, die ihnen die Möglichkeit geben, ihre wirtschaftliche Situation innerhalb kurzer Zeit nachhaltig zu verbessern.[13] Der vielfältige Personen- und Wirtschaftsverkehr bietet Anonymität und Schutz vor Entdeckung.[14]

2. Umfang und Struktur

Weder der Umfang der illegalen Beschäftigung allgemein noch das Ausmaß der illegalen Ausländerbeschäftigung im Besonderen lassen sich exakt bestimmen. Die wesentliche Schwierigkeit ihrer Erfassung liegt in dem starken Anreiz der Beteiligten, ihr Tun zu verheimlichen, um der Gefahr der Strafverfolgung zu entgehen. Diese Motivationslage divergiert nicht von der bei anderen illegalen Aktivitäten und Straftaten.

---

[11] Marschall, S. 3

[12] 9. Bericht der Bundesregierung (Fn. 2), 39 und 46
Schneider/Volkert/Caspar, S. 18

[13] 7. Bericht der Bundesregierung über Erfahrungen bei der Anwendung des Arbeitnehmerüberlassungsgesetzes - AÜG - sowie über die Auswirkungen des Gesetzes zur Bekämpfung der illegalen Beschäftigung - BillBG -, BT-Drucksache 12/3180, 39

[14] Dieckmann, NStZ 2001, 617

Amtliche Unterlagen und Statistiken leisten nur begrenzt Aufklärung. So wurden z.B. 1999 34.923 Ordnungswidrigkeitenverfahren[15] gegen ausländische Staatsangehörige wegen Ausübung einer Beschäftigung ohne Arbeitsgenehmigung und 40.906 Ordnungswidrigkeitenverfahren[16] gegen Arbeitgeber wegen Beschäftigung eines Ausländers ohne Arbeitsgenehmigung eingeleitet. 4.840 der Arbeitnehmer-Verfahren und 4.636 der Arbeitgeber-Verfahren wurden wegen des Anfangsverdachts einer Straftat an die zuständigen Staatsanwaltschaften abgegeben.[17] Die Strafverfolgungsstatistik des Statistischen Bundesamtes weist für das Jahr 2001 insgesamt 18.581 Verurteilte wegen Straftaten nach dem Ausländergesetz[18] und 126 Verurteilte wegen Straftaten nach dem Dritten Buch des Sozialgesetzbuches[19] aus. Laut Polizeilicher Kriminalstatistik (PKS) des Bundeskriminalamtes wurden 2001 insgesamt 173.327 Beschuldigte[20] wegen des Verdachts von Straftaten gegen das Ausländergesetz und gegen das Asylverfahrensgesetz und 2.306 Beschuldigte[21] wegen des Verdachts eines Deliktes im Zusammenhang mit illegaler Beschäftigung (§§ 406, 407 SGB III; §§ 15, 15a AÜG) ermittelt.

Nähere Differenzierungen lassen sich den Zahlen nicht entnehmen. Einem Verstoß gegen das Ausländergesetz kann ein illegales Beschäftigungsverhältnis zu Grunde liegen - es kann sich aber auch um ein schlichtes Überschreiten der Gültigkeitsdauer eines Touristenvisums ohne jeglichen Bezug zu einer Erwerbstätigkeit handeln. Verfälschungen ergeben sich zusätzlich aus der Tatsache, dass bei der illegalen Beschäftigung zumeist mehrere Straftatbestände tateinheitlich verletzt werden und die statistische Erfassung jeweils nur unter einem Tatbestand erfolgt.

Die Kriminalitätswirklichkeit lässt sich daher aus diesen Zahlen nur begrenzt ableiten. Darüber hinaus befassen sich die Statistiken nur mit dem sogenannten Hellfeld: Die Polizeiliche Kriminalstatistik mit den bei der Polizei registrierten Tatverdächtigen im Zeitpunkt der Abgabe an die Staatsanwaltschaft, die

---

[15] Gem. § 404 Abs. 2 Nr. **3** SGB III (seit dem 01.08.2002 § 404 Abs. 2 Nr. **4** SGB III; sh. Art. 2 Nr. 8 Buchst. a des Gesetzes zur Erleichterung der Bekämpfung von illegaler Beschäftigung und Schwarzarbeit vom 23.07.2002, BGBl. I, 2787 [2788]).

[16] Gem. § 404 Abs. 2 Nr. **2** SGB III (seit dem 01.08.2002 § 404 Abs. 2 Nr. **3** SGB III; sh. Gesetz Fn. 15)

[17] 9. Bericht der Bundesregierung (Fn. 2), 101

[18] Differenziert nach den drei ausländerrechtlichen Strafvorschriften (Strafverfolgungsstatistik 2001, S. 92):
- § 92 AuslG: 17.036
- § 92a AuslG: 1.473
- § 92b AuslG: 72

[19] Strafverfolgungsstatistik 2001, S. 94

[20] BKA, PKS 2001, Tabelle 1 S. 12 (Straftatenschlüssel 7250)

[21] BKA, PKS 2001, Tabelle 1 S. 11 (Straftatenschlüssel 7130)

Strafverfolgungsstatistik mit den Verurteilten[22] und Abgeurteilten.[23] Nicht erfasst wird hingegen das Dunkelfeld, also die Differenz zwischen der Zahl der auf den Ebenen amtlicher Strafverfolgung registrierten Anzeigen bzw. Straftaten und der (mehr oder weniger begründet) vermuteten Zahl der tatsächlich begangenen Straftaten.[24] Kriminologische Untersuchungen zum Thema „illegale Beschäftigung ausländischer Arbeitnehmer" unter Einbeziehung des Dunkelfeldes bestehen - soweit ersichtlich - nicht. Problematisch ist hier insbesondere, dass eine der wichtigsten Erhebungsquellen der kriminologischen Dunkelfeldforschung, die Befragung der Bevölkerung unter dem Gesichtspunkt der Opferbefragung, ausscheidet, da nur der „Staat" (Bund, Länder, Gemeinden, Sozialversicherungsträger) als anonymes Opfer existiert.

Da illegale Beschäftigung jedoch Spuren in diversen Bereichen hinterlässt, ist es aufgrund dieser Indizien möglich, Verfahren[25] zur Messung der Schattenwirtschaft im Allgemeinen zu entwickeln. Nach einer aktuellen empirischen Studie[26] zur Analyse der schattenwirtschaftlichen Aktivitäten in Deutschland einschließlich der illegalen Beschäftigung von Ausländern und des Dunkelfeldes beträgt das Gesamtvolumen der Schattenwirtschaft im Jahr 2002 rund 350 Milliarden Euro, ein Anstieg von 6,2 % gegenüber dem Vorjahr. Der Anteil am offiziellen Bruttoinlandsprodukt beträgt damit 16,5 %. Beide Werte sind historische Höchststände. Unter den Ländern ist Berlin mit einem prozentualen Anteil von über 20 % Hauptstadt der Schattenwirtschaft.

Schwerpunktmäßige Wirtschaftsbereiche[27] der illegalen Beschäftigung von Ausländern sind insbesondere die Bauwirtschaft, die Landwirtschaft sowie das Gaststätten- und Beherbergungsgewerbe. Der hohe Anteil menschlicher Arbeit an der Wertschöpfung ermöglicht in diesen Bereichen spürbare Produktivitätssteigerungen, wenn die Lohnkosten deutlich reduziert werden können.

---

[22] Verurteilte sind Angeklagte, gegen die nach allgemeinem Strafrecht Freiheits- oder Geldstrafe verhängt worden ist, oder deren Straftat nach Jugendstrafrecht mit Jugendstrafe, Zuchtmitteln oder Erziehungsmaßregeln geahndet wurde (Statistisches Bundesamt, S. 8).

[23] Abgeurteilte sind Angeklagte, gegen die Strafbefehle erlassen wurden bzw. Strafverfahren nach Eröffnung des Hauptverfahrens durch Urteil oder Einstellungsbeschluss rechtskräftig abgeschlossen worden sind. Ihre Zahl setzt sich zusammen aus den Verurteilten und aus Personen, gegen die andere Entscheidungen (u.a. Freispruch) getroffen wurden (Statistisches Bundesamt, S. 6).

[24] Eisenberg, § 16 Rz. 1

[25] Bei der Analyse dieser Spuren kann man zwischen direkten und indirekten Methoden unterscheiden; ausführlich: Schneider/Volkert/Caspar, S. 22 ff.

[26] Institut für Angewandte Wirtschaftsforschung, IAW-Mitteilungen 4/2001, 22

[27] Schneider/Volkert/Caspar, S. 52

3. Auswirkungen

Die Folgen illegaler Ausländerbeschäftigung sind immens. Sie führt zu Ausfällen von Sozialversicherungsbeiträgen und Steuern in Milliardenhöhe, die das gesamte soziale System gefährden.[28]

Darüber hinaus bestehen negative Auswirkungen auf den Arbeitsmarkt. Ausländische Arbeitnehmer arbeiten zu Dumping-Löhnen und gefährden legale Arbeitsplätze, weil Anreize bestehen, einen legal beschäftigten Arbeitnehmer durch einen weniger Kosten verursachenden ausländischen Arbeitnehmer zu ersetzen. Dabei sind ausländische Arbeitnehmer oftmals Opfer und Täter in einem.[29] Nicht selten werden sie unter unzumutbaren Arbeitsbedingungen (lange Arbeitszeiten auch an Feiertagen, unzulänglicher Arbeitsschutz, keine Lohnfortzahlung im Krankheitsfall) beschäftigt.

Letztlich verzerrt illegale Ausländerbeschäftigung auch den Wettbewerb zu Lasten der legal arbeitenden Konkurrenten. Die Unternehmen, die illegal beschäftigte Ausländer einsetzen, um Kosten zu sparen, verschaffen sich einen Wettbewerbsvorteil zu Lasten der legal arbeitenden Mitbewerber. Sie schaffen damit den Einstieg in einen Teufelskreis, in dem Unternehmen, die sich bisher legal verhalten haben, zu illegalen Methoden verleitet werden.

Im Ergebnis hat die illegale Ausländerbeschäftigung wesentlich dazu beigetragen, dass der Arbeitsmarkt in einen legalen mit hohen Preisen und hohen Arbeitsstandards und einen illegalen, auf dem Arbeitnehmer weitgehend zu Dumpingbedingungen eingesetzt werden, gespalten ist.[30]

4. Bekämpfung

Die illegale Beschäftigung ausländischer Arbeitnehmer wird, wie bereits erwähnt, durch zahlreiche Ordnungswidrigkeiten- und Straftatbestände geprägt. Das Umsetzen der speziellen Vorschriften obliegt diversen Verwaltungsbehörden auf Bundes- und Landesebene sowie im kommunalen Bereich.[31] Um eine

---

[28] Empirische Ergebnisse zeigen, dass schattenwirtschaftliche Aktivitäten höchstens zu einem Drittel substitutiv und zu zwei Drittel komplementär wirken, mit anderen Worten: Die Schattenwirtschaft bewirkt eine Ausweitung sowohl der Nachfrage nach als auch des Angebotes an Gütern und Dienstleistungen, die durch die offizielle Wirtschaft - zumindest teilweise - nicht ausgelöst worden wäre. Es kann daher auf keinen Fall von der oft behaupteten vollständigen Substitution offizieller wirtschaftlicher Tätigkeiten gesprochen werden (Schneider/Volkert/Caspar, S. 84).

[29] 9. Bericht der Bundesregierung (Fn. 2), 45

[30] Heitmann, in: Müller-Gugenberger/Bieneck, § 37 Rz. 6

[31] Zur Problematik der Vielzahl der Behörden vergleiche Nr. 92.1.3.8 AuslGVwV (GMBl. 2000, 618): „Bei der Bekämpfung illegaler Beschäftigung soll neben den **Strafverfolgungsbehörden** sowie der **Arbeitsverwaltung** ... darüber hinaus mit der **Finanzverwaltung** ..., den **Einzugsstellen für Sozialversicherungsbeiträge/Rentenversicherungsträger** ..., den **Gewerbebehörden** ..., den **Handwerkskammern** und **unteren staatlichen Verwaltungsbehörden** zusammengearbeitet werden."

effektive Bekämpfung der illegalen Beschäftigung zu gewährleisten, ist es unumgänglich, dass diese Behörden eng zusammenarbeiten. Die Bundesländer haben organisatorische Maßnahmen getroffen, um die Zusammenarbeit und damit die Bekämpfung der illegalen Beschäftigung zu verbessern.[32]

Auch das Gesetz zur Erleichterung der Bekämpfung von illegaler Beschäftigung und Schwarzarbeit vom 23.07.2002[33] und das Gesetz zur Bekämpfung der illegalen Beschäftigung im gewerblichen Güterkraftverkehr (GüKBillBG) vom 02.09.2001[34] enthalten Regelungen, die insbesondere die Zusammenarbeit zwischen den Behörden weiter verbessern sollen.

Zu berücksichtigen ist dabei, dass sämtliche Strategien zur Bekämpfung von illegaler Beschäftigung nur dann auf Dauer erfolgreich sein können, wenn sie gezielt an den aufgezeigten Ursachen ansetzen.

B. Problemstellung

Unabhängig davon, dass eine effektive Bekämpfung der illegalen Beschäftigung im Tatsächlichen durch Probleme in der Beweisführung beispielsweise in Folge ständig sich verfeinernder Verschleierungsmethoden und durch eine unzureichende Personalausstattung der Verfolgungsbehörden wesentlich erschwert wird, behindern auf allen Ebenen auch Unsicherheiten im Zuordnen bestimmter Lebenssachverhalte zu den einschlägigen Spezialnormen eine angemessene Ahndung und verstärken beispielsweise bei Staatsanwaltschaften und Gerichten die Tendenz, mit Hilfe der §§ 154, 154a StPO auf das Unrecht der Taten nur partiell abdeckende Tatbestände auszuweichen. Dies führt zu dem Vorwurf, den Strafverfolgungsbehörden fehle das Bewusstsein für die Notwendigkeit, Straftaten im Zusammenhang mit illegaler Beschäftigung mit dem gleichen Nachdruck zu verfolgen wie andere Delikte.[35]

In Kenntnis dieser Umstände[36] hat der Gesetzgeber durch Art. 7 des Gesetzes zur Erleichterung der Bekämpfung von illegaler Beschäftigung und Schwarzarbeit § 74c Abs. 1 Nr. 6 GVG erweitert und für Straftaten des Vorenthaltens und

---

[32] So wurde z.B. in Hamburg zum 01.07.1999 unter Federführung des Landeskriminalamtes ein „Konzept zur Verbesserung der Zusammenarbeit der beteiligten Kontrollbehörden auf dem Gebiet der Bekämpfung der illegalen Beschäftigung und Schwarzarbeit" entwickelt und eine neue Verbindungsstelle der beteiligten Behörden der Landespolizei, des Zolls und des Arbeitsamtes geschaffen (Thater, Hamburger Polizei Journal [HPJ] 1999,22 f.).
Zu bundesweiten Informations- und Koordinierungszwecken wurde 1997 bei der Oberfinanzdirektion Köln die „Informations- und Koordinierungszentrale zur Bekämpfung illegaler Beschäftigung durch die Zollverwaltung" (InKo-BillBZ) errichtet.
Zu weiteren Maßnahmen der Bundesländer vergleiche BT-Drucksache 14/4220 (Fn. 2), 56 bis 58 und 61 f.

[33] BGBl. I, 2787

[34] BGBl. I, 2272

[35] 9. Bericht der Bundesregierung (Fn. 2), 64

[36] BT-Drucksache 14/8221, 8 und 11

Veruntreuens von Arbeitsentgelt, nach dem Arbeitnehmerüberlassungsgesetz und dem Dritten Buch Sozialgesetzbuch die Zuständigkeit der Wirtschaftsstrafkammer begründet, soweit zur Beurteilung des Falles besondere Kenntnisse des Wirtschaftslebens erforderlich sind.

Es ist insoweit herauszustellen, dass eine Vielzahl rechtlicher Fragen an der Nahtstelle zwischen Verwaltungs- (insbesondere Ausländer- und Sozialrecht), Arbeits- und Strafrecht ungeklärt und - soweit ersichtlich - kaum Gegenstand wissenschaftlicher Untersuchungen sind.[37]

Ziel der Arbeit ist es, in der täglichen Praxis auftretende rechtliche Probleme unter Auswertung der ergangenen Rechtsprechung, des Schrifttums und der Gesetzesmaterialien wissenschaftlich aufzuarbeiten, vorhandene Kommentierungslücken zu schließen und Anregungen für gesetzgeberische Initiativen zu geben.

C. Gliederung der Arbeit

Arbeitnehmer, die zur Gruppe der Positivstaater gehören und eine Erwerbstätigkeit ausüben (wollen), benötigen zwei unterschiedliche, von den zuständigen Verwaltungsbehörden unter den gesetzlich normierten Voraussetzungen zu erteilende Genehmigungen: Zum einen nach den §§ 3 Abs. 1, 1 Abs. 1 AuslG i.V. mit den §§ 1 Abs. 1, 12 DVAuslG eine Aufenthaltsgenehmigung, zum anderen nach § 284 Abs. 1 Satz 1 SGB III eine Arbeitsgenehmigung.[38] Fehlt eine - in der Praxis fehlen in der Regel beide - der Genehmigungen, ist die Erwerbstätigkeit der Arbeitnehmer illegal. Neben den sich daraus ergebenden verwaltungsrechtlichen Maßnahmen[39] treffen den Arbeitnehmer wie auch den Arbeitgeber straf- oder ordnungswidrigkeitenrechtliche Konsequenzen, die im Mittelpunkt der Arbeit stehen.

Der Arbeit liegt folgender Aufbau zugrunde:

Im 2. Kapitel werden die typischerweise von Arbeitnehmern und Arbeitgebern verwirklichten, verwaltungsakzessorisch ausgestalteten Tatbestände des Nebenstrafrechts,[40] die an das Fehlen der genannten verwaltungsrechtlichen Genehmi-

---

[37] Aurnhammer, S. 2: „Dieses wissenschaftliche Schattendasein entspricht keinesfalls der Bedeutung, die dem Ausländerstrafrecht in der Praxis zukommt ..."
Lutz, InfAuslR 1997, 384: „...es finden sich aber nur wenige, meist rudimentäre Darstellungen dieses Rechtsgebietes."
Westphal/Stoppa, NJW 1999, 2137: „Der folgende Beitrag beschäftigt sich mit den strafrechtlichen Sanktionsnormen des Ausländergesetzes. In der ausländerrechtlichen Literatur wird dieses Thema kaum behandelt ...."

[38] Bereits diese kurze Übersicht deutet die Problematik im Zusammenhang mit der Beschäftigung ausländischer Arbeitnehmer an. Die Regelungskomplexe „Aufenthaltsgenehmigung" und „Arbeitsgenehmigung" stehen nicht unabhängig nebeneinander, sondern sind eng miteinander verwoben.

[39] Zum Beispiel Ausweisung (§ 45 AuslG) oder Abschiebung (§ 49 AuslG)

[40] AuslG, SGB III, AÜG

gungen anknüpfen, analysiert.[41] Gegenstand des 3. Kapitels sind Normen des Kernstrafrechts, deren Tatbestandmerkmale nicht an verwaltungsrechtliche Vorgaben anknüpfen; im Mittelpunkt steht hierbei der in § 291 Abs. 1 Nr. 3 StGB geregelte Lohnwucher. Im 4. Kapitel sind ergänzend sonstige Vorschriften des Nebenstrafrechts, im 5. Kapitel die Rechtsfolgen der Taten dargestellt.

Um die Probleme, die mit den einzelnen Gesetzesverstößen zusammenhängen, zu veranschaulichen, werden folgende Fälle, die im Wesentlichen auf Gerichtsentscheidungen zurückgehen, in der Arbeit ausgewertet:

1. Der polnische Arbeitnehmer (A) reist ohne Aufenthalts- und Arbeitsgenehmigung mit dem Willen in das Bundesgebiet ein, hier als Maurer zu arbeiten. Nach der Einreise und vor Aufnahme der Erwerbstätigkeit wird er bei einer verdachtsunabhängigen polizeilichen Kontrolle überprüft.

2. A arbeitet mehrere Wochen ohne die erforderlichen Genehmigungen auf einer Baustelle im Grenzgebiet und reist täglich zur Arbeitsaufnahme in das Bundesgebiet ein.

3. Die polnischen Staatsangehörigen A, B und C sind geschäftsführende Gesellschafter einer in das Wirtschaftsregister der Stadt Danzig eingetragenen Baugesellschaft, die keine weiteren Mitarbeiter hat. Sie reisen in das Bundesgebiet ein und werden bei einem Ladenumbau auf der Baustelle angetroffen.[42]

4. A musiziert drei Wochen als Straßenmusiker in der Fußgängerzone einer deutschen Stadt und verdient insgesamt 300,00 €.[43]

5. G als Geschäftsführer einer in Passau ansässigen Bau-GmbH beschäftigt neben mehreren ordnungsgemäß zur Sozialversicherung und Lohnsteuer angemeldeten deutschen Arbeitnehmern seit acht Monaten zwei nicht angemeldete tschechische Arbeitnehmer für einen Stundenlohn von 6,50 €.[44] Die deutschen Arbeitnehmer erhalten den tariflichen Mindestlohn von 10,12 €.

6. Wie Fall 5; G erklärt jedoch im Vorfeld der beabsichtigten Einstellung der tschechischen Arbeitnehmer gegenüber dem zuständigen Arbeitsamt wahrheitswidrig, er werde diese zum tariflichen Mindestlohn von 10,12 € beschäftigen. Daraufhin erhalten die Arbeitnehmer jeweils befristete Aufenthalts- und Arbeitsgenehmigungen durch die zuständigen Behörden, die diese nach bekannt werden der tatsächlichen Arbeitsbedingungen mit rückwirkender Kraft zurücknehmen.[45]

---

[41] Auf benachbarte Tatbestände des Ordnungswidrigkeitenrechts wird ergänzend eingegangen.
[42] Vgl. Beschluss des OVG Hamburg vom 23.10.1998, NVwZ 1999, 789
[43] Vgl. Beschluss des BayObLG vom 09.10.1996, EZAR 355 Nr. 15
[44] Vgl. auch BGH, Urteil vom 22.04.1997, BGHSt 43, 53
[45] Vgl. BGH, a.a.O. (Fall 5; Fn. 44)

7. Ein mittelständischer Betrieb (E) schließt mit einem tschechischen Subunternehmen (V) wiederholt Werkverträge über Montagearbeiten. V überlässt E einige seiner Arbeitnehmer, die er jeweils mit einem festen Stundenlohn von 5,00 € entlohnt. E reiht die tschechischen Arbeitnehmer unter seine eigenen Arbeitskräfte ein und rechnet mit V auf der Basis geleisteter Arbeitsstunden der Arbeitnehmer ab.[46]

[46] Vgl. BGH, Urteil vom 31.03.1982, BGHSt 31, 32
Stahlschmidt, wistra 1984, 209 (210)

2. Kapitel: Straftaten und Ordnungswidrigkeiten aus verwaltungsakzessorischen Tatbeständen

A. Einleitung

I. Genehmigungsvorbehalt im öffentlichen Recht

Der Gesetzgeber schreibt in einer Vielzahl von Spezialvorschriften - so auch in den für die illegale Beschäftigung von Positivstaatern maßgeblichen[47] - vor, dass bestimmte Handlungen nur mit einer Genehmigung, Erlaubnis, Bewilligung, Planfeststellung oder sonstigen Zulassung in Gestalt eines begünstigenden Verwaltungsaktes im Sinne der §§ 35, 48 Abs. 1 Satz 2 VwVfG[48] vorgenommen werden dürfen. Mit diesen Regelungen, die konkret beschriebene Verhaltensweisen unter einen Genehmigungsvorbehalt stellen, wird nicht selten auch in grundrechtlich geschützte Positionen (z.B. Art. 2, 12, 14 GG) eingegriffen, sodass gewichtige Gründe für sie vorliegen müssen. Weitgehend sind sie vom Gedanken eines wirksamen Rechtsgüterschutzes geprägt. Es werden überwiegend Handlungsweisen unter einen Genehmigungsvorbehalt gestellt, die für den Einzelnen und die Allgemeinheit potenziell gefährlich sind und daher bereits im Vorfeld des Rechtsgüterschutzes zur wirksamen Gefahrenabwehr einer präventiven Kontrolle unterworfen werden. Dabei geht es in der Regel um den Schutz individueller Rechtsgüter wie Leben, Gesundheit oder Eigentum. Schutzobjekt kann aber auch die Funktionsfähigkeit des Staates im weitesten Sinne sein, „damit er in der Lage ist, die für das Dasein der Staatsbürger auf den verschiedensten Bereichen notwendigen und angemessenen Fürsorgemaßnahmen zu treffen".[49]

Nach allgemeiner Meinung[50] sind zwei grundsätzlich verschiedene, freilich praktisch nicht immer scharf voneinander zu trennende Fallgruppen der Genehmigungsvorbehalte zu unterscheiden:

---

[47] Vgl. §§ 3 Abs. 1 Satz 1 AuslG, 284 Abs. 1 Satz 1 SGB III

[48] Einheitliche Regelungen über den Verwaltungsakt enthalten das Verwaltungsverfahrensgesetz des Bundes (VwVfG) und die einzelnen Verwaltungsverfahrensgesetze der Länder. Z.B. erklärt das Gesetz über das Verfahren der Berliner Verwaltung vom 08.12.1976 (GVBl. 2735,2898) in § 1 Abs. 1 für die öffentlich-rechtliche Verwaltungstätigkeit der Behörden Berlins ausdrücklich das Verwaltungsverfahrensgesetz des Bundes in der jeweils geltenden Fassung für anwendbar. Im Folgenden wird aus Gründen der Vereinfachung lediglich das Verwaltungsverfahrensgesetz des Bundes zitiert.
Für das sozialrechtliche Verwaltungsverfahren gilt als lex specialis das SGB X.

[49] Erbs/Kohlhaas, Registerband, Rzn. 11 f.

[50] BGH, Urteil vom 16.01.1997, NVwZ 1997, 714 (717)
Ehlers, in: Erichsen/Ehlers, § 1 Rzn. 36 f.
Forsthoff, S. 267 f.
Gromitsaris, DÖV 1997, 401
Wolff/Bachof/Stober, § 46 Rzn. 36 ff.
Wollenschläger/Schraml, ZAR 1991, 59 (60)

Bei präventiven Verboten mit Erlaubnisvorbehalt (Kontrollerlaubnis) ist das Verbot lediglich formeller Natur. Der Gesetzgeber verbietet bestimmte Betätigungen, die grundsätzlich sozial wertvoll oder wenigstens wertneutral[51] sind, weil zuvor durch die zuständige Behörde geprüft werden soll, ob die Betätigung im Einzelfall mit dem materiellen Recht im Einklang steht. Materiell stellt die erteilte Genehmigung die allgemeine Handlungsfreiheit wieder her, indem sie dem Bürger das gibt, was ihm verfassungsrechtlich ohnehin zusteht.[52]

Bei repressiven Verboten mit Befreiungsvorbehalt geht es dagegen um grundsätzlich sozial schädliches Verhalten.[53] Mit Hilfe der Genehmigung (auch Dispens oder Befreiung genannt) wird ein gesetzlich verbotenes, außerhalb der verfassungsrechtlichen Freiheiten liegendes Verhalten aus Gründen der Einzelfallgerechtigkeit (im Interesse des Einzelnen, aber auch ausschließlich im öffentlichen Interesse) ausnahmsweise[54] zugelassen und der Rechtskreis des Einzelnen erweitert.

II. Absicherung des Genehmigungsvorbehaltes durch flankierende Straf- und Ordnungswidrigkeitentatbestände

Neben den Rechtsgrundlagen für den verwaltungsrechtlichen Vollzug zum Durchsetzen eines Genehmigungsvorbehaltes[55] schafft der Gesetzgeber auch Straf- und Ordnungswidrigkeitentatbestände, die eine Ahndung an das Fehlen einer Genehmigung anknüpfen und flankierend zu den verwaltungsrechtlichen Zwangsmitteln sicherstellen sollen, dass unter dem Genehmigungsvorbehalt stehende Handlungen ohne Genehmigung unterbleiben und der mit der präventiven Kontrolle zu sichernde Zweck der jeweiligen verwaltungsrechtlichen Regelung erfüllt wird. Die Tatbestände stehen in der Regel am Ende des jeweiligen

---

[51] BayObLG, Beschluss vom 29.01.1996, wistra 1996, 238 (239)
Jescheck/Weigend, S. 368
Wimmer, JZ 1993, 67 (68)
Winkelbauer, NStZ 1988, 201 (202)

[52] Gromitsaris, DÖV 1997, 401

[53] Ehlers, in: Erichsen/Ehlers, § 1 Rz. 36
Maurer, § 9 Rz. 55
Wolff/Bachof/Stober, § 46 Rz. 44

[54] BayObLG, Beschluss vom 29.01.1996, wistra 1996, 238 (239)
Jescheck/Weigend, S. 368
Wimmer, JZ 1993, 67 (68)
Winkelbauer, NStZ 1988, 201 (202)

[55] Es kommt der Erlass belastender Verwaltungsakte in Gestalt von Gebots- oder Verbotsverfügungen, u.U. i.V.m. Entscheidungen über die Rücknahme oder den Widerruf der Genehmigung, sowie das Androhen und Einsetzen von Zwangsmitteln in Betracht.

verwaltungsrechtlichen Spezialgesetzes[56] und sind als Blankettnormen,[57] die durch die im Gesetz oder in Rechtsverordnungen, die auf dem Gesetz beruhen, festgelegten Ge- oder Verbote ausgefüllt werden, ausgestaltet. Sie werden - da außerhalb des Strafgesetzbuches als dem Kernstrafrecht stehend - unter Einbeziehung der Ordnungswidrigkeitentatbestände unter dem Begriff „Nebenstrafrecht" zusammengefasst.[58]

Die Bewertung, ob ein verwaltungsrechtswidriges Verhalten bloßes Verwaltungsunrecht in Gestalt einer Ordnungswidrigkeit, die im „ersten Zugriff" von der Verwaltung geahndet wird, oder eine Straftat ist, deren Ahndung den Strafverfolgungsbehörden obliegt, trifft der Gesetzgeber, dem hier ein nicht unerheblicher Spielraum eigenverantwortlicher Bewertung eingeräumt wird.[59] Maßgebliche Kriterien sind regelmäßig der Grad der Rechtsgutsbeeinträchtigung oder der Grad seiner Bedrohung und die damit verbundene Schwere des Unrechtsgehaltes sowie der Wert des geschützten Rechtsgutes.[60]

III. Bindung des Strafrechts an verwaltungsrechtliche Vorgaben

Verwaltungsakzessorisch ausgestaltete Straf- oder Ordnungswidrigkeitentatbestände sind dadurch geprägt, dass sie auf der Tatbestandsseite nicht an strafrechtsinterne Merkmale, sondern an externe Vorgaben des Verwaltungsrechts anknüpfen.

Die Problematik der Verwaltungsakzessorietät des Strafrechts lässt sich kurz in der Frage zusammenfassen, inwieweit die Strafverfolgungsbehörden an die dem

---

[56] Vgl. z.B. §§ 92 f. AuslG, 404 ff. SGB III

[57] Zum Terminus des Blankettstrafgesetzes:
Arzt/Weber, § 41 Rz. 14
Ensenbach, S. 230 ff.
Jakobs, S. 286 f.
Maurach/Zipf, § 8 Rz. 30
Roxin, § 12 Rz. 99
Schmidt-Aßmann, in: Maunz/Dürig, Art. 103 Abs. 2 GG Rzn. 199 ff.
Winkelbauer, Zur Verwaltungsakzessorietät des Umweltstrafrechts, S. 12 ff.

[58] Vgl. Bundesministerium der Justiz, Empfehlungen zur Ausgestaltung von Straf- und Bußgeldvorschriften im Nebenstrafrecht, Rz. 69

[59] BVerfG, Beschluss vom 10.04.1997, BVerfGE 96, 10 (25 f.): „... dabei geht das Bundesverfassungsgericht davon aus, dass es einen Grenzbereich zwischen kriminellem Unrecht und Ordnungsunrecht gibt, dass in diesem Bereich zwischen den genannten Erscheinungsformen des Unrechts nur graduelle Unterschiede bestehen und dass es demgemäß Sache des Gesetzgebers ist, hier die Grenzlinie im einzelnen festzulegen."
Winands, S. 52 ff. und 68

[60] Beispiel für eine differenzierte Bewehrung aus dem Ausländer- und Arbeitsförderungsrecht:
Der **fahrlässige** unerlaubte Aufenthalt eines Ausländers im Bundesgebiet ohne Aufenthaltsgenehmigung, Duldung oder Pass ist gem. § 93 Abs. 1 AuslG eine Ordnungswidrigkeit, die **vorsätzliche** Tatbegehung gem. § 92 Abs. 1 Nrn. 1 und 2 AuslG eine Straftat.
Die schlichte vorsätzliche Beschäftigung eines Ausländers ohne Arbeitsgenehmigung ist gem. § 404 Abs. 2 Nr. 3 SGB III eine Ordnungswidrigkeit; beim Hinzutreten weiterer Voraussetzungen liegt gem. § 406 Abs. 1 SGB III eine Straftat vor.

Verwaltungsrecht entspringenden Vorgaben gebunden sind. Dabei ist zwischen Verwaltungsrechts- und Verwaltungsaktsakzessorietät zu unterscheiden.[61]

Die Verwaltungsrechtsakzessorietät wird als Unterfall der Verwaltungsakzessorietät dadurch gekennzeichnet, dass weder eine vollziehbare Anordnung die Ausfüllungsnorm für den Einzelfall konkretisieren muss, damit der Straftatbestand verwirklicht ist, noch vermag eine Gestattung in Gestalt einer Genehmigung den Tatbestand auszuschließen. Das strafbare Verhalten ergibt sich vielmehr unmittelbar aus der verwaltungsrechtlichen Norm, auf die in der Sanktionsnorm verwiesen wird.[62]

Bei der Verwaltungsaktsakzessorietät des Strafrechts geht es um das Zusammenspiel von Verwaltungs- und Strafrecht innerhalb solcher Tatbestände, die eine Bestrafung entweder an die Existenz eines belastenden Verwaltungsakts oder aber an die Nichtexistenz einer nach verwaltungsrechtlichen Vorschriften erforderlichen Genehmigung anknüpfen.[63]

Die Diskussion über die Thematik der Verwaltungsakzessorietät des Strafrechts wurde durch die Eingliederung der Umweltdelikte aus den einzelnen öffentlich-rechtlichen Fachgesetzen in das Strafgesetzbuch durch das 18. Strafrechtsänderungsgesetz - Gesetz zur Bekämpfung der Umweltkriminalität - vom 28.03.1980[64] entfacht. Ossenbühl[65] weist in diesem Zusammenhang darauf hin, dass diese Transplantation des Umweltstrafrechts in das Kernstrafrecht das Strafrecht gewissermaßen gleichrangig mit dem Verwaltungsrecht im Umweltrecht als Sanktionsmechanismus etabliert habe. Diese Gleichordnung habe von der vormaligen im Nebenstrafrecht existierenden Nachordnung des Strafrechts zu einer Konkurrenz zwischen Verwaltungs- und Strafrecht geführt.

Die aus der Verwaltungsakzessorietät des Strafrechts resultierenden Probleme wurden in der Folgezeit in einer Vielzahl von Veröffentlichungen aus straf-[66] und

---

[61] Arzt/Weber, § 41 Rz. 15
Breuer, JZ 1994, 1077 (1083)
Horn, in: SK-StGB, vor § 324 Rz. 7
Kloepfer, § 7 Rz. 10
Schenke/Roth, WiVerw 1997, 81 (84 ff.)

[62] Aurnhammer, S. 107 mit Beispielen aus dem Ausländerstrafrecht
Breuer, AöR Bd. 115 (1990), 448 (455 f.)

[63] Horn, in: SK-StGB, vor § 324 Rz. 8
Lenckner, in: Schönke/Schröder, Vorbem §§ 32 ff. Rz. 62
Schenke/Roth, WiVerw 1997, 81 (84 ff.)

[64] BGBl. I, 373

[65] In: Schröder/Jarass, VVDStRL 50 (1991), 196 (300), unter Hinweis auf die Schweiz, die entsprechende Probleme mangels Transplantation ihres Umweltstrafrechts in das Kernstrafrecht nicht habe.

[66] Z.B.:
Dölling, JZ 1985, 461 ff.
Rengier, ZStW 101 (1989), 874 ff.
Samson, JZ 1988, 800 ff.

verwaltungsrechtlicher[67] Sicht abgehandelt und waren Gegenstand des 57. Deutschen Juristentages in Mainz 1988[68] und der Tagung deutschsprachiger Strafrechtslehrer 1989 in Trier.[69] Die aus dieser intensiven Diskussion zum Umweltstrafrecht abgeleiteten Erkenntnisse lassen sich weitgehend auch auf andere verwaltungsakzessorisch ausgestaltete Tatbestände übertragen.

Die Existenz der verwaltungsrechtlichen Genehmigung bewirkt aus strafrechtlicher Sicht, dass die Strafbarkeit des Genehmigungsinhabers ausgeschlossen ist, und zwar nach ganz überwiegender Ansicht entweder auf der Tatbestands- oder auf der Rechtswidrigkeitsebene. Hierbei ist auf die oben dargelegte Differenzierung zwischen präventivem Verbot mit Erlaubnisvorbehalt und repressivem Verbot mit Befreiungsvorbehalt zurückzukommen:

Bezieht sich der Genehmigungsvorbehalt in einem verwaltungsrechtlichen Fachgesetz auf ein präventives Verbot, so hat das Erteilen der Genehmigung zur Folge, dass der Genehmigungsinhaber nicht tatbestandsmäßig handelt, wenn er von der rechtmäßigen Genehmigung Gebrauch macht. Das Fehlen der Genehmigung ist negatives Tatbestandsmerkmal.[70] Bei einem repressiven Verbot mit Befreiungsvorbehalt führt das Vorliegen der rechtmäßigen Genehmigung zur Verneinung der Rechtswidrigkeit.[71]

Die besonders problematische Frage, welche Bindungswirkung eine rechtswidrige oder rechtsmissbräuchlich erlangte Genehmigung im Strafrecht entfaltet, wird im Zusammenhang mit der ausländerrechtlichen Aufenthaltsgenehmigung analysiert.

---

[67] Z.B.:
Breuer, DÖV 1987, 169
Ossenbühl, DVBl. 1990, 963 (969 ff.)
Schröder/Jarass, VVDStRL 50 (1991), 196 ff.

[68] Breuer, AöR Bd. 115 (1990), 448 (449)
Heine/Meinberg, 1 ff.

[69] Vgl. hierzu den Sitzungsbericht von Mitsch, JZ 1989, 1047 (1049 f.)

[70] Arzt/Weber, § 41 Rz. 22
Hirsch, in: LK-StGB, vor § 32 Rz. 160
Jakobs, S. 462
Marx, S. 128 f.
Winkelbauer, Zur Verwaltungsakzessorietät des Umweltstrafrechts, S. 20

[71] Günther, in: SK-StGB, vor § 32 Rz. 66
Rengier, ZStW 101 (1989), 874
Roxin, § 17 Rz. 47
Tröndle/Fischer, vor § 324 Rz. 6
Tiedemann/Kindhäuser, NStZ 1988, 337 (342 f.)

B. Straftaten und Ordnungswidrigkeiten nach dem Ausländerrecht

I. Genehmigungsvorbehalt im Ausländerrecht

§ 3 Abs. 1 Satz 1 AuslG bestimmt, dass Ausländer für die Einreise und den Aufenthalt im Bundesgebiet einer Aufenthaltsgenehmigung bedürfen. Diese ist gemäß § 3 Abs. 3 Satz 1 AuslG grundsätzlich vor der Einreise in der Form des Sichtvermerks (Visum) einzuholen.[72]

Dieser ausländerrechtliche Genehmigungsvorbehalt dient insbesondere einer wirksamen Zuzugs- und Arbeitsmarktkontrolle.[73]

Die Zuzugskontrolle lag bereits § 13 der Preußischen Ausländerpolizeiverordnung vom 22.08.1938[74] zugrunde und verkörpert ein klassisches Anliegen des Ausländerpolizeirechts. Sie soll zum einen sicherstellen, dass die „Interessen" der Bundesrepublik Deutschland - z.B. die Leistungsfähigkeit des Sozialstaates - nicht durch den Aufenthalt einzelner Ausländer unmittelbar beeinträchtigt oder gefährdet werden. Darüber hinaus dient die Zuzugskontrolle dem Zweck, mittelbare Gefahren abzuwehren, die der ungebremste Zuzug von Ausländern für das gesamte öffentliche Leben und damit die (fehlende) Akzeptanz der Bevölkerung mit sich bringt.[75]

Die Kontrolle des Arbeitsmarktes stellt ebenfalls einen wesentlichen Grund für den ausländerrechtlichen Genehmigungsvorbehalt dar. Die illegale Beschäftigung ausländischer Arbeitskräfte gefährdet unter anderem bestehende Arbeitsplätze und führt zu beträchtlichen Ausfällen an Steuern und Sozialversicherungsbeiträgen. Die Arbeitsmarktkontrolle soll demnach in erster Linie die Funktionstauglichkeit des deutschen Arbeitsmarktes gewährleisten und die Finanzkraft der Sozialversicherung und das Steueraufkommen schützen. Zu beachten ist dabei,

---

[72] Von dem Erfordernis einer Aufenthaltsgenehmigung gibt es zahlreiche Ausnahmen:
Gem. § 2 Abs. 1 AuslG findet das Gesetz u.a. keine Anwendung auf Exterritoriale im Sinne der §§ 18 bis 20 GVG und Repräsentanten internationaler Organisationen. Die Gestaltung der aufenthaltsrechtlichen Formalitäten bezüglich dieser Personengruppen ergeben sich zumeist aus zwischenstaatlichen Vereinbarungen.
Die aufenthaltsrechtlichen Regelungen für die Staatsangehörigen der EU-Mitgliedstaaten, die nach Art. 48 ff. EG-Vertrag Freizügigkeit genießen, sind durch das Gesetz über Einreise und Aufenthalt von Staatsangehörigen der Mitgliedstaaten der Europäischen Wirtschaftsgemeinschaft (Aufenthaltsgesetz/EWG; BGBl. I, 116) geregelt. Seit Beginn des Jahres 1994 werden auch die Staatsangehörigen der zum Europäischen Wirtschaftsraum gehörenden EFTA-Staaten gem. § 15c Aufenthaltsgesetz/EWG von diesem erfasst.
Weitere Ausnahmetatbestände ergeben sich aus den §§ 1-4 und 6-8 DVAuslG; auf den hier relevanten Tatbestand des § 1 Abs. 1 DVAuslG wird unten näher eingegangen.

[73] Aurnhammer, S. 78 f.
Hailbronner, § 92 AuslG Rz. 6
Funke-Kaiser, in: GK-AuslR, § 3 AuslG Rz. 3
Kloesel/Christ/Häußer, § 1 AuslG Rz. 10

[74] RGBl. I, 1053

[75] Vgl. Amtliche Begründung, BT-Drucksache 11/6321, 41

dass die Ausländerbehörden nach der herrschenden Meinung in der Literatur[76] im Rahmen ihrer Prüfungskompetenz lediglich allgemeine arbeitsmarkt- und sozialpolitische Belange berücksichtigen und sich auf den allgemeinen Anwerbestopp berufen dürfen. Für die spezielle Entscheidung über die Belange des inländischen Arbeitsmarktes ist indes gemäß § 285 Abs. 1 SGB III die Bundesanstalt für Arbeit zuständig; eine derartige Prüfung ist den Ausländerbehörden verwehrt. Diesen Vorrang dokumentiert § 1 AAV,[77] nach dem Ausländern für die Aufnahme und Ausübung einer unselbständigen Erwerbstätigkeit im Bundesgebiet von mehr als drei Monaten eine Aufenthaltsgenehmigung nur dann erteilt werden darf, wenn eine erforderliche Genehmigung zur Beschäftigung als Arbeitnehmer in Aussicht gestellt oder erteilt ist.

Aus § 1 Abs. 1 AuslG, einer Vielzahl weiterer ausländerrechtlicher Vorschriften und der aktuellen Diskussion über eine aus demographischen Gründen erforderliche Zuwanderung ergibt sich, dass der Aufenthalt von Ausländern im Bundesgebiet grundsätzlich erwünscht ist und nicht als sozialschädlich missbilligt wird. Der ausländerrechtliche Genehmigungsvorbehalt dient lediglich der dargelegten Zuzugs- und Arbeitsmarktkontrolle. Nach den oben beschriebenen Kriterien handelt es sich um ein präventives Verbot mit Genehmigungsvorbehalt.[78]

Neben den Rechtsgrundlagen für die verwaltungsrechtliche Durchsetzung des ausländerrechtlichen Genehmigungsvorbehaltes - in Betracht kommen Ausweisung (§ 45 AuslG), Abschiebung (§ 49 AuslG), Zurückweisung (§ 60 AuslG) und Zurückschiebung (§ 61 AuslG) - sieht das Ausländerrecht in den §§ 92, 93 AuslG flankierende Straf- und Ordnungswidrigkeitentatbestände vor, die eine Ahndung unter anderem an das Fehlen der Aufenthaltsgenehmigung anknüpfen und der Durchsetzung des Genehmigungsvorbehaltes dienen. Eine vorhandene Genehmigung führt zum Ausschluss des objektiven Tatbestandes.

II. Straftaten und Ordnungswidrigkeiten des Arbeitnehmers

1. Einleitung

Die Strafbarkeit arbeitender Positivstaater könnte sich in erster Linie aus § 92 Abs. 1 Nrn. 1 und 6 AuslG ergeben. Das negative Tatbestandsmerkmal „ohne Aufenthaltsgenehmigung“ wird für sie allerdings erst relevant, wenn sie länger als drei Monate bleiben oder im Bundesgebiet eine Erwerbstätigkeit aufnehmen und damit ihre Befreiung vom Erfordernis der Aufenthaltsgenehmigung zum

[76] Bieback, ZAR 1995, 99 ff.
Renner, ZAR 1995, 13
Schlewing/Schuhmann/Heinz, S. 73

[77] Verordnung über Aufenthaltsgenehmigungen zur Ausübung einer unselbständigen Erwerbstätigkeit (Arbeitsaufenthalteverordnung) vom 18.12.1990 (BGBl. I, 2994)

[78] Funke-Kaiser, in: GK-AuslR, § 3 AuslG Rzn. 3 und 13
Hailbronner, § 3 AuslG Rz. 4
Senge, in: Erbs/Kohlhaas, § 3 AuslG Rz. 1

Erlöschen bringen.[79] Der eine Erwerbstätigkeit ausübende Positivstaater ist nicht (mehr) privilegiert und benötigt somit nach dem Grundsatz des § 3 Abs. 1 Satz 1 AuslG eine Aufenthaltsgenehmigung.

2. Unerlaubte Einreise - § 92 Abs. 1 Nr. 6 AuslG

Dem zeitlichen Ablauf einer illegalen Erwerbstätigkeit folgend, stellt sich zunächst die in Rechtsprechung und Literatur umstrittene Frage, ob die Einreise eines Positivstaaters mit dem Willen, ohne Aufenthaltsgenehmigung im Bundesgebiet zu arbeiten, als unerlaubte Einreise im Sinne der §§ 58 Abs. 1 Nr. 1, 92 Abs. 1 Nr. 6 AuslG zu qualifizieren ist. Eine höchstrichterliche Klärung dieser Streitfrage steht noch aus.[80]

a. Subjektive Theorie

Nach einer Auffassung[81] ist die subjektive Vorstellung des einreisenden Ausländers maßgeblich. Beabsichtige ein Positivstaater bereits bei der Einreise, im Bundesgebiet zu arbeiten, sei eine Aufenthaltsgenehmigung in der Form des Visums nach § 3 AuslG in Verbindung mit den §§ 1 Abs. 1, 12 DVAuslG erforderlich, eine Einreise ohne Aufenthaltsgenehmigung somit nach den §§ 58 Abs. Nr. 1, 92 Abs. 1 Nr. 6 AuslG strafbar.

Zur Begründung dieser Ansicht wird im Wesentlichen auf den Wortlaut des § 58 Abs. 1 Nr. 1 AuslG und den Willen des Gesetzgebers abgestellt. Die Vorschrift verlange schon nach ihrem Wortlaut eine „erforderliche Aufenthaltsgenehmigung“, d.h. nicht nur - wie bei einem nicht den wahren Aufenthaltszweck

---

[79] Vgl. Ziff. 3.1.2.1.2. AuslG-VwV
VGH Kassel, Urteil vom 02.05.1994, InfAuslR 1994, 355 (356 f.)
Funke-Kaiser, in: GK-AuslR, § 3 AuslG Rz. 26
Hailbronner, § 92 AuslG Rz. 11

[80] Zuletzt offen gelassen im Urteil des BVerwG vom 18.06.1996, NVwZ 1997, 192 (193) für den Parallelfall der Einreise eines Positivstaaters mit dem Willen, sich länger als 3 Monate im Bundesgebiet aufzuhalten; in seinem Urteil vom 11.02.2000 neigt der 3. Strafsenat des BGH in dem vergleichbaren Fall, dass Negativstaater, die mit einem ohne die nach § 11 Abs. 1 DVAuslG erforderliche Zustimmung der Ausländerbehörde erteilten, die Aufnahme einer Erwerbstätigkeit nicht gestattenden Touristenvisum einreisen und bereits zu diesem Zeitpunkt die Aufnahme einer Erwerbstätigkeit beabsichtigten, zu der Auffassung, dass sie sich nicht nach § 92 Abs. 1 Nr. 6 AuslG strafbar machen (NJW 2000, 1732 [1733]).

[81] OVG Hamburg, Beschluss vom 04.06.1991, EZAR 622 Nr. 12 zum vergleichbaren Fall „Einreise eines Negativstaaters mit kurzfristigem Besuchervisum und beabsichtigtem Daueraufenthalt“ und Beschluss vom 12.06.1992, EZAR 045 Nr. 3
OVG Koblenz, Beschluss vom 11.05.1994, InfAuslR 1994, 352 (353)
OVG Münster, Beschluss vom 20.02.2001, DVBl. 2001, 1007 (1008 f.) und Beschluss vom 26.11.2001, NWVBl. 2002, 183 (184)
OVG Schleswig, Beschluss vom 12.03.1992, InfAuslR 1992, 125 zum vergleichbaren Fall „Einreise eines Negativstaaters mit Besuchervisum und beabsichtigter Erwerbstätigkeit“
Funke-Kaiser, in: GK-AuslR, § 69 AuslG Rz. 29

(Erwerbstätigkeit) abdeckenden Touristenvisum eines Negativstaaters[82] - eine formell scheinbar ordnungsgemäße, sondern die materiell - rechtlich erforderliche Aufenthaltsgenehmigung. § 58 Abs. 1 Nr. 1 AuslG unterscheide hinsichtlich der Frage, ob die Einreise unerlaubt sei, nicht zwischen der „Genehmigung für die Einreise" und der „Genehmigung für den Aufenthalt". Die Einreise unterliege als Akt der Aufenthaltsbegründung grundsätzlich denselben Voraussetzungen wie der Aufenthalt. Dies bringe § 3 Abs. 1 Satz 1 AuslG zum Ausdruck. Auch bei den Befreiungstatbeständen werde nicht zwischen der Genehmigung für die Einreise und der Genehmigung für den Aufenthalt unterschieden. Ihnen liege erkennbar die Vorstellung zugrunde, dass der erlaubte Aufenthalt die Erlaubnis zur Einreise einschließe. Erfordere der Aufenthalt - wie bei den eine Erwerbstätigkeit ausübenden Positivstaatern - eine Genehmigung, so sei diese gemäß § 3 Abs. 3 S. 1 AuslG vor der Einreise in der Form des Sichtvermerks (Visum) einzuholen.[83]

b. Objektive Theorie

Dagegen vertritt die Gegenansicht[84] die Meinung, dass bei Zugrundelegung einer rein objektiven Betrachtungsweise die Einreise des Positivstaaters mit dem Willen, eine Erwerbstätigkeit aufzunehmen, als erlaubt im Sinne der §§ 58 Abs. 1 Nr. 1, 92 Abs. 1 Nr. 6 AuslG zu qualifizieren sei. Die in § 1 Abs. 1 DVAuslG enthaltenen Beschränkungen der Befreiung vom Erfordernis der Aufenthaltsgenehmigung würden erst für den Aufenthalt nach der Einreise und nicht schon für die Einreise selbst gelten. Letztere sei ohne Rücksicht auf die subjektive Absicht des Ausländers hinsichtlich der Dauer und des Zwecks seines Aufenthaltes erlaubt, sofern nur die im Befreiungstatbestand bezeichneten

---

[82] Staatsangehörige der nicht in der Anlage I zu § 1 DVAuslG aufgeführten Staaten (Negativstaater) benötigen auch für Aufenthalte bis zu drei Monaten ohne Aufnahme einer Erwerbstätigkeit grundsätzlich eine Aufenthaltsgenehmigung (Touristenvisum). Wollen sie sich länger als drei Monate im Bundesgebiet aufhalten oder eine Erwerbstätigkeit ausüben, muss darüber hinaus die Ausländerbehörde vorher dem Erteilen des Visums zustimmen (§ 11 Abs. 1 DVAuslG). Aufenthaltsrechtlich steht also der Negativstaater, der mit einem Touristenvisum einreist und sich länger als drei Monate im Bundesgebiet aufhalten oder eine Erwerbstätigkeit ausüben will, einem Positivstaater gleich, der bereits bei der Einreise die Voraussetzungen für seine Befreiung vom Erfordernis der Aufenthaltsgenehmigung (§ 1 Abs. 1 DVAuslG) nicht beachten will.

[83] OVG Koblenz, Beschluss vom 11.05.1994, InfAuslR 1994, 352 (353) zum Parallelfall „beabsichtigter Aufenthalt von mehr als drei Monaten"

[84] OVG Bremen, Urteil vom 19.07.1994, InfAuslR 1995, 107 (108)
VGH Kassel, Beschluss vom 12.03.1993, NVwZ-RR 1994, 114 ff. und Urteil vom 02.05.1994, InfAuslR 1994, 355 (356 f.)
VGH Mannheim, Beschluss vom 06.02.1992, NVwZ 1993, 291 (292) und Urteil vom 22.11.1995, InfAuslR 1996, 174 (175)
Fraenkel, S. 25
Hailbronner, § 58 AuslG Rz. 9
Ott, ZAR 1994, 76 (78)
Pfaff, ZAR 1992, 117 (118 ff.)
Renner, ZAR 1995, 13 (16)
Westphal, in: Huber, § 58 AuslG Rz. 17

Voraussetzungen vorlägen.[85] Der Verstoß gegen die Visumsvorschriften werde allein durch § 8 Abs. 1 Nr. 1 AuslG sanktioniert. Ein Rückgriff auf § 58 Abs. 1 Nr. 1 AuslG scheide aus.[86]

c. Stellungnahme

aa. Wortauslegung

Da der Wortlaut Ausgangspunkt für die richterliche Sinnermittlung ist und nach der ständigen Rechtsprechung des Bundesverfassungsgerichts[87] zugleich die äußerste Grenze einer zulässigen Interpretation markiert, soll - in Übereinstimmung mit der klassischen Methodenlehre[88] - auch hier mit diesem Auslegungskriterium begonnen werden.

Der Wortlaut der den Straftatbestand des § 92 Abs. 1 Nr. 6 AuslG ausfüllenden Norm des § 58 Abs. 1 Nr. 1 AuslG - „eine erforderliche Aufenthaltsgenehmigung" - ist unergiebig und lässt für beide Auslegungen Raum.[89] Der Begriff „erforderlich" kann zum einen dahin verstanden werden, dass der Ausländer irgendeine Aufenthaltsgenehmigung für die isoliert zu betrachtende Einreise benötigt. Dieses ist bei Positivstaatern aufgrund des in § 1 Abs. 1 DVAuslG geregelten Befreiungstatbestandes nicht der Fall.[90] „Erforderlichkeit" kann aber auch bedeuten, dass eine dem konkreten Aufenthaltszweck oder der tatsächlich beabsichtigten Aufenthaltsdauer entsprechende Aufenthaltsgenehmigung bereits bei der Einreise vorliegen muss,[91] die Visumspflicht also eine Pflicht mit Bezug zur konkreten, nicht isoliert zu betrachtenden Einreise ist.

Für die erstgenannte Auslegung spricht, dass § 58 Abs. 1 Nr. 1 AuslG nicht von *der* erforderlichen Aufenthaltsgenehmigung spricht, sondern von *einer* erforderlichen Aufenthaltsgenehmigung.[92] Die Auffassung von Renner[93] und Lauer,[94] gerade wegen des vom Gesetz verwandten unbestimmten Artikels erstrecke sich die Prüfung auf die konkrete Art der Aufenthaltsgenehmigung und nicht nur darauf, ob der Ausländer der Genehmigungspflicht überhaupt unterliege oder von ihr befreit sei, ist sprachlich nicht nachvollziehbar.

---

[85] VGH Kassel, Urteil vom 02.05.1994, InfAuslR 1994, 355 (356 f.)
[86] OVG Bremen, Urteil vom 19.07.1994, InfAuslR 1995, 107 (108)
[87] Vgl. z.B. Beschluss vom 17.01.1978, BVerfGE 47, 109 (124) und Beschluss vom 28.06.2001, NVwZ-Beilage I 2001, 106 (107)
[88] Larenz, S. 320
[89] BGH, Urteil vom 11.02.2000, NJW 2000, 1732 (1733 f.)
Strieder, InfAuslR 2001, 6 (7)
[90] Westphal/Stoppa, NJW 1999, 2137 (2140)
Westphal, in: Huber, § 58 AuslG Rz. 26
[91] Lauer, NStZ 2000, 661
Renner, Ausländerrecht in Deutschland, § 21 Rz. 95
[92] Lüdke, InfAuslR 1996, 276 (277)
[93] Ausländerrecht in Deutschland, § 21 Rz. 95
[94] NStZ 2000, 661

Im Ergebnis bleibt festzustellen, dass die Wortauslegung zu keinem klaren, eindeutigen Ergebnis führt,[95] tendenziell aber für die objektive Theorie spricht.

bb. Logisch-systematische Auslegung: Vergleich mit §§ 8 Abs. 1, 60, 69 AuslG

Die objektive Theorie ist auch mit der Systematik des Ausländergesetzes besser in Einklang zu bringen als die subjektive Theorie. Das Ausländergesetz differenziert zwischen Einreise ohne jegliches Visum und der Einreise mit einem den wahren Aufenthaltszweck nicht abdeckenden Visum.

aaa. § 8 Abs. 1 AuslG

Die Aufenthaltsgenehmigung wird nach § 8 Abs. 1 Nr. 1 AuslG versagt, wenn der Ausländer ohne erforderliches Visum eingereist ist. § 8 Abs. 1 Nr. 2 AuslG sieht eine Versagung der Aufenthaltsgenehmigung vor, wenn der Ausländer mit einem Visum eingereist ist, das aufgrund seiner (falschen) Angaben ohne die erforderliche Zustimmung der Ausländerbehörde erteilt worden ist. Nach der subjektiven Theorie wäre § 8 Abs. 1 Nr. 2 AuslG als Versagungsgrund überflüssig, da diese Fälle schon von § 8 Abs. 1 Nr. 1 AuslG erfasst würden.[96]

bbb. § 60 AuslG

Nach § 60 Abs. 1 AuslG *muss* ein Ausländer zurückgewiesen werden, der unerlaubt einreisen will. Wollte man annehmen, der Tatbestand der unerlaubten Einreise sei auch dann erfüllt, wenn ein Positivstaater in der Absicht, eine Erwerbstätigkeit aufzunehmen, ohne Visum einreist, dann müsste der Bundesgrenzschutz ihn bei der grenzpolizeilichen Einreisekontrolle zurückweisen. § 60 Abs. 1 AuslG lässt kein Ermessen zu. Bei einer Grenzkontrolle lässt sich diese Absicht kaum mit der erforderlichen Sicherheit nachweisen. Daher wurde § 60 Abs. 2 Nr. 2 AuslG in das Ausländergesetz eingefügt. Nach dieser Bestimmung *kann* an der Grenze zurückgewiesen werden, wenn der begründete Verdacht besteht, dass der Aufenthalt nicht dem angegeben Zweck dient. Mit dieser an einen deutlich geringeren Verdachtsgrad anknüpfenden Sonderregelung werden die Fälle einer den wahren Aufenthaltszweck verschleiernden Einreise abgedeckt.[97]

ccc. § 69 AuslG

Nach § 69 Abs. 3 Satz 1 Nr. 1 AuslG gilt der Aufenthalt eines Ausländers, der mit einem mit Zustimmung der Ausländerbehörde erteilten Visum eingereist ist, bis zur Entscheidung der Ausländerbehörde als erlaubt, wenn er die Erteilung

---

[95] So auch BGH, Urteil vom 11.02.2000, NJW 2000, 1732 (1733 f.)

[96] BGH, Urteil vom 11.02.2000, NJW 2000, 1732 (1734)

[97] BGH, Urteil vom 11.02.2000, NJW 2000, 1732 (1734)
Lüdke, InfAuslR 1996, 276
Pfaff, ZAR 1992, 117 (118)

oder die Verlängerung einer Aufenthaltsgenehmigung beantragt. Diese den Ausländer begünstigende Fiktion tritt nach § 69 Abs. 3 Satz 3 i.V.m. Abs. 2 Satz 2 Nrn. 2 und 3 AuslG in zwei Fällen fehlenden Schutzbedürfnisses nicht ein. Auf die in Abs. 2 Satz 2 Nr. 1 geregelte Fallgruppe der unerlaubten Einreise verweist Abs. 3 Satz 3 gerade nicht, mit anderen Worten: Der Gesetzgeber geht offenbar davon aus, dass ein Ausländer, der mit einem Visum eingereist ist, nicht unerlaubt eingereist sein kann,[98] auch wenn das Visum den tatsächlich beabsichtigten Aufenthaltszweck nicht abdeckt.

cc. Historische Auslegung

Auch das historische Element der Auslegung spricht eher für die objektive Theorie.

Zwar lässt sich den Gesetzesmaterialien, die als Erkenntnisquelle für die Normvorstellungen der an der Vorbereitung und Abfassung des Gesetzes beteiligten Organe in erster Linie in Betracht kommen,[99] ein eindeutiger Wille des Gesetzgebers, § 58 Abs. 1 Nr. 1 AuslG im Sinne einer der beiden Auffassungen auszulegen, nicht mit hinreichender Deutlichkeit entnehmen. Die Begründung des Entwurfs der Bundesregierung zu § 58 Abs. 1 AuslG 1990 spricht von materiell unerlaubter Einreise. Damit sollen aber nur die in § 58 Abs. 1 Nrn. 1 - 3 AuslG abschließend definierten Fälle der unerlaubten Einreise von der formell unbefugten Einreise nach § 59 Abs. 1 AuslG, also formalen Verstößen beim Grenzübertritt, die gemäß § 93 Abs. 2 Nr. 2 und Abs. 3 Nr. 4 AuslG Ordnungswidrigkeiten darstellen, abgegrenzt werden.[100]

Zu beachten ist aber, dass das für den Gesetzentwurf federführende Bundesministerium des Innern in seinem Rundschreiben vom 20.05.1996 an die Innenminister/-senatoren der Länder - der objektiven Theorie folgend - ausführt:[101]

> „ . . . *ein wichtiges Ziel bei der Formulierung der Befreiungstatbestände war, die Positivstaater nicht schlechter zu stellen als die Negativstaater. Zwecks Gleichstellung war es daher vor allem erforderlich, den Befreiungstatbestand des § 1 Abs. 1 DVAuslG objektiv zu formulieren, die Befreiung also nicht vom subjektiven Willen des Ausländers hinsichtlich der Dauer und des Zwecks des von ihm beabsichtigten Aufenthalt abhängig zu machen, sondern ohne Rücksicht auf den Willen des Ausländers objektiv für Aufenthalte bis zu 3 Monaten ohne Aufnahme einer Erwerbstätigkeit zu gewähren. Denn der Negativstaa-*

---

98 VG Düsseldorf, Beschluss vom 02.09.1993, InfAuslR 1993, 371 (374)
Strieder, InfAuslR 2001, 6 (9)

99 Larenz, S. 330

100 Vgl. BGH, Urteil vom 11.02.2000, NJW 2000, 1732 (1734)

101 Az. A 2a - 125 201 - 2/1, InfAuslR 1996, 317 f.
Zur Intention des Gesetzgebers, dass unbeschadet einer Daueraufenthaltsabsicht sowohl der Positivstaater als auch der lediglich über ein Touristenvisum verfügende Negativstaater nicht unerlaubt in das Bundesgebiet einreisen: Strieder, InfAuslR 2001, 6 (8).

ter, der ein Touristenvisum besitzt, erfüllt zweifellos nicht den Tatbestand der unerlaubten Einreise nach § 58 Abs. 1 Nr. 1 AuslG, auch wenn bei der Einreise bereits feststeht, dass er länger als 3 Monate - bzw. die im Visum angegebene kürzere Zeit - bleiben oder während seines Aufenthaltes der Auflage im Visum zuwider eine Erwerbstätigkeit aufnehmen will . . ."

Die Auffassung lag - soweit ersichtlich - bereits dem Gesetzgebungsverfahren zugrunde und blieb in den Beratungen ohne erkennbaren Widerspruch.

Diese Bewertung des gesetzgeberischen Willens wird ergänzend gestützt durch die Allgemeine Verwaltungsvorschrift zum Ausländergesetz (AuslG-VwV) vom 28.06.2000, nach derer Nr. 58.1.1.2.7 ein Positivstaater nicht unerlaubt einreist, wenn er bereits bei der Einreise die Absicht hat, eine Erwerbstätigkeit aufzunehmen.

dd. Teleologische Auslegung

Letztlich spricht auch die Auslegung nach objektiv-teleologischen Kriterien für die objektive Theorie. Sinn und Zweck des § 58 Abs. 1 Nr. 1 AuslG, der im 5. Abschnitt „Grenzübertritt" steht, ist, die mit der polizeilichen Kontrolle des grenzüberschreitenden Verkehrs beauftragten Behörden (§ 63 Abs. 4 AuslG) in die Lage zu versetzen, schnell und ohne weitere intensive Prüfung entscheiden zu können, ob der einreisende Ausländer einreisen darf oder nicht.[102] Im zügigen Grenzübertrittsverkehr ist die subjektiv unerlaubte Einreise grundsätzlich nicht feststellbar.[103] Renners Auffassung,[104] die Grenzbehörde könne Daten aus dem Ausländerzentralregister und Auskünfte der Ausländerbehörde schnell einholen und so die Angaben des Ausländers überprüfen, ferner durch telefonische Rückfragen bei Reiseveranstaltern die touristischen Absichten verifizieren, bei Geschäftsreisen Geschäftspartner und Besuchsreisen Verwandte oder andere Gastgeber befragen, erscheint praxisfern.

d. Rechtslage seit In-Kraft-Treten der EU-VisaVO

Am 10.04.2001 ist die Verordnung (EG) Nr. 539/2001 des Rates der Europäischen Union vom 15.03.2001 zur Aufstellung der Liste der Drittländer, deren Staatsangehörige beim Überschreiten der Außengrenzen im Besitz eines Visums sein müssen, sowie der Liste der Drittländer, deren Staatsangehörige von dieser Visumspflicht

---

[102] VGH Mannheim, Beschluss vom 06.02.1992, NVwZ 1993, 291 (292)
VG Düsseldorf, Beschluss vom 02.09.1993, InfAuslR 1993, 371 (374)
Pfaff, ZAR 1992, 117 (118)
Strieder, InfAuslR 2001, 6 (11 f.)
vgl. auch Nr. 58.1.1.3.1. AuslG-VwV: „Die Grenzbehörden sollen bei der Einreisekontrolle in der Kürze der Zeit anhand objektiver Merkmale feststellen können ..."

[103] Lüdke, InfAuslR 1996, 276 (277)

[104] Ausländerrecht in Deutschland, § 21 Rz. 100

befreit sind[105] (EU-VisaVO), in Kraft getreten. Sie bestimmt in Art. 1 Abs. 2, dass Staatsangehörige der 43 in Anlage II der Verordnung[106] aufgeführten Drittländer von der Pflicht, beim Überschreiten der EU-Außengrenzen im Besitz eines Visums zu sein, befreit sind, sofern der anschließend geplante Aufenthalt drei Monate nicht übersteigt. Wie der Wortlaut zeigt, setzt die Befreiung von der Visumspflicht nicht voraus, dass der einreisende Ausländer keine Erwerbstätigkeit aufnehmen will. Insofern stellt sich die Frage, ob die hier als subjektive Theorie bezeichnete Auffassung, die Einreise eines Positivstaaters mit dem Willen, im Bundesgebiet zu arbeiten, sei eine unerlaubte im Sinne der §§ 58 Abs. 1 Nr. 1, 92 Abs. 1 Nr. 6 AuslG, seit dem In-Kraft-Treten des EU-VisaVO wegen Verstoßes gegen höherrangiges europäisches Recht obsolet geworden ist. Dies wäre der Fall, wenn die eine visumsfreie Einreise zur Aufnahme einer Erwerbstätigkeit ausschließenden §§ 1 Abs. 1, 12 DVAuslG keine Ausnahme im Sinne des Art. 4 Abs. 3 EU-VisaVO wären. Nach dieser Vorschrift dürfen nämlich die Mitgliedstaaten eine nationale Regelung treffen, die eine visumsfreie Einreise zum Zwecke der Erwerbstätigkeit ausschließt. Die umstrittene[107] und nicht ausreichend geklärte Frage bedarf hier keiner weiteren Vertiefung, da der subjektiven Theorie bereits unter der bisher geltenden Rechtslage aus den aufgezeigten Gründen Bedenken begegnen und ihr nicht zu folgen ist.

e. Zwischenergebnis

Ein Positivstaater, der - wie im Fall 1 - mit dem Willen einreist, ohne Aufenthaltsgenehmigung im Bundesgebiet zu arbeiten, reist nicht unerlaubt im Sinne des § 58 Abs. 1 Nr. 1 AuslG ein und macht sich daher nicht nach § 92 Abs. 1 Nr. 6 AuslG strafbar.[108]

Lauers[109] gegen die hier vertretene Ansicht vorgebrachtes Argument, es entstünden vermeidbare Strafbarkeitslücken, vermag nicht zu überzeugen. Die von ihm gebildete Fallgruppe, dass Ausländer bei einer deutschen Botschaft im Ausland ein nicht den wahren Aufenthaltszweck abdeckendes Visum erlangen,

---

[105] ABl. Nr. L 81/1 vom 21.03.2001, abgedr. bei Hailbronner unter D 2.11

[106] Die in Anhang II der EU-VisaVO aufgeführten Staaten decken sich im Wesentlichen mit den in Anlage I der DVAuslG aufgeführten Nicht-EU-Staaten.

[107] Westphal/Stoppa (InfAuslR 2001, 309 [311]) sind der Auffassung, dass § 12 DVAuslG keine nationale Regelung im Sinne des Art. 4 Abs. 3 EU-VisaVO sei. § 12 DVAuslG schränke Befreiungen ein, die aus § 1 DVAuslG folgten, nicht aber Befreiungen nach der EU-VisaVO. Erforderlich sei eine gesetzliche Regelung, die sich direkt auf die EU-VisaVO beziehe.
Anderer Auffassung:
BayObLG, Beschluss vom 21.05.2002, NStZ-RR 2002, 249 f.
Fehrenbacher, ZAR 2002, 58 (61)

[108] BayObLG, Urteil vom 30.10.2001, EZAR 355 Nr. 29
OLG Köln, Beschluss vom 22.08.1997, InfAuslR 1997, 459
Funke-Kaiser, in: GK-AuslR, § 58 AuslG Rz. 15
Hailbronner, § 58 AuslG Rzn. 9 f. und § 92 AuslG Rz. 39
Stoppa, in: Huber, § 92 AuslG Rz. 161

[109] NStZ 2000, 661 (662 f.)

ohne Vorzeigen desselben über die grüne Grenze einreisen und im Bundesgebiet arbeiten, zieht nach der hier vertretenen objektiven Theorie zwar keine Strafbarkeit nach § 92 Abs. 1 Nr. 6 AuslG nach sich. Auch ist Lauer darin zuzustimmen, dass die vom Bundesgerichtshof in seinem Urteil vom 11.02.2000[110] angesprochene Strafbarkeit aus § 92 Abs. 2 Nr. 2 AuslG in der genannten Fallgruppe ausscheidet, da die erste Alternative - Machen unrichtiger oder unvollständiger Angaben - keine Inlandstat gemäß § 3 StGB[111] ist und auch die zweite Alternative - Gebrauchen zur Täuschung im Rechtsverkehr - beim schlichten Mitsichführen ebenfalls nicht erfüllt ist.[112]

Es verbleibt aber regelmäßig eine Strafbarkeit aus § 92 Abs. 1 Nr. 3 AuslG wegen Zuwiderhandlung gegen eine vollziehbare Auflage, da in Touristenvisa grundsätzlich das Verbot der Aufnahme einer Erwerbstätigkeit als ausländerrechtliche Auflage gemäß § 14 Abs. 2 Satz 2 AuslG angeordnet wird. Unabhängig hiervon verlässt eine die aufgezeigten Auslegungskriterien missachtende und sich allein auf angebliche Strafbarkeitslücken stützende Interpretation des § 92 Abs. 1 Nr. 6 AuslG den Boden zulässiger Auslegung und bewegt sich zumindest im Grenzbereich zur gemäß Artikel 103 Abs. 2 GG, § 1 StGB verbotenen strafbegründenden Analogie. Sollten in einzelnen Fällen planwidrige Strafbarkeitslücken auftauchen, ist es Aufgabe des Gesetzgebers, diese zu schließen und die geltende gesetzliche Lage durch eine bessere zu ersetzen.

3. Unerlaubter Aufenthalt - §§ 92 Abs. 1 Nr. 1 AuslG, 15 StGB

Nach § 92 Abs. 1 Nr. 1 AuslG i.V.m. § 15 StGB macht sich der Ausländer strafbar, wenn er sich vorsätzlich entgegen § 3 Abs. 1 Satz 1 AuslG ohne Aufenthaltsgenehmigung im Bundesgebiet aufhält und keine Duldung nach § 55 Abs. 1 AuslG besitzt.

a. Tathandlung: Aktives Tun oder Unterlassen?

aa. Echtes Unterlassungsdelikt und Vollziehbarkeit der Ausreisepflicht

Seit dem Urteil des Oberlandesgerichts Frankfurt/Main vom 21.08.1987[113] wird der eigentliche Unrechtsgehalt des illegalen Aufenthaltes nicht im Verbleiben im Bundesgebiet als aktivem Tun, sondern vielmehr darin gesehen, dass derje-

[110] NJW 2000, 1732 (1734)

[111] Deutsche Botschaften im Ausland gehören nicht zum Inland:
BayObLG, Beschluss vom 17.05.2000, NVwZ-Beilage I 2000, 95 f.
OLG Köln, Urteil vom 27.04.1999, NStZ 2000, 39 f.
Eser, in: Schönke/Schröder, Vorbem. §§ 3 - 7 Rz. 31

[112] Für den vergleichbaren Fall der Urkundenfälschung:
Cramer, in: Schönke/Schröder, § 267 Rz. 76
Maurach/Schroeder/Maiwald, § 65 Rz. 70
Tröndle/Fischer, § 267 Rz. 63

[113] StV 1988, 301 zur wortgleichen Vorgängernorm § 47 AuslG 1965

nige, der eine erforderliche Aufenthaltsgenehmigung nicht oder nicht mehr besitzt, die gesetzliche Ausreisepflicht gemäß § 42 Abs. 1 AuslG missachtet. Die Nichtvornahme der geforderten Handlung „Ausreise“ sei strafrechtlich als Unterlassen einzustufen, die Norm als echtes Unterlassungsdelikt zu qualifizieren, da das Unterlassen den Tatbestand unmittelbar erfülle. Das Schrifttum[114] folgt der Entscheidung weitestgehend kritiklos ohne eigenständige Begründung und Auseinandersetzung mit den sich hieraus ergebenden Problemen.

Ausgehend von dem Grundsatz, dass eine Zuwiderhandlung gegen unmittelbar kraft Gesetzes oder durch Verwaltungsakt angeordnete verwaltungsrechtliche Pflichten nur dann zu ahnden ist, wenn diese Anordnung auch vollziehbar ist,[115] prüft diese Auffassung sodann die in § 42 Abs. 2 AuslG geregelte Vollziehbarkeit der Ausreisepflicht.

Der Begriff der Vollziehbarkeit in § 42 Abs. 2 AuslG ist der gleiche wie im allgemeinen Verwaltungsvollstreckungsrecht, bedeutet also die rechtliche Möglichkeit, die Ausreisepflicht mit den Mitteln des Verwaltungszwangs durchzusetzen. Während Satz 2 dieser Vorschrift die Fälle regelt, in denen die Vollziehbarkeit auf einem die Ausreisepflicht begründenden Verwaltungsakt beruht, hat der Gesetzgeber in den Fällen des Satzes 1 Nrn. 1 - 3 davon abgesehen, dass die gesetzliche Ausreisepflicht zunächst noch durch eine Grundverfügung konkretisiert werden muss, bevor Verwaltungszwang angewendet werden kann. Da bei der Beschäftigung von Positivstaatern die Ausreisepflicht mit der Aufnahme der Erwerbstätigkeit kraft Gesetzes entsteht und nicht durch einen Verwaltungsakt begründet wird, kommen für die Frage der Vollziehbarkeit dieser Ausreisepflicht nur die in Satz 1 geregelten Fälle in Betracht.

---

[114] Hailbronner, § 92 AuslG Rz. 9
Renner, Ausländerrecht-Kommentar, § 92 AuslG Rz. 9
Senge, in: Erbs/Kohlhaas, § 92 AuslG Rz. 3
Stoppa, in: Huber, § 92 AuslG Rz. 3
Wilhelm, NStZ 2001, 404

[115] Für die Fälle, in denen Straftatbestände auf Verwaltungsakte Bezug nehmen, hat bereits der Bundesgerichtshof in seiner Leitentscheidung vom 23.07.1969 zur Nichtbeachtung einer durch ein amtliches Verkehrszeichen getroffenen Anordnung (Allgemeinverfügung) festgestellt, dass „eine Übelsfolge als strafrechtliche Gegenwirkung gegen eine Zuwiderhandlung“ billigerweise nur demjenigen gebührt, „dessen Zuwiderhandlung sich als Ungehorsam gegen eine vollziehbare Verwaltungsanordnung darstellt“ (BGHSt 23, 86 [91 f.]). Die Gesetzgebungspraxis richtet ihre Terminologie seit langem daran aus (Aurnhammer, S. 127 f.). So heißt es beispielsweise auf Seite 194 in der Bundestags-Drucksache 7/550 (Entwurf eines Einführungsgesetzes zum Strafgesetzbuch) aus dem Jahre 1973:
„Ferner wird in Blankettvorschriften, in denen Zuwiderhandlungen gegen Anordnungen oder Verfügungen einer Verwaltungsbehörde mit Strafe oder Geldbuße bedroht sind, bestimmt, dass der Tatbestand nur dann verwirklicht wird, wenn es sich um eine Zuwiderhandlung gegen eine vollziehbare Anordnung handelt.“

aaa. § 42 Abs. 2 Satz 1 Nr. 1 AuslG

Nach dieser Vorschrift ist die Ausreisepflicht vollziehbar, wenn der Ausländer unerlaubt eingereist ist im Sinne des § 58 Abs. 1 AuslG. Sie ist nach der hier vertretenen Auffassung nicht einschlägig.

bbb. § 42 Abs. 2 Satz 1 Nr. 2 AuslG

Nach § 42 Abs. 2 Satz 1 Nr. 2 AuslG hat der Inhaber einer befristeten Aufenthaltsgenehmigung rechtzeitig vor Ablauf der Geltungsdauer deren Verlängerung oder die Erteilung einer anderen Aufenthaltsgenehmigung zu beantragen, um die Vollziehbarkeit seiner Ausreisepflicht zu vermeiden.

Unter Hinweis auf § 9 Abs. 4 DVAuslG scheint das Oberlandesgericht Köln[116] in einer Abschiebehaftsache die Auffassung zu vertreten, ein Positivstaater müsse rechtzeitig vor Ablauf der genehmigungsfreien Zeit von 3 Monaten die Aufenthaltsbewilligung für einen weiteren Aufenthalt beantragen, um die Folgen des § 42 Abs. 2 Satz 1 Nr. 2 AuslG zu vermeiden. Diese Auffassung lässt sich aber auf die vorliegenden Fälle, in denen die Befreiung vom Erfordernis der Aufenthaltsgenehmigung mit Aufnahme einer Erwerbstätigkeit automatisch wegfällt, nicht übertragen und nicht unter „Ablauf der Geltungsdauer seiner Aufenthaltsgenehmigung“ im Sinne des § 42 Abs. 2 Satz 1 Nr. 2 AuslG subsumieren.

ccc. § 42 Abs. 2 Satz 1 Nr. 3 AuslG

Die Vollziehbarkeit der Ausreisepflicht könnte sich also in den hier maßgeblichen Fällen allenfalls aus § 42 Abs. 2 Satz 1 Nr. 3 AuslG ergeben. Danach ist die Ausreisepflicht vollziehbar, wenn der Ausländer noch nicht die erstmalige Erteilung der erforderlichen Aufenthaltsgenehmigung beantragt hat und die gesetzliche Antragsfrist abgelaufen ist.

Zwar können Positivstaater nach § 9 Abs. 4 und 6 DVAuslG in Ausnahmefällen auch nach der Einreise eine Aufenthaltsbewilligung für einen weiteren Aufenthalt einholen, jedoch nur, ohne eine Erwerbstätigkeit aufzunehmen. Bei beabsichtigter Erwerbstätigkeit bleibt es bei der in § 3 Abs. 1 Satz 1 AuslG normierten Grundregel, dass die Aufenthaltsgenehmigung vor der Einreise zu beantragen ist. Nach der Einreise gibt es keine gesetzliche Frist, innerhalb der er eine Aufenthaltsbewilligung für eine Erwerbstätigkeit beantragen könnte.

Im Ergebnis ist demnach die Ausreisepflicht ohne ergänzenden Verwaltungsakt nicht vollziehbar.

---

[116] Beschluss vom 22.08.1997, InfAuslR 1997, 459

bb. Stellungnahme

Es ist zweifelhaft, ob ein Missachten der in § 42 AuslG normierten (nicht vollziehbaren) Ausreisepflicht in verfassungsrechtlich unbedenklicher Weise in den Straftatbestand des § 92 Abs. 1 Nr. 1 AuslG einbezogen ist.
Bei einem nach Art. 103 Abs. 2 GG verfassungsgemäßen Blankettstrafgesetz muss die Verkoppelung von sanktionierender und ausfüllender Norm rechtstechnisch dem Gebot der Gesetzesklarheit entsprechen.[117] Ausreichend ist, wenn sich die Bedeutung eines Tatbestandsmerkmals im Wege der Auslegung verlässlich ermitteln lässt und auch für den einzelnen Normadressaten noch erkennbar ist.

Aus dem Wortlaut des Straftatbestandes kann der Ausländer zunächst nur entnehmen, dass er sich strafbar macht, wenn er sich entgegen § 3 Abs. 1 Satz 1 AuslG ohne Aufenthaltsgenehmigung im Bundesgebiet aufhält und keine Duldung nach § 55 Abs. 1 AuslG besitzt. Die Norm ist klar und nicht auslegungsbedürftig. Es ist nicht zu erkennen, nach welcher Methode der Straftatbestand inhaltlich derart verändert wird, dass nicht bereits der bloße Aufenthalt ohne Aufenthaltsgenehmigung und Duldung strafbar ist, sondern erst das Nichtbefolgen der in § 42 AuslG normierten Ausreisepflicht. Die Ausreisepflicht ergibt sich zwar aus dem Fehlen der Aufenthaltsgenehmigung, aber die Gesetzesmaterialien enthalten keine Anhaltspunkte dafür, dass der Gesetzgeber mit der Fassung des § 92 Abs. 1 Nr. 1 AuslG die Verletzung verwaltungsrechtlicher Pflichten, die an das Fehlen der Aufenthaltsgenehmigung anknüpfen, zur zusätzlichen Voraussetzung der Strafbarkeit machen wollte. Trotz der im Vorfeld des Gesetzgebungsverfahrens durch das genannte Urteil des Oberlandesgerichts Frankfurt/Main entstandenen und veröffentlichten Auffassung der Rechtsprechung und des Schrifttums hat er die Fassung des § 47 Abs. 1 Nr. 2 AuslG 1965 nahezu unverändert in § 92 Abs. 1 Nr. 1 AuslG 1990 übernommen und nicht beispielsweise folgende Formulierung gewählt hat:

> *„. . ., wer entgegen § 42 AuslG eine vollziehbare Ausreisepflicht nicht fristgerecht befolgt . . .“*

Auch sind keine Gründe erkennbar, die eine entsprechende Korrektur der Norm im Wege der Auslegung geboten erscheinen lassen. Der in erster Linie maßgebende Wortlaut[118] des Straftatbestandes ist klar und eindeutig. Die herrschende Meinung verlässt den möglichen Wortsinn und überschreitet damit die Grenze der eigentlichen Auslegung. Die Hereinnahme der Ausreisepflicht kann nur im

---

[117] BVerfG, Beschluss vom 06.05.1987, BVerfGE 75, 329 (342) und Beschluss vom 22.06.1988, BVerfGE 78, 374 (381 ff.)
Baumann/Weber/Mitsch, § 8 Rz. 101 und § 9 Rz. 28
Jescheck/Weigend, S. 111
Rudolphi, in: SK-StGB, § 1 Rz. 12

[118] BVerfG, Beschluss vom 23.10.1985, NJW 1986, 1671
Larenz, S. 320

Wege der richterlichen Rechtsfortbildung erfolgen, die eine planwidrige Unvollständigkeit des Gesetzes voraussetzt.[119] Eine solche Lücke ist nicht erkennbar. Wenn das Gesetz sich klar und eindeutig für einen bestimmten Wortlaut entscheidet, kann dieser nicht ohne Weiteres korrigiert werden, auch wenn sich die Korrektur im Ergebnis zu Gunsten des Täters auswirkt. Die rechtlichen Folgen (zu Gunsten des Täters), die sich aus der Qualifizierung als echtes Unterlassungsdelikt und der damit verbundenen Einschränkung der unter den Straftatbestand zu subsumierenden Fallgruppen ergeben, lassen auch unter anderen rechtlichen Gesichtspunkten - ohne Veränderung des objektiven Tatbestandes - eine angemessene Bewertung der Tat zu.[120]

Im Übrigen ist die Strafrechtspraxis offensichtlich der dargelegten Auffassung des Oberlandesgerichts Frankfurt/Main und der herrschenden Lehre nicht gefolgt. Soweit ersichtlich, enthalten entsprechende Urteile keinerlei Feststellungen zur Ausreisepflicht, deren Vollziehbarkeit und eines entsprechenden Vorsatzes.[121]

Für die rechtliche Qualifizierung des § 92 Abs. 1 Nr. 1 AuslG als Begehungsdelikt sprechen für die hier maßgeblichen Fälle auch allgemeine strafrechtliche Grundsätze,[122] die für die Abgrenzung eines positiven Tuns vom Unterlassen gelten. Der Schwerpunkt der Vorwerfbarkeit[123] liegt in der Aufnahme einer die Befreiung vom Erfordernis der Aufenthaltsgenehmigung beendenden Erwerbstätigkeit, die als aktive Handlung anzusehen ist.[124] Der Positivstaater stößt durch einen positiven Energieeinsatz einen Kausalverlauf an und unterlässt es nicht, durch Einsetzen von Energie auf das Kausalgeschehen einzuwirken.[125]

---

119 Larenz, S. 366 (370 ff.)
120 Die vom OLG Frankfurt/Main in seinem Urteil vom 21.08.1987 angesprochene Problematik der Möglichkeit und Zumutbarkeit normgemäßen Handelns könnte sich dann in der Rechtswidrigkeit oder Schuld als rechtfertigende oder entschuldigende Notstandssituation (§§ 34, 35 StGB) auswirken (vgl. OLG Frankfurt/Main, Urteil vom 18.08.2000, EZAR 355 Nr. 26, 1 [6]).
121 Vgl. z.B. Urteil des BayObLG vom 30.10.2001, EZAR 355 Nr. 29, 1 (2)
122 BGH, Beschluss vom 17.08.1999, NStZ 1999, 607
Lackner/Kühl, § 13 Rz. 3
Otto, Jura 2000, 549
Rudolphi, in: SK-StGB, vor § 13 Rzn. 6 ff.
Stree, in: Schönke/Schröder, vor §§ 13 ff. Rz. 158
Tröndle/Fischer, vor § 13 Rz. 12
Wessels/Beulke, Rz. 700
123 Kritisch zu dieser Voraussetzung:
Maurach/Gössel/Zipf, § 45 Rzn. 3 ff.
Welzel, S. 203
124 In seinem Urteil vom 18.08.2000 (EZAR 355, Nr. 26) ist nunmehr auch das OLG Frankfurt/Main von seiner bisherigen Position abgerückt und hat ein andauerndes illegales Verbleiben im Bundesgebiet als aktive Handlung angesehen.
125 Vgl. Rudolphi, in: SK-StGB, vor § 13 Rz. 1

Im Ergebnis ist festzuhalten, dass der Positivstaater, der illegal arbeitet, sich mit Aufnahme der Erwerbstätigkeit durch positives Tun unerlaubt im Bundesgebiet aufhält.

b. Ohne Aufenthaltsgenehmigung

Voraussetzung der Strafbarkeit des Positivstaaters aus § 92 Abs. 1 Nr. 1 AuslG ist der Aufenthalt im Bundesgebiet *ohne Aufenthaltsgenehmigung,* die er benötigt, sobald seine Befreiung vom Erfordernis der Aufenthaltsgenehmigung wegen Aufnahme einer Erwerbstätigkeit erloschen ist (§ 1 Abs. 1 Satz 1 Nr. 2 DVAuslG).[126]

aa. Begriff der Erwerbstätigkeit, § 12 DVAuslG

Entscheidend für eine Strafbarkeit ist also, ob eine Erwerbstätigkeit im Sinne des § 12 DVAuslG vorliegt. Dabei ist es zweckmäßig, zunächst - als negative Vorabprüfung - die Absätze 2 bis 5 des § 12 DVAuslG zu beachten. In diesen vier Absätzen ist festgelegt, welche Betätigungen *keine* Erwerbstätigkeiten darstellen und mithin nicht zur Sichtvermerkspflicht führen. Erst wenn die in diesen Absätzen normierten Voraussetzungen nicht vorliegen, beurteilt sich die Erwerbstätigkeit nach der Legaldefinition des Absatzes 1.

aaa. § 12 Abs. 2 bis 4 DVAuslG

In Abs. 2 Nr. 1 und Abs. 3 sind Arbeiten zusammengefasst, die für niemanden im Bundesgebiet eine geldwerte Leistung darstellen.[127] Hierunter fallen unter anderem Besprechungen und Verhandlungen mit Mitarbeitern ausländischer Unternehmen einschließlich etwaiger Vertragsschlüsse sowie der Auf- und Abbau unternehmenseigener Messestände.

---

[126] Will der Positivstaater eine unselbständige Erwerbstätigkeit länger als drei Monate im Bundesgebiet ausüben, benötigt er nach § 10 Abs. 1 AuslG eine Aufenthaltsgenehmigung, die nur nach Maßgabe einer Rechtsverordnung nach Abs. 2 dieser Vorschrift erteilt wird. Damit verleiht das Ausländergesetz dem seit 1973 nur im Wege von Verwaltungsvorschriften geregelten Anwerbestopp für ausländische Arbeitnehmer Gesetzeskraft und normiert den Grundsatz, die Zuwanderung von Ausländern aus Nicht-EU-Staaten zum Zwecke der Aufnahme einer Erwerbstätigkeit zu begrenzen (Senge, in: Erbs/Kohlhaas, § 10 AuslG Rz. 1).
Die auf Grundlage der Ermächtigung in § 10 Abs. 2 AuslG erlassene Verordnung über Aufenthaltsgenehmigungen zur Ausübung einer unselbständigen Erwerbstätigkeit (Arbeitsaufenthalteverordnung - AAV - vom 18.12.1990, BGBl. I, 2994) regelt abschließend die Voraussetzungen für die Erteilung von Aufenthaltsgenehmigungen zur Ausübung unselbständiger Erwerbstätigkeit. Das bedeutet, dass bei Nichtvorliegen der Voraussetzungen eine Aufenthaltsgenehmigung nicht erteilt werden darf.
Für Positivstaater, die sich im Bundesgebiet bis zu drei Monaten aufhalten und hier arbeiten wollen, gelten die §§ 7 Abs. 1 und 28 AuslG.

[127] Vgl. BayObLG, Urteil vom 30.10.2001, EZAR 355 Nr. 29, 1 (3)

Die Nrn. 2 bis 5 des Absatzes 2 dienen der Erleichterung des internationalen Wirtschaftsverkehrs.[128] So üben z.B. Lkw-Fahrer im die Außengrenzen des Europäischen Wirtschaftsraums überschreitenden Güterverkehr keine Erwerbstätigkeit aus, sofern ihr Unternehmen seinen Sitz außerhalb des Europäischen Wirtschaftsraums hat und das Fahrzeug dort zugelassen ist (Nr. 2 Buchst. b). Gleiches gilt für die Montage einer von einem ausländischen Unternehmen gelieferten verwendungsfertigen Maschine (Nr. 3) oder - der umgekehrte Fall - die Abnahme und Einweisung einer von einem ausländischen Unternehmen erworbenen Maschine (Nr. 4).

Diese Ausnahmevorschriften sind restriktiv anzuwenden. Sie führen in der Praxis häufig zu verschleiernden, eine Arbeitsgenehmigungspflicht vermeidenden Umgehungsversuchen.
So werden in zunehmendem Umfang Lkw-Fahrer aus Positivstaaten nicht nur im (zulässigen) grenzüberschreitenden Warenverkehr angetroffen, sondern auch beim (unzulässigen) Transport im Binnenverkehr des Europäischen Wirtschaftsraumes.[129]
Bei der Kontrolle von Betrieben wird oft vorgegeben, dass es sich bei den Arbeiten ausländischer Arbeitnehmer um Montageleistungen im Sinne der Nr. 3 handele, obwohl die Anlagen erst vor Ort erstellt werden. Auf diese Weise werden widerrechtlich osteuropäische Arbeitskräfte, insbesondere aus Positivstaaten, in Deutschland eingesetzt. Die Arbeitnehmer leisten dabei keineswegs nur Montage- oder Instandhaltungsarbeiten für gelieferte verwendungsfertige Anlagen, sondern führen auch Arbeiten an anderen Anlagen aus.[130]
Bei Nr. 4 ist zu beachten, dass die Einweisung in die Bedienung einer vom ausländischen Unternehmen bestellten Anlage nur die Fähigkeit vermittelt, eine solche Anlage fachgerecht zu bedienen, nicht aber die Fertigkeit, sie zu zerlegen und/oder zusammenzubauen. Hat ein ausländischer Besteller das Recht, die bestellte Anlage in der Bundesrepublik Deutschland im Rahmen der Abnahme auf ihren vertragsgemäßen Zustand zu untersuchen, so fallen hierunter Tätigkeiten, die zur Prüfung der Funktionstüchtigkeit der Anlage notwendig sind. Die allein zum Zwecke des Abtransports der gekauften Anlage durchgeführte Demontage ist weder Einweisung noch Abnahme im Sinne der genannten Bestimmungen.[131]

Gemäß Absatz 4 gelten die Absätze 2 und 3 des § 12 DVAuslG für Selbständige entsprechend.

[128] Amtliche Begründung der DVAuslG vom 06.11.1990, BR-Drucksache 796/90, 45
[129] 9. Bericht der Bundesregierung (Fn. 2), 44 f.
[130] Sh. Fn. 129
[131] BayObLG, Urteil vom 13.02.1997, BayObLGSt 1997, 21 ff.

bbb. § 12 Abs. 5 DVAuslG

Eine in § 9 Nrn. 1, 4, 6 bis 12 und 15 bis 17 der Arbeitsgenehmigungsverordnung[132] bezeichnete Tätigkeit, die ein Ausländer als Arbeitnehmer oder als Selbständiger unter Beibehaltung seines gewöhnlichen Aufenthalts im Ausland längsten drei Monate innerhalb eines Zeitraumes von zwölf Monaten im Bundesgebiet ausübt, ist ebenfalls nicht als Ausübung einer Erwerbstätigkeit im Sinne des § 12 Abs. 1 DVAuslG anzusehen.

Es handelt sich hierbei zum Teil um Tätigkeiten, die an der Grenze zu einer Tätigkeit als Arbeitnehmer stehen, zum Teil um Tätigkeiten, die nur geringe Auswirkungen auf den deutschen Arbeitsmarkt haben, und schließlich um Tätigkeiten, bei denen der Bezug zum deutschen Arbeitsmarkt gering ist.[133] Wegen ihrer Bedeutung für die Praxis seien *beispielhaft* folgende Regelungen erwähnt:

(1) § 9 Nr. 1 ArGV und Europa-Abkommen

Keine Erwerbstätigkeit üben die in § 5 Abs. 2 BetrVG aufgeführten Personen sowie leitende Angestellte, denen Generalvollmacht oder Prokura erteilt ist, aus. Aufenthaltsgenehmigungsfrei sind demnach also die Tätigkeit als Vorstandsmitglied einer Aktiengesellschaft, Geschäftsführer einer GmbH oder als persönlich haftender Gesellschafter einer Kommanditgesellschaft oder offenen Handelsgesellschaft.

Diese Regelung führt wiederholt zu dem Versuch ausländischer Arbeitnehmer, über einen Zusammenschluss in einer Baugesellschaft als vertretungs- und geschäftsführungsbefugte Gesellschafter die Arbeits- und Aufenthaltsgenehmigungspflicht zu umgehen.

In dem dem Fall 3 zugrundeliegenden Sachverhalt hat das Oberverwaltungsgericht Hamburg[134] auf die konkret im Bundesgebiet ausgeübte Tätigkeit abgestellt und die bloße Gesellschafterstellung der Positivstaater nicht ausreichen lassen. Die Tätigkeit eines vertretungs- und/oder geschäftsführungsbefugten Gesellschafters einer Personengesellschaft (§ 5 Abs. 2 Nr. 2 BetrVG) sei gerade nicht die gewöhnlichen Arbeitnehmern obliegende Tätigkeit, wie sich aus der Abgrenzung zwischen Arbeitnehmer- und Arbeitgeberseite in § 5 BetrVG ergebe. Auch Sinn und Zweck des § 12 Abs. 5 DVAuslG spreche für diese Auffassung. Denn die Vorschrift wolle - im Kontext mit § 9 Nr. 1 AEVO[135] und § 5 Abs. 2 BetrVG - die Wahrnehmung von Arbeitgeberfunktionen erleichtern und ersichtlich nur solche Tätigkeiten privilegieren, von denen von vornherein keine Wirkungen auf den deutschen Arbeitsmarkt ausgingen. Die von den drei polni-

[132] Verordnung über die Arbeitsgenehmigung für ausländische Arbeitnehmer (Arbeitsgenehmigungsverordnung - ArGV) vom 17.09.1998 (BGBl. I, 2899)
[133] Marschall, S. 184
[134] Beschluss vom 23.10.1998, NVwZ 1999, 789
[135] Vorgängernorm des § 9 Nr. 1 ArGV

schen Gesellschaftern verrichteten Tätigkeiten hätten sich aber durch nichts von den einem Bauhandwerker gewöhnlich obliegenden Tätigkeiten unterschieden.[136]

Das Oberverwaltungsgericht Bautzen hat in einem vergleichbaren Fall den der Gesellschaft zugrundeliegenden Gesellschaftsvertrag als gemäß § 134 BGB unzulässiges und damit nichtiges Umgehungsgeschäft qualifiziert und ausgeführt,[137] dass der abgeschlossene Gesellschaftsvertrag maßgeblich dem Zweck diene, das sich aus § 3 Abs. 1 AuslG i.V.m. § 1 Abs. 1 DVAuslG sowie § 19 Abs. 1 AFG[138] ergebende Verbot zu unterlaufen, ohne Aufenthaltsgenehmigung und Arbeitserlaubnis eine Erwerbstätigkeit im Bundesgebiet aufzunehmen. Es würde gegen Sinn und Zweck dieser Regelung verstoßen, wenn ein Ausländer, der ohne die entsprechende Aufenthaltsgenehmigung und Arbeitserlaubnis eine Erwerbstätigkeit im Bundesgebiet nicht ausüben dürfe, zusammen mit anderen, demselben Verbot unterliegenden Personen eine Personengesellschaft gründen könnte, um dann im Rahmen dieser Gesellschaft gerade diese Tätigkeit doch aufnehmen zu können.

In den genannten Fallkonstellationen sind auch die - von den beiden Gerichten nicht erörterten - Europa-Abkommen zur Gründung einer Assoziation zwischen den Europäischen Gemeinschaften und ihren Mitgliedstaaten einerseits und zwischenzeitlich 10 mittel- und osteuropäischen Staaten (sogenannte MOE-Staaten)[139] andererseits zu beachten, soweit die einzelnen Gesellschafter als selbständig Erwerbstätige einzustufen sind. Diese Abkommen sind auf den Beitritt der MOE-Staaten zur Europäischen Union ausgerichtet. Sie gewähren für die Niederlassung von Gesellschaften und selbständig Tätigen eine Behandlung, die „nicht weniger günstig ist“[140] als die Behandlung der eigenen Gesellschaften und Staatsangehörigen der Mitgliedstaaten (sogenannte Inländergleichbehandlung)[141].

---

[136] OVG Hamburg (Fn. 134)

[137] Beschluss vom 02.06.1995, InfAuslR 1997, 96
Vgl. auch Beschluss des KG Berlin vom 24.09.1996, EWiR 1997, 245: „Die Eintragung einer GmbH, deren ausländischem Alleingesellschafter eine selbständige Erwerbstätigkeit mit der Aufenthaltserlaubnis untersagt ist, ist unzulässig, da der Gesellschaftsvertrag wegen der Umgehung eines gesetzlichen Verbotes nichtig ist.“

[138] Vorgängernorm des § 284 Abs. 1 SGB III

[139] Z.B.:
- Republik Polen, Europa-Abkommen vom 16.12.1991, in Kraft seit dem 01.02.1994 (BGBl. 1993 II, 1316)
- Republik Ungarn, Europa-Abkommen vom 16.12.1991, in Kraft seit dem 01.02.1994 (BGBl. 1993 II, 1472)
- Tschechische Republik, Europa-Abkommen vom 04.10.1993, in Kraft seit dem 01.02.1995 (BGBl. 1994 II, 3320)

[140] Vgl. z.B. Art. 44 Abs. 3 des Europa-Abkommens mit der Republik Polen (BGBl. 1993 II, 1316 [1323])

[141] Gargulla, InfAuslR 1995, 181 (187)
Husmann, SGb 1999, 593 (598)
Weiß, InfAuslR 2001, 1

Mit seinen Urteilen vom 27.09.2001[142] und 20.11.2001[143] hat der Gerichtshof der Europäischen Gemeinschaften festgestellt, dass den Regelungen unmittelbare Wirkung zukomme und ein vor den nationalen Gerichten einklagbares subjektives Recht auf Niederlassung zum Ausüben einer selbständigen Erwerbstätigkeit einräume. Damit sei zugleich ein Einreise- und Aufenthaltsrecht als „Nebenrecht" für jene Staatsangehörigen der MOE-Staaten garantiert, die eine gewerbliche, kaufmännische, handwerkliche und freiberufliche Tätigkeit in einem Mitgliedstaat ausüben wollten. Da die Abkommen[144] gleichlautende Bestimmungen enthalten, die den Mitgliedstaaten das Recht einräumen, ihre Rechts- und Verwaltungsvorschriften über Einreise und Aufenthalt, Beschäftigung, Beschäftigungsbedingungen, Niederlassung von natürlichen Personen und Erbringung von Dienstleistungen anzuwenden, ist dieses Einreise- und Aufenthaltsrecht nicht voraussetzungs- und schrankenlos gewährleistet. Diese Befugnis steht den Mitgliedstaaten jedoch nur unter dem Vorbehalt zu, dass die Vorteile, die sich aus den Assoziierungsabkommen ergeben, nicht zunichte gemacht oder verringert werden dürfen.

Demnach müssen Positivstaater, die im Bundesgebiet eine selbständige Erwerbstätigkeit ausüben möchten, auch dann vor der Einreise eine Aufenthaltsgenehmigung gemäß § 3 Abs. 3 Satz 1 AuslG einholen, wenn sie sich auf das in den Europa-Abkommen geregelte Niederlassungsrecht berufen, da dieses nur ein Diskriminierungsverbot anordnet, nicht aber die Beseitigung jeglicher Beschränkungen der Niederlassung bestimmt.[145] Diese Rechtslage hat sich auch nach den aktuellen Urteilen des Gerichtshofs der Europäischen Gemeinschaften nicht geändert und ist europarechtskonform. Zu beachten ist jedoch, dass aus den Assoziierungsabkommen grundsätzlich[146] Rechtsansprüche auf Erteilung einer Aufenthaltsgenehmigung zum Ausüben einer selbständigen Erwerbstätigkeit folgen.[147]

---

[142] C-63/99, InfAuslR 2001, 484
C-253/99, JZ 2001, 426
C-257/99, JuS 2002, 181

[143] C-268/99, EuZW 2002, 120

[144] Vgl. z.B. Art. 58 Abs. 1 des Europa-Abkommens mit der Republik Polen (BGBl. 1993 II, 1316 [1326])

[145] Weiß, InfAuslR 2001, 1

[146] Nach dem Urteil des EuGH vom 27.09.2001 (Az. C-63/99, InfAuslR 2001, 484 [487]) dürfe das Recht zur Ausübung einer selbständigen Tätigkeit nicht aus wirtschaftlichen Erwägungen oder im Hinblick auf den Arbeitsmarkt von der Feststellung eines Bedürfnisses abhängig gemacht werden. Zulässig sei aber eine Prüfung, ob der Ausländer wirklich die Absicht habe, eine selbständige Tätigkeit aufzunehmen, ohne zugleich auf eine unselbständige Beschäftigung oder öffentliche Mittel zurückzugreifen, und ob er von Anfang an über hinreichende Mittel und vernünftige Erfolgsaussichten verfüge.

[147] Siehe zu dieser Thematik auch:
Gargulla, InfAuslR 1995, 181
Huber, EuZW 2002, 125
Lange, GewArch 1997, 407
Rittstieg, InfAuslR 1997, 71
Weiß, InfAuslR 2001, 1
Welte, InfAuslR 1997, 251

Die Europa-Abkommen mit den MOE-Staaten werden in den nächsten Jahren zunehmend dazu führen, dass Staatsangehörige aus diesen Ländern unter Berufung auf die Abkommen als Selbständige den Zugang zum Wirtschaftsleben im Bundesgebiet suchen.[148] Wegen der damit verbundenen Missbrauchsgefahr ist bei der Anwendung der Abkommen besonderes Augenmerk darauf zu legen, dass eine Scheinselbständigkeit unterbunden wird.[149]

(2) § 9 Nr. 6 ArGV

Nicht erwerbstätig im Sinne des § 12 Abs. 1 DVAuslG sind ferner Personen, die in Vorträgen oder Darbietungen von besonderem wissenschaftlichen oder künstlerischen Wert oder bei Darbietungen sportlichen Charakters im Inland tätig werden.

Demnach benötigen international bekannte und anerkannte Künstler oder Künstlergruppen, die im Rahmen von Festspielen, Gastspielen, Musiktagen und Tourneen oder im Rahmen von Gastverpflichtungen in Deutschland auftreten, insbesondere dann eine Aufenthaltsgenehmigung, wenn die Dauer der Auftritte drei Monate übersteigt.

Vor dem Hintergrund des verfassungsrechtlich gemäß Art. 5 Abs. 3 GG gebotenen weiten Kunstbegriffs ist davon auszugehen, dass auch die Darbietungen weniger bekannter Künstler - wie z.B. des in Fall 4 erwähnten Straßenmusikanten[150] - eine künstlerische Betätigung sind.[151] Von *besonderem* künstlerischen Wert und damit aufenthaltsgenehmigungsfrei sind diese Leistungen aber nur ausnahmsweise.[152]

(3) § 9 Nr. 7 ArGV

Keine Erwerbstätigkeit üben schließlich Personen, die nur gelegentlich mit Tagesdarbietungen auftreten, aus. Maßgebend für die Auslegung des Begriffs der Tagesdarbietungen ist der Wortsinn, wie er sich aus dem Gesetzeswortlaut und dem Sinnzusammenhang der Norm ergibt. Dabei ist der Wortsinn aus der Sicht

---

148 Weiß, InfAuslR 2001, 1 (6)

149 Lange, GewArch 1997, 407 (409)

150 Zur ausländerrechtlichen Behandlung von Straßenmusikanten: Fehrenbacher, ZAR 2002, 58

151 BVerwG, Beschluss vom 19.12.1986, NJW 1987, 1836 f.
VGH Mannheim, Beschluss vom 27.10.1999, InfAuslR 2000, 181 (182 f.) und Beschluss vom 24.08.2000, GewArch 2001, 46 (47)

152 BayObLG, Beschluss vom 09.10.1996, EZAR 355 Nr. 15
A. A. AG Stuttgart, Urteil vom 21.06.1990, InfAuslR 1990, 308: „Da eine Entscheidung der Kunstfreiheit durch die DVAuslG demnach nicht in Betracht kommt, muss der Begriff der Erwerbstätigkeit in § 1 Abs. 2 Nr. 1 DVAuslG [1965] verfassungskonform dahingehend ausgelegt werden, dass hierunter nur eine Erwerbstätigkeit zu verstehen ist, die nicht gleichzeitig Kunst im Sinne von Art. 5 Abs. 3 darstellt, da andernfalls § 1 Abs. 2 Nr. 1 DVAuslG [1965] wegen Verstoßes gegen Art. 5 Abs. 3 S. 1 GG verfassungswidrig wäre."
Dagegen: VG Göttingen, Beschluss vom 08.02.1995, AuAS 1995, 112 (113)

der Allgemeinheit der Bürger zu bestimmen. Unter Tagesdarbietungen sind demnach Tätigkeiten im weitesten Sinne zu verstehen, die sich zeitlich über höchstens einen Tag erstrecken. Der Begriff der Tagesdarbietung steht insoweit im Gegensatz zu dem der Mehrtagesdarbietung.[153]

Der musizierende Straßenmusiker[154] bedarf damit einer Aufenthaltsgenehmigung, da es sich nicht um eine Tagesdarbietung handelt.

ccc. Erwerbstätigkeit i.S.d. § 12 Abs. 1 DVAuslG

Ist die Vorabprüfung negativ ausgefallen, d.h. es liegt keine Tätigkeit im Sinne der Absätze 2 bis 5 des § 12 DVAuslG vor, stellt sich die Frage, ob die Beschäftigung des Positivstaaters unter § 12 Abs. 1 DVAuslG fällt. Eine zur Sichtvermerkspflicht führende Erwerbstätigkeit ist danach jede selbständige und unselbständige Tätigkeit,

- die auf die Erzielung von Gewinn gerichtet *oder*
- für die ein Entgelt vereinbart *oder*
- für die ein Entgelt üblich *oder*
- für die eine Genehmigung für die Beschäftigung als Arbeitnehmer *oder*
- eine Berufsausübungserlaubnis erforderlich

ist.

Dabei ist zu beachten, dass die fünf Alternativen des § 12 Abs. 1 DVAuslG nicht kumulativ vorliegen müssen.[155]

Die in dieser Norm enthaltene Legaldefinition der Erwerbstätigkeit wurde im Zusammenhang mit der Neuregelung des Ausländerrechts im Jahre 1990 in die neugefasste Verordnung zur Durchführung des Ausländergesetzes (DVAuslG) vom 18.12.1990[156] eingefügt. Die bis 1990 gültige DVAuslG 1965 vom 10.09.1965[157] enthielt keine eigenständige Definition. Sie regelte zum hier zu erörternden Problemkreis lediglich:

---

[153] BayObLG, Beschluss vom 09.10.1996, EZAR 355 Nr. 15 mit Hinweis auf die Durchführungsanweisungen der Bundesanstalt für Arbeit, die für die Verwaltungspraxis der Arbeitsbehörden festlegen, dass von gelegentlichen Tagesdarbietungen nur dann auszugehen ist, wenn in einem Jahr an nicht mehr als sechs Tagen gearbeitet wird, wobei die einzelnen Tage nicht zusammenhängen dürfen (Dienstblatt der Bundesanstalt für Arbeit, Dienstblatt-Runderlass 60/95, Durchführungsanweisungen zum Arbeitserlaubnisrecht Nr. 2.9.510)
Fehrenbacher, ZAR 2002, 58 (60)

[154] Fall 4

[155] BayObLG, Beschl. vom 09.10.1996, EZAR 355 Nr. 15

[156] BGBl. I, 2983

[157] BGBl. I, 1341

„Staatsangehörige der in der Anlage zu dieser Verordnung aufgeführten Staaten, die Inhaber von Nationalpässen sind, bedürfen keiner Aufenthaltsgenehmigung, wenn sie
1. sich nicht länger als 3 Monate im Geltungsbereich des Ausländergesetzes aufhalten und keine Erwerbstätigkeit ausüben wollen;"
(§ 1 Abs. 2 Nr. 1 DVAuslG 1965)

„Die Aufenthaltserlaubnis ist vor Einreise in der Form des Sichtvermerks einzuholen von
1. Ausländern, die im Geltungsbereich des Ausländergesetzes eine Erwerbstätigkeit ausüben wollen;"
(§ 5 Abs. 1 Nr. 1 DVAuslG 1965).

§ 12 Abs. 1 DVAuslG 1990 übernahm die bis dahin geltende Regelung aus der „Allgemeine Verwaltungsvorschrift zur Ausführung des Ausländergesetzes (AuslVwV)" vom 07.07.1967[158] mit der Klarstellung, dass eine arbeitserlaubnispflichtige Tätigkeit stets als Erwerbstätigkeit zu qualifizieren ist.[159] Die oft schwierige Differenzierung zwischen selbständiger und unselbständiger Tätigkeit kann entfallen, da nach dem eindeutigen Wortlaut beide Tätigkeitsformen gleichgestellt sind.

(1) Gewinnerzielungsabsicht

In Anknüpfung an den handelsrechtlichen Gewerbebegriff[160] und dessen Auslegung in Rechtsprechung und Schrifttum kommt es - wie der Wortlaut der Tatbestandsalternative „auf die Erzielung von Gewinn gerichtet" deutlich zum Ausdruck bringt - nicht darauf an, ob bei der Tätigkeit des Positivstaaters ein Gewinn erwirtschaftet wird; die Absicht genügt. Andererseits kommt als Erwerbstätigkeit nur eine über einen Einzelfall hinausgehende, nachhaltig ausgeübte Beschäftigung in Betracht.[161] Dies ergibt sich sowohl aus dem Wortsinn des Begriffs „Gewinnerzielungsabsicht", den er nach dem allgemeinen Sprachgebrauch hat, als auch aus dem Sinn und Zweck der Norm, dem Anreiz entgegenzuwirken, wegen der Möglichkeit entgeltlicher Tätigkeit, wie sie auch immer geartet sein mag, in das Bundesgebiet einzureisen und hier zu bleiben.[162] Letztlich soll dadurch der deutsche Arbeitsmarkt vor einer übermäßigen Belastung durch ein Überangebot an Arbeitskräften oder Lohndumping durch zu billige Arbeitskräfte geschützt werden.[163] Wirtschaftlich bedeutungslose Betätigungen, wie etwa

[158] GMBl. 1977, 202 (Neufassung vom 10.05.1977)
[159] Amtliche Begründung der DVAuslG vom 06.11.1990, BR-Drucksache 796/90, 45
[160] „Jede selbständige, planmäßige, offen auf dauernde Gewinnerzielung angelegte Tätigkeit mit Ausnahme der wissenschaftlichen, künstlerischen , lehrenden, heilenden und rechtsberatenden Tätigkeit";
vgl. Müller-Gugenberger, in: Müller-Gugenberger/Bieneck, § 22 Rz. 58 m.w.N.
[161] BayObLG, Urteil vom 30.10.2001, EZAR 355 Nr. 29, 1 (2)
[162] BGH, Urteil vom 12.06.1990, EZAR 355 Nr. 11, 1 (2)
[163] Fehrenbacher, ZAR 2002, 58 (59)

der Erwerb von Waren zur Deckung des eigenen privaten Gebrauchs oder Verbrauchs durch einen Ausländer im Inland oder ähnliche, dem Einkauf von privaten Gegenständen durch Touristen vergleichbare Tätigkeiten scheiden aus.[164] Deshalb kann auch im Bereich des Ausländerrechts davon ausgegangen werden, dass dem Begriff „Gewinnerzielungsabsicht" in § 12 Abs. 1 DVAuslG - analog den gewerberechtlichen Vorschriften - eine Geringfügigkeitsschwelle immanent ist.

Nicht entscheidend ist, wie die Erwerbstätigkeit in anderen Rechtsbereichen, z.B. im Zivil-, Straf-, Steuer- oder Sozialrecht behandelt wird. Daher ist auch eine auf die Erzielung von Gewinn gerichtete Ausübung der Prostitution als Erwerbstätigkeit in diesem Sinne anzusehen,[165] die nach der Rechtsprechung des Gerichtshofs der Europäischen Gemeinschaften[166] als eine gegen Entgelt erbrachte Dienstleistung an den gemeinschaftsrechtlichen Privilegien der Niederlassungsfreiheit teil hat. Dies gilt jedenfalls dann, wenn das Ausüben der Prostitution in einem Mitgliedstaat zumindest partiell legal ausgeübt werden kann.[167]
Dementsprechend können Ausländerinnen, deren Länder zur Gruppe der MOE-Staaten gehören, vorbehaltlich der Beachtung der allgemeinen Einreise- und Aufenthaltsvorschriften nicht wegen des Umstands, dass sie als Selbständige der Prostitution nachgehen, im Vergleich zu Inländerinnen benachteiligt werden.[168]

Nach den aufgezeigten Kriterien bedeutet dies für die Fallgruppe der Straßenmusiker, dass die „schlichte" Darbietung von Straßenmusik wegen ihrer Geringfügigkeit nicht als auf die Erzielung von Gewinn gerichtet im Sinne des § 12 Abs. 1 DVAuslG angesehen werden kann. Etwas anderes gilt, wenn über die bloße Musikdarbietung hinaus Tonträger zum Verkauf angeboten werden oder besondere Umstände, insbesondere die professionelle Ausstattung, für „organisierte" Straßenmusik sprechen.[169]

(2) Vereinbarung eines Entgelts

Die Vereinbarung von Entgelt begründet ein vertragliches Austauschverhältnis und gibt dem Positivstaater einen Anspruch auf Zahlung der vereinbarten Vergütung. Keine Voraussetzung ist, dass Angebot und Annahme ausdrücklich gemacht werden; die Vereinbarung kann nach allgemeinen zivilrechtlichen Grundsätzen auch konkludent zu Stande kommen. Hierbei ist zu beachten, dass das Arbeitsentgelt auch in Form eines Naturallohns geleistet werden kann, also z.B. durch Gewährung von Kost, Logis und Kleidung.[170]

---

[164] BayObLG, Urteil vom 30.10.2001, EZAR 355 Nr. 29, 1 (2)
[165] BGH, Urteil vom 12.06.1990, EZAR 355 Nr. 11, 1 (2)
[166] Urteil vom 20.11.2001, EuZW 2002, 120 (124)
[167] Vgl. zur Rechtslage in der Bundesrepublik Deutschland das zum 01.01.2002 in Kraft getretene Gesetz zur Regelung der Machtverhältnisse der Prostituierten vom 20.12.2001, BGBl. I, 3983
[168] EuGH, Urteil vom 20.11.2001, EuZW 2002, 120 (124)
[169] Fehrenbacher, ZAR 2002, 58 (59)
[170] BVerwG, Beschluss vom 24.10.1984, EZAR 101 Nr. 3
OLG Düsseldorf, Beschluss vom 10.11.1993, NStZ 1994, 290

Eine entgeltliche Vereinbarung in diesem Sinne liegt bei Straßenmusikanten nicht vor, da es den Passanten frei steht, einen Geldbetrag in das aufgestellte Behältnis zu werfen. Im Gegensatz zu anderen Formen der künstlerischen Betätigung ist es für die Darbietung von Straßenmusik charakterisierend, dass hier gerade kein konkretes Entgelt für eine konkrete künstlerische Leistung vereinbart und bezahlt wird.[171]

(3) Üblichkeit eines Entgelts

Probleme in der Praxis bietet diese Tatbestandsalternative bei dem stark verbreiteten[172] Einsatz ausländischer Arbeitskräfte in Privathaushalten und auf Privatbaustellen. In den Vernehmungen behaupten Arbeitnehmer und Arbeitgeber regelmäßig (und - vermutlich - zuvor aufeinander abgestimmt), es sei kein Entgelt vereinbart worden, die Arbeitsleistungen beruhten auf langjährigen Freundschaften oder sogenannter Familien- oder Nachbarschaftshilfe.[173]

Als - im Ergebnis nicht besonders hilfreicher - Lösungsansatz für die genannten Fälle kann auf § 1 Abs. 3 SchwarzarbG zurückgegriffen werden. Danach liegt keine ordnungswidrige Schwarzarbeit (im juristischen Sinne) vor, wenn die Dienst- oder Werkleistungen unter anderem auf Gefälligkeit oder Nachbarschaftshilfe beruhen. Nach überwiegender Auffassung[174] sind die Ausnahmen eng auszulegen. Gefälligkeit ist nur gegeben, wenn die Dienst- oder Werkleistungen aufgrund persönlichen Entgegenkommens im Rahmen üblicher gesellschaftlicher Gepflogenheiten oder in Notfällen erbracht werden, z.B. bei Pannenhilfe oder provisorischer Schadensbehebung.[175] Mit Gefälligkeit ist dabei begriffsnotwendig grundsätzlich Unentgeltlichkeit gemeint.[176] Unter Nachbarschaftshilfe fällt nicht nur die Mithilfe von Wohnungs- oder Hausnachbarn, sondern auch die Mithilfe von Angehörigen derselben Familie, auch wenn sie keine Nachbarn sind.[177]

---

[171] Fehrenbacher, ZAR 2002, 58 (59)
[172] 9. Bericht der Bundesregierung (Fn. 2), 44
[173] Vgl. den Sachverhalt, der dem Beschluss des OLG Düsseldorf vom 10.11.1993 zugrunde lag, NStZ 1994, 290
[174] Ambs, in: Erbs/Kohlhaas, § 1 SchwarzarbG Rz. 42
Büttner, GewArch 1994, 7 (8)
Erdmann, NdsVBl. 1999, 259 (260)
Klinge, WiVerw 1986, 154 (162 f.)
[175] Gemeinsamer Runderlass der Ministerien für Wirtschaft, Mittelstand und Technologie, für Arbeit, Gesundheit und Soziales sowie für Stadtentwicklung, Wohnen und Verkehr des Landes Nordrhein-Westfalen vom 29.09.1989, GewArch 1990, 56 (57)
[176] BGH, Urteil vom 22.06.1956, NJW 1956, 1313
[177] Gemeinsamer Runderlass (Fn. 175)
Vgl. auch die Kritik an der Unbestimmtheit der Begriffe „Nachbarschaftshilfe“ und „Gefälligkeit“ bei Klinge, WiVerw 1986, 154 (162) mit Lösungsvorschlägen für eine Legaldefinition.

In Anlehnung an die vom Bundesverwaltungsgericht [178] entwickelten Grundsätze muss in den genannten Sachverhalten unter Würdigung der gesamten Umstände des Einzelfalles und unter Beachtung der Verkehrsanschauung die schwierige Abgrenzung zwischen einer „normalen“, zur Visumspflicht führenden Tätigkeit des Positivstaaters und einer Gefälligkeitsleistung zugunsten von Verwandten vorgenommen werden. Das Tätigwerden aufgrund eines familienrechtlichen Unterhaltsanspruches, einer familienrechtlichen Verpflichtung zur Mithilfe oder einer in der familiären Verbundenheit wurzelnder Gefälligkeit ist keine Erwerbstätigkeit.[179]

Die Entscheidung des Bundesverwaltungsgerichts, das *ausländische* Familienrecht als maßgebende Bezugsgröße zu nehmen, stellt die Strafverfolgungsbehörden in der Praxis vor nicht lösbare Probleme.[180] Sinnvoll erscheint vielmehr, den in Betracht kommenden Personenkreis, bei dem bei einer Tätigkeit von geringem Umfang von familienrechtlicher Hilfe gesprochen werden kann, nach deutschem Recht, z.B. in entsprechender Anwendung der in § 52 Abs. 1 StPO oder § 11 Abs. 1 Nr. 1 StGB genannten Personenkreise, zu bestimmen. Insoweit könnte de lege ferenda § 12 DVAuslG um einen Absatz 7 wie folgt ergänzt werden:

> *„Soweit der Arbeitnehmer für Angehörige im Sinne des § 52 Abs. 1 StPO (oder des § 11 Abs. 1 Nr. 1 StGB) tätig wird, ist davon auszugehen, dass in der Regel ein Entgelt nicht üblich ist.“*

Im Übrigen sind für die Beurteilung der Frage, ob ein Entgelt üblich ist, Umfang und Dauer der Dienste, die besondere Lebensstellung des Positivstaaters und seine Berufs- und Erwerbsverhältnisse sowie die allgemeine Verkehrssitte maßgebend.

(4) Erfordernis einer Arbeitsgenehmigung

Bis zum 31.12.1997 war das Arbeitserlaubnisrecht für ausländische Arbeitnehmer im Arbeitsförderungsgesetz (AFG) vom 25.06.1965[181] geregelt, das zum 31.12.1997 mit der Eingliederung in das Sozialgesetzbuch außer Kraft trat. Nunmehr gelten die §§ 284 bis 288 SGB III, die unter dem Oberbegriff Arbeitsge-

---

[178] Beschluss vom 24.10.1984, EZAR 101 Nr. 3

[179] BVerwG (Fn. 178)
OLG Düsseldorf, Beschluss vom 10.11.1993, NStZ 1994, 290 (291)

[180] Wie sollen z.B. in dem Fall, dass ein litauischer Arbeitnehmer bei seinem in Deutschland lebenden Großonkel ohne Aufenthalts- und Arbeitsgenehmigung arbeitet, die Behörden bei ihrer Entscheidung über strafprozessuale Maßnahmen - z.B. Beantragung eines Haftbefehls oder Durchsuchungsbeschlusses - zügig klären können, ob der Arbeitnehmer nach dem maßgebenden litauischen Familienrecht einen Unterhaltsanspruch gegen den Arbeitgeber hat?

[181] BGBl. I, 582

nehmigung[182] zwischen der Arbeitserlaubnis[183] (§ 285 SGB III) und der Arbeitsberechtigung[184] (§ 286 SGB III) differenzieren. Die vom Arbeitsamt zu erteilende Arbeitsgenehmigung benötigen Positivstaater, um eine Beschäftigung auszuüben, und ihre Arbeitgeber, um sie zu beschäftigen (§ 284 Abs. 1 SGB III).

Ergänzend gilt seit dem 25.09.1998 die Arbeitsgenehmigungsverordnung, die die Verordnung über die Arbeitserlaubnis für nichtdeutsche Arbeitnehmer (Arbeitserlaubnisverordnung - AEVO) vom 02.03.1971[185] ersetzt (vgl. § 15 ArGV). § 9 ArGV nennt über die bereits nach § 12 Abs. 5 DVAuslG aus dem Begriff der Erwerbstätigkeit ausgeschiedenen Tätigkeiten in den Nrn. 2, 3, 5, 13 und 14 weitere arbeitsgenehmigungsfreie Beschäftigungen.

Für das Verhältnis von Arbeits- und Aufenthaltsgenehmigung gilt nach der eindeutigen Regelung in den §§ 1 Abs. 1 Nr. 2, 12 DVAuslG dabei: Jede arbeitsgenehmigungspflichtige Tätigkeit eines Positivstaaters, die nicht unter die Absätze 2 bis 5 des § 12 DVAuslG fällt, zieht auch die Pflicht nach sich, eine Aufenthaltsgenehmigung zu besitzen. Dagegen führt eine nach § 9 Nrn. 2, 3, 5, 13 und 14 ArGV oder sonstigen Vorschriften arbeitsgenehmigungsfreie Beschäftigung umgekehrt nicht zwangsläufig dazu, dass keine Erwerbstätigkeit im Sinne des § 12 DVAuslG vorliegt und mithin auch die Sichtvermerkspflicht nach § 1 Abs. 1 DVAuslG entfällt. Hierauf weist für die Fallgruppe der Straßenmusiker das Bayerische Oberste Landesgericht in seinem Beschluss vom 09.10.1996 zu Recht hin:[186]

> *„Dem steht nicht entgegen, dass in den Durchführungsanweisungen der Bundesanstalt für Arbeit „die Tätigkeit ausländischer Barden und Musikanten, die - insbesondere in den Sommermonaten - in den Straßen der Städte musizieren" nicht als arbeitserlaubnispflichtige Beschäftigung im Sinne des § 19 AFG bewertet wird (Dienstblatt der Bundesanstalt für Arbeit, aaO, Nr. 1132). Insoweit geht die Bundesanstalt für Arbeit im Rahmen ihrer Zuständigkeit lediglich davon aus, dass die angesprochene Musikantentätigkeit nicht arbeitserlaubnis-*

[182] Überblick zur Neuregelung des Rechts der Arbeitsgenehmigung bei Marschner, BB 1998, 370

[183] Besteht kein Anspruch auf eine Arbeitsberechtigung, so kommt für den Positivstaater nur die Erteilung einer Arbeitserlaubnis in Betracht, die erteilt werden kann, wenn sich durch die Beschäftigung von Ausländern nachteilige Auswirkungen auf den Arbeitsmarkt, insbesondere hinsichtlich der Beschäftigungsstruktur, der Regionen und der Wirtschaftszweige, nicht ergeben, für die Beschäftigung deutscher Arbeitnehmer sowie Ausländer, die diesen hinsichtlich der Arbeitsaufnahme rechtlich gleichgestellt sind, nicht zur Verfügung stehen, und der Ausländer nicht zu ungünstigeren Arbeitsbedingungen als vergleichbare deutsche Arbeitnehmer beschäftigt wird.

[184] Die Arbeitsberechtigung wird unabhängig von der Lage und der Entwicklung des Arbeitsmarktes, ohne Beschränkung auf bestimmte Betriebe, Berufsgruppen oder Gewerbezweige und zudem unbefristet erteilt. Voraussetzung ist, dass der Positivstaater eine Aufenthaltserlaubnis oder Aufenthaltsbefugnis besitzt und entweder fünf Jahre rechtmäßig eine versicherungspflichtige Beschäftigung im Bundesgebiet ausgeübt hat oder sich seit sechs Jahren im Bundesgebiet ununterbrochen aufhält und jeweils nicht zu ungünstigeren Arbeitsbedingungen als vergleichbare deutsche Arbeitnehmer beschäftigt wird.

[185] BGBl. I, 152

[186] EZAR 355 Nr. 15 (zur alten Rechtslage)

pflichtig ist. Demgegenüber stellt § 3 Abs. 1 AuslG i.V.m. §§ 1 Abs. 1, 12 Abs. 1 DVAuslG für das Erfordernis einer Aufenthaltsgenehmigung nicht ausschließlich darauf ab, ob einer arbeitserlaubnispflichtigen Tätigkeit im Sinne des § 19 AFG nachgegangen wird. Die genannten ausländerrechtlichen Bestimmungen bejahen das Vorliegen einer Erwerbstätigkeit und damit die Notwendigkeit einer Aufenthaltsgenehmigung vielmehr auch dann, wenn im Sinne des Arbeitserlaubnisrechts zwar eine Arbeitserlaubnis nicht erforderlich ist, andererseits aber eine Tätigkeit ausgeübt wird, die als Erwerbstätigkeit im Sinne des § 12 DVAuslG anzusehen ist".

Die enge Verzahnung zwischen Aufenthalts- und Arbeitsgenehmigung bereitet wegen der unterschiedlichen Behördenzuständigkeiten[187] und unterschiedlichen Rechtswege[188] Probleme, die hier nicht weiter vertieft werden sollen, aber teilweise Erinnerungen an Wilhelm Voigts Probleme in Carl Zuckmayers Schauspiel „Der Hauptmann von Köpenick" wach werden lassen:

Nach § 284 Abs. 5 SGB III darf die Arbeitsgenehmigung nur erhalten, wenn der Ausländer eine Aufenthaltsgenehmigung nach § 5 AuslG besitzt. Demgegenüber bestimmt § 1 AAV, dass Ausländer für die Aufnahme einer unselbständigen Erwerbstätigkeit im Bundesgebiet von mehr als drei Monaten eine Aufenthaltsgenehmigung nur dann erteilt werden, wenn eine erforderliche Arbeitsgenehmigung in Aussicht gestellt oder erteilt ist.

(5) Erfordernis einer Berufsausübungserlaubnis

Sofern für die von dem Positivstaater angestrebte selbständige Tätigkeit eine Berufsausübungserlaubnis erforderlich ist, stellt diese stets eine zur Sichtvermerkspflicht führende Erwerbstätigkeit im Sinne des § 12 Abs. 1 DVAuslG dar. Hierunter fallen z.B. die gewerberechtlichen Erlaubnisse gemäß §§ 30 ff. GewO, die Erlaubnispflicht für den Betrieb einer Schankwirtschaft, einer Speisewirtschaft oder eines Beherbergungsbetriebes gemäß § 1 GastG und die Eintragung in die Handwerksrolle als Voraussetzung für den selbständigen Betrieb eines Handwerks als stehendes Gewerbe (§ 1 Abs. 1 HwO).

---

[187] Für die Erteilung der Aufenthaltsgenehmigung sind gem. § 63 Abs. 1 Satz 1 AuslG die Ausländerbehörden zuständig, d.h. die unteren Verwaltungsbehörden. Demgegenüber ist für die Erteilung der Arbeitsgenehmigung gem. § 11 Abs. 1 Satz 1 ArGV das Arbeitsamt zuständig, in dessen Bezirk der Beschäftigungsort des Arbeitnehmers liegt.

[188] Gerichtlicher Rechtsschutz gegenüber den Entscheidungen der Ausländerbehörden gewähren die Verwaltungsgerichte, gegenüber den Entscheidungen der Arbeitsämter die Sozialgerichte.
Vgl. VGH Mannheim, Beschluss vom 05.10.2000, InfAuslR 2001, 15: „Hat das Arbeitsamt eine erforderliche Genehmigung zur Beschäftigung als Arbeitnehmer (Arbeitsgenehmigung) nicht erteilt bzw. in Aussicht gestellt, darf die Ausländerbehörde eine Aufenthaltsgenehmigung nach der Arbeitsaufenthalteverordnung nicht erteilen (vgl. § 1 AAV). Dementsprechend haben die Verwaltungsgerichte im Verfahren wegen Versagung einer Aufenthaltsgenehmigung nicht zu prüfen, ob der Ausländer eine Arbeitsgenehmigung bzw. deren in Aussichtstellung beanspruchen könnte."

Die Ausübung eines Reisegewerbes ist stets eine Erwerbstätigkeit im Sinne des § 12 Abs. 1 DVAuslG (§ 12 Abs. 6 DVAuslG).

bb. Zwischenergebnis und Art. 20 SDÜ

Liegt eine Erwerbstätigkeit im Sinne des § 12 DVAuslG vor, erlischt für den Positivstaater mit deren Aufnahme die in § 1 Abs. 1 DVAuslG vorgesehene Befreiung vom Erfordernis der Aufenthaltsgenehmigung, das negative Tatbestandsmerkmal „ohne Aufenthaltsgenehmigung“ ist erfüllt.

Dieser rechtlichen Bewertung steht Art. 20 Abs. 1 SDÜ[189] nicht entgegen. Nach dieser Vorschrift dürfen sich sichtvermerksfreie Drittausländer bis zu drei Monate innerhalb eines Zeitraumes von sechs Monaten genehmigungsfrei im Schengen-Gebiet aufhalten, wenn sie die in Art. 5 Abs. 1 Buchst. a, c, d und e aufgeführten Einreisevoraussetzungen erfüllen, also unter anderem keine Gefahr für die öffentliche Ordnung darstellen (Art. 5 Abs. 1 Buchst. e SDÜ). Dagegen setzt Art. 20 Abs. 1 SDÜ nicht ausdrücklich voraus, dass der Drittausländer keine Erwerbstätigkeit aufnimmt.

Bislang wurde mangels EU-einheitlicher, verbindlicher Benennung der visumsfreien Staatsangehörigen Art. 20 Abs. 1 SDÜ lediglich als völkerrechtliche Staatenverpflichtung interpretiert.[190] Westphal/Stoppa[191] sind der Auffassung, die am 10.04.2001 in Kraft getretene EU-VisaVO[192] führe zu einer Neubewertung des Art. 20 Abs. 1 SDÜ, da die Europäische Union mit dieser Verordnung nunmehr eine einheitliche Festlegung der visumsfreien Drittausländer getroffen habe und Art. 20 Abs. 1 SDÜ unmittelbar und damit vorrangig anzuwenden sei. Nur wenn die Erwerbstätigkeit gegen Rechtsvorschriften verstoße, etwa wegen Fehlens einer erforderlichen Arbeitsgenehmigung, erlösche das Recht aus Art. 20 Abs. 1 SDÜ wegen Verstoßes gegen Art. 5 Abs. 1 Buchst. e SDÜ, da eine Gefahr für die öffentliche Ordnung vorliege.

Gegen diese Auffassung spricht allerdings die Entstehungsgeschichte des Schengener Übereinkommens. Ziel war und ist zum einen, die Personenkontrollen an den Binnengrenzen der Vertragsstaaten abzuschaffen, zum anderen, die Kontrolle an den Außengrenzen des Gebiets als gemeinsame Angelegenheit anzusehen. Weitergehende Regelungen, insbesondere hinsichtlich der Möglichkeit, eine Erwerbstätigkeit aufzunehmen, wurden nicht getroffen und sind weiterhin den nationalen Rechtsordnungen unterstellt.[193] Dementsprechend bestimmen die Allge-

---

189 Übereinkommen zur Durchführung des Übereinkommens von Schengen vom 14.06.1985 zwischen den Regierungen der Staaten der BeNeLux-Wirtschaftsunion, der Bundesrepublik Deutschland und der Französischen Republik betreffend den schrittweisen Abbau der Kontrollen an den gemeinsamen Grenzen vom 19.06.1990 (BGBl. 1993 II, 1010)

190 OLG Köln, Beschluss vom 22.08.1997, InfAuslR 1997, 459

191 InfAuslR 2001, 309 (310)

192 Siehe oben S. 59 f.

193 Fehrenbacher, ZAR 2002, 58 (62)

meinen Anwendungshinweise zum Schengener Durchführungsübereinkommen (AAH-SDÜ),[194] dass das Schengen-Visum während seiner Gültigkeitsdauer zur Einreise, Durchreise, zum Aufenthalt und Reiseverkehr im Schengen-Gebiet berechtige.[195] Die Erteilung eines Schengen-Visums komme nur in Betracht, wenn der Aufenthaltszweck seiner Natur nach zeitlich beschränkt sei. Dies sei z.B. anzunehmen bei Touristen-, Besuchs- und Geschäftsreisen. Das Schengener Durchführungsübereinkommen erfasse jedoch nicht Aufenthalte für Erwerbstätigkeiten im Bundesgebiet unabhängig von ihrer Dauer (z.B. Saisonarbeit und Erbringung einer Werkleistung).[196]

Entgegen der oben dargelegten Auffassung regelt sich demnach der Aufenthalt zum Zwecke der Erwerbstätigkeit in allen Fällen nach dem nationalen Recht, also der Verordnung zur Durchführung des Ausländergesetzes.[197]

cc. Rechtswidrige Aufenthaltsgenehmigung

Nicht selten kommt es vor, dass Positivstaater - zum Teil im kollusiven Zusammenwirken mit ihren Arbeitgebern - durch falsche Angaben im Genehmigungsverfahren eine die erstrebte Erwerbstätigkeit gestattende Arbeitsgenehmigung[198] und darauf basierend auch eine Aufenthaltsgenehmigung erhalten. Hier stellt sich die Frage, welche Rechtswirkungen die auf diese Weise erlangte Aufenthaltsgenehmigung unter dem Gesichtspunkt „Aufenthalt ohne Genehmigung“ im Rahmen des § 92 Abs. 1 Nr. 1 AuslG entfaltet.

aaa. Verwaltungsrechtliche Wirksamkeit der rechtswidrigen Genehmigung

Nach § 43 Abs. 1 Satz 1 VwVfG wird die Aufenthaltsgenehmigung mit der Bekanntgabe an den Positivstaater existent (äußere Wirksamkeit). Ab diesem Zeitpunkt entfaltet sie auch ihre materiellen Rechtswirkungen (innere Wirksamkeit), es sei denn, Nebenbestimmungen regeln etwas anderes. Wenn nachfolgend von Wirksamkeit gesprochen wird, ist stets die innere Wirksamkeit gemeint.

Gemäß § 43 Abs. 2 VwVfG bleibt die Aufenthaltsgenehmigung wirksam, bis sie wegen ihrer materiellen Rechtswidrigkeit, die aus den fehlerhaften Angaben im Genehmigungsverfahren folgt, nach § 48 Abs. 1 Satz 1 VwVfG zurückgenommen worden ist.

---

[194] Vom 28.01.1998, abgedruckt bei Hailbronner, D 8.2

[195] Ziffer 1.3.1.2.1. AAH-SDÜ

[196] Ziffer 1.3.1.2.2. AAH-SDÜ
OVG Lüneburg, Beschluss vom 27.02.2002, NVwZ-Beilage I 2002, 75 (76)
VG Saarland, Beschluss vom 06.08.2001, InfAuslR 2002, 34 (35)

[197] BayObLG, Beschluss vom 21.05.2002, InfAuslR 2002, 390 (392)
Fehrenbacher, ZAR 2002, 58 (62)
Welte, ZAR 2002, 320 (323)

[198] Vgl. Fall 6

Entscheidende Prinzipien für den Grundsatz, dass rechtswidrige Verwaltungsakte bis zu ihrer Rücknahme oder Erledigung auf andere Weise Rechtswirkungen entfalten, obwohl sie gegen formelle oder materielle Rechtsvorschriften verstoßen und daher den Grundsatz der Gesetzmäßigkeit der Verwaltung verletzen, sind die Rechtssicherheit und der Vertrauensschutz. Der Grundsatz der Rechtssicherheit folgt aus dem Rechtsstaatsprinzip und genießt damit verfassungsrechtlichen Rang.[199] Der Vertrauensschutz wird wiederum aus dem rechtsstaatlichen Gebot der Rechtssicherheit abgeleitet; auch er genießt daher Verfassungsrang.[200]

bbb. Strafrechtliche Konsequenzen

Nach wie vor herrscht Streit über die Frage, ob und in welchen Fällen eine wirksame rechtswidrige Genehmigung von Strafe befreit. Bei der Fülle der unterschiedlichen Lösungsvorschläge geht es im Kern um die folgenden drei Ansätze:

- Die strafrechtlichen Folgen der Genehmigung beurteilen sich strikt nach verwaltungsrechtlichen Maßstäben; jede verwaltungsrechtlich wirksame Genehmigung führt zur Straflosigkeit (strenge oder formelle Verwaltungsaktsakzessorietät - unten (1));

- nur die rechtmäßige Genehmigung bewirkt Straflosigkeit (materiellrechtliche Verwaltungsaktsakzessorietät - unten (2));

- je nach Art und Schwere der Fehler kann die rechtswidrige Genehmigung zur Strafbarkeit führen oder nicht (differenzierender Lösungsansatz - unten (3)).

(1) Strenge oder formelle Verwaltungsaktsakzessorietät

Die als herrschend anzusehende Meinung[201] beruft sich in erster Linie auf den Grundsatz der Einheit der Rechtsordnung. Diesem Prinzip zufolge dürfe das Strafrecht verwaltungsrechtlich erlaubtes Handeln niemals verbieten, sondern müsse die verwaltungsrechtlich wirksame Genehmigung als verbindlich be-

---

199 BVerfG, Urteil vom 12.12.1957, BVerfGE 7, 194 (196)

200 BVerfG, Urteil vom 08.06.1977, BVerfGE 45, 142 (167)
Lange, Jura 1980, 456
Ossenbühl, DÖV 1972, 25 (27)

201 BGH, Beschluss vom 12.04.1983, BGHSt 31, 314 (315)
Cramer/Heine, in: Schönke/Schröder, Vorbem. §§ 324 ff. Rz. 16a
Rogall, NStZ 1992, 561 (565 f.)
Rudolphi, NStZ 1984, 193 (197)
Rühl, JuS 1999, 521 (526)
Steindorf, in: LK-StGB, § 324 Rz. 106
Tröndle/Fischer, vor § 324, Rzn. 7 ff.

trachten.[202] Es würde zu unauflösbaren Wertungswidersprüchen führen, wenn ein Verhalten, das nach dem Verwaltungsrecht wirksam erlaubt worden sei, vom Strafrecht als verboten und sogar als strafbar erachtet werden müsste. Der Grundsatz, dass der Betroffene auch rechtswidrige belastende Verwaltungsakte zu beachten habe, um Bestrafung - oder Vollstreckung (Vollzug) - zu vermeiden,[203] müsse umgekehrt auch für begünstigende Verwaltungsakte, die ihm eine bestimmte Rechtsposition einräumten, einer besonderen Vollziehbarkeit aber nicht zugänglich seien, gelten.

Aus der strengen Verwaltungsaktsakzessorietät folgt, dass auch die Strafverfolgungsorgane in vollem Umfang an wirksame Verwaltungsakte gebunden sind. Der Schlüsselbegriff, an den die Begründung der umfassenden Bindungswirkung anknüpft, ist die „Tatbestandswirkung" von Verwaltungsakten. Sie erstreckt sich nicht nur auf die unmittelbar am Verwaltungsverfahren Beteiligten, sondern greift darüber hinaus und bringt zum Ausdruck, dass der wirksame Verwaltungsakt von allen Staatsorganen zu beachten und als gegebener „Tatbestand" ihren Entscheidungen zugrunde zu legen ist.[204] Tatbestandswirkung bedeutet demnach, dass Gerichte nicht nur die Tatsache hinzunehmen haben, dass ein Verwaltungsakt erlassen wurde; sie haben auch seinen Inhalt als gegeben und maßgeblich hinzunehmen, auch wenn der Verwaltungsakt rechtswidrig ist. Diesen im Verwaltungsrecht geprägten Begriff hat die Strafrechtswissenschaft übernommen.[205]

Auf die zum Teil mit beachtlichen Argumenten geübte Kritik an der strengen Verwaltungsaktsakzessorietät, insbesondere an der tragenden Begründung Einheit und Widerspruchsfreiheit der Rechtsordnung,[206] und den zu dieser Thematik ergangenen aktuellen Entscheidungen des Bundesverfassungsgerichts[207] soll hier nicht näher eingegangen werden.

---

[202] Mußgnug, in: Schröder/Jarass, VVDStRL 50 (1991), 196 (329 f.)
Meyer, ebenfalls dort, 335

[203] Weiß, DÖV 2001, 275 ff.

[204] Maurer, § 11 Rz. 8
Peine, JZ 1990, 201 (207)
Rühl, JuS 1999, 521 (522)
Schröder, in: Schröder/Jarass, VVDStRL 50 (1991), 196 (221 ff.)

[205] Kühl, in: FS-Lackner, S. 815 (844)
Meyer-Goßner, § 262 Rz. 7
Pfeiffer, § 262 Rz. 4
Rühl, JuS 1999, 521(523)

[206] Schröder, in: Schröder/Jarass, VVDStRL 50 (1991), 196 (232 f.)

[207] Urteile vom 07.05.1998, BVerfGE 98, 83 und 106
Zum aktuellen Stand der Diskussion siehe:
Brüning, NVwZ 2002, 33
Jarass, AöR Bd. 126 (2001), 588
Sodan, JZ 1999, 864

(2) Materiell-rechtliche Verwaltungsaktsakzessorietät

Nach anderer Meinung sollen nur materiell rechtmäßige Genehmigungen tatbestandsausschließend oder rechtfertigend wirken.[208]

Im Mittelpunkt dieser Auffassung steht das Argument des Rechtsgüterschutzes: Ein Genehmigungsinhaber, dessen Handlung nicht hätte genehmigt werden dürfen, verletze das materielle Interesse, dem das Genehmigungserfordernis diene.[209] Er verhalte sich deshalb objektiv ebenso strafwürdig wie derjenige, der ohne Genehmigung handle. Dem Vertrauensschutzinteresse des Genehmigungsinhabers könne auf subjektiver Ebene durch die Anwendung der Irrtumsregeln hinreichend Rechnung getragen werden („Irrtumslösung").[210]

Zu beachten ist, dass das gesetzliche Tatbestandsmerkmal „ohne Genehmigung" wegen des in Art. 103 Abs. 2 GG, § 1 StGB normierten strafrechtlichen Analogieverbotes im Wege der Auslegung nicht auf ein Handeln nur mit rechtmäßiger Genehmigung reduziert werden darf. Daher kommt dieser Lösungsansatz nur zum Tragen, wenn die Genehmigung rechtfertigend wirkt, also bei Vorliegen eines repressiven Verbotes mit Befreiungsvorbehalt, da Art. 103 Abs. 2 GG auf der Rechtswidrigkeitsebene keine Sperrwirkung entfaltet.[211] Da es sich bei dem ausländerrechtlichen Genehmigungsvorbehalt um ein auf der Tatbestandsebene angesiedeltes präventives Verbot mit Erlaubnisvorbehalt handelt, ist diese Auffassung bei § 92 Abs. 1 Nr. 1 AuslG aus verfassungsrechtlichen Gründen nicht haltbar. Unabhängig hiervon wird auch an diesem auf die Rechtswidrigkeitsebene beschränkten Ansatz Kritik geübt, die insbesondere darin besteht, dass sie die angestrebte Straflosigkeit in den Irrtumsbereich verschiebt, sich völlig von der Verwaltungsaktsakzessorietät des Strafrechts abkoppelt und die Tatbestandwirkung, die auch von rechtswidrigen Verwaltungsakten ausgeht, ignoriert.

(3) Differenzierender Lösungsansatz

Nach Schmitz[212] werde der Inhaber einer rechtswidrigen Genehmigung im Bereich der Umweltstraftatbestände dann von dem Vorwurf tatbestandsmäßigen Handelns befreit, wenn die Rechtswidrigkeit der Genehmigung ausschließlich aus der Belastung des Antragstellers herrühre. Das sei dann der Fall, wenn die erteilte Genehmigung ihm ein „zu wenig" gewähre, die Genehmigung also hinter dem zurückbleibe, was ihm von Gesetzes wegen zustehe. Durch ein Handeln aufgrund einer solchen Genehmigung seien die Schutzgüter der entsprechenden Straftatbestände nicht tangiert. Anders sei jedoch zu entscheiden, wenn Geneh-

---

208 Aurnhammer, S. 140 f.
Geulen, ZRP 1988, 323 (325)
Schall, NJW 1990, 1263 (1267)

209 Aurnhammer, S. 140 f.

210 Horn, NJW 1981, 1 (2)

211 Lenckner, in: Schönke/Schröder, Vorbem §§ 32 ff. Rz. 63 b

212 S. 61

migungen erteilt würden, ohne dass die nach den verwaltungsrechtlichen Fachgesetzen vorgeschriebenen Voraussetzungen dafür vorlägen oder wenn ein behördlicher Ermessensfehler gegeben sei, der sich zu Lasten des jeweils geschützten Rechtsgutes auswirke.[213]

Zu beachten ist auch hier, dass dieser Lösungsansatz wegen Art. 103 Abs. 2 GG, § 1 StGB nur bei Genehmigungen zum Tragen kommt, die rechtfertigend wirken, also nicht bei der tatbestandsausschließenden ausländerrechtlichen Aufenthaltsgenehmigung.

Gegen diese Auffassung spricht, dass zur Begründung der Strafbarkeit des Verhaltens allein unter strafrechtlichen Aspekten ein Teil verwaltungsrechtlich rechtswidriger den nichtigen Genehmigungen unter Missachtung des § 44 VwVfG gleichgestellt und die von ihnen ausgehende Tatbestandswirkung ignoriert wird.[214]

ccc. Zwischenergebnis

Als Zwischenergebnis ist festzuhalten, dass die einem Positivstaater erteilte materiell rechtswidrige Aufenthaltsgenehmigung, die nicht die Schwelle der Nichtigkeit im Sinne des § 44 VwVfG erreicht, wegen ihrer verwaltungsrechtlichen Wirksamkeit auch strafrechtlich zu beachten ist.

Fraglich und nunmehr zu untersuchen ist, ob das Erlangen der rechtswidrigen Aufenthaltsgenehmigung durch rechtsmissbräuchliches Verhalten eine andere Wertung rechtfertigt.

dd. Ausnutzen einer rechtsmissbräuchlich erlangten Genehmigung

Rechtsmissbrauch kann in Betracht kommen, wenn der Positivstaater seine Aufenthaltsgenehmigung durch unlauteres Verhalten erwirkt hat. Überwiegend fallen hierunter die in § 48 Abs. 2 Satz 1 Nrn. 1 und 2 VwVfG genannten Fälle der arglistigen Täuschung, Drohung und Bestechung[215] oder das Erwirken der Aufenthaltsgenehmigung durch Angaben, die in wesentlicher Beziehung unrichtig oder unvollständig sind. Darüber hinaus werden die Auffassungen vertreten, dass bei Kollusion[216] zwischen dem Adressaten der Genehmigung und der Ver-

---

[213] Hübenett, S. 172 ff.
vgl. auch Schünemann, der sich auf Rudolphi (NStZ 1984, 193 [198 f.]) bezieht: Eine Strafbarkeit nach § 324 StGB kommt nur in Betracht, wenn sich die Fehlerhaftigkeit der Genehmigung aus der Verletzung spezifisch gewässerschützender Normen ergibt; wistra 1986, 235 (240)

[214] Schröder, in: Schröder/Jarass, VVDStRL 50 (1991), 196 (222)

[215] Teilweise werden Fälle der Bestechung aus dem Kreis der Rechtsmissbrauchsfälle ausgeklammert: Lenckner, in: FS-Pfeiffer, S. 27 (37 f.)

[216] BGH, Urteil vom 03.11.1993, NJW 1994, 670 (671) für die rechtfertigende Genehmigung
Dölling, JZ 1985, 461 (469)
Heine, NJW 1990, 2425 (2430)
Otto, Jura 1991, 308 (313)

waltung die Ausnutzung des formell wirksamen begünstigenden Verwaltungsakts oder sogar die schlichte Kenntnis[217] des Genehmigungsinhabers von der Rechtswidrigkeit rechtsmissbräuchlich seien.

aaa. Verwaltungsrechtliche Beurteilung

Auch eine durch unlautere Methoden erlangte rechtswidrige Genehmigung ist wirksam, sofern die Schwelle der Nichtigkeit (§ 44 VwVfG) nicht erreicht ist. Die Verwaltungsbehörde kann die Genehmigung lediglich nach pflichtgemäßem Ermessen zurücknehmen, ohne dass dem Genehmigungsinhaber Vertrauensschutz zusteht (§ 48 Abs. 3 Satz 2 i.V.m. Abs. 2 Satz 3 Nrn. 1 und 2 VwVfG). Entscheidet sich die Verwaltungsbehörde für eine Rücknahme, so kann diese mit ex-tunc-Wirkung erfolgen (§ 48 Abs. 1 Satz 1 VwVfG).

Dabei ist darauf hinzuweisen, dass ein Verwaltungsakt nicht allein dadurch rechtswidrig wird, wenn er aufgrund unlauteren Verhaltens gegenüber der Genehmigungsbehörde erteilt wurde. Die Einwirkung des Täters ist unschädlich, wenn die Genehmigungsbehörde dennoch materiell rechtmäßig entscheidet.[218]

bbb. Strafrechtliche Beurteilung

Die strafrechtlichen Folgen des Gebrauchs einer rechtsmissbräuchlich erlangten Genehmigung sind im einzelnen umstritten.

(1) Spezielle gesetzliche Regelungen

Für bestimmte Bereiche ist eine ausdrückliche Einschränkung der Verwaltungsaktsakzessorietät gesetzlich festgeschrieben.

(a) § 330d Nr. 5 StGB

Nach § 330d Nr. 5 StGB liegt strafrechtlich ein Handeln „ohne Genehmigung" vor, wenn der Genehmigungsinhaber aufgrund einer durch Drohung, Bestechung oder Kollusion erwirkten oder durch unrichtige oder unvollständige Angaben erschlichenen Genehmigung handelt.

Diese Begriffsbestimmung, die in klarstellender Weise die von der bisher überwiegenden Meinung anerkannten Fälle des Rechtsmissbrauchs in Anlehnung an

---

[217] Vgl. § 48 Abs. 2 Satz 1 Nr. 3 VwVfG
Diese vom LG Hanau im Alkem-Verfahren (Urteil vom 12.11.1987, NJW 1988, 571 ff.) vertretene Auffassung wird im Schrifttum einhellig abgelehnt; vgl. beispielsweise:
Dolde, NJW 1988, 2329 ff.
Kuhlen, WiVerw 1991, 181 (230)
Paeffgen, in: FS-Stree/Wessels, S. 587 (604)

[218] Vgl. Cramer/Heine, in: Schönke/Schröder, § 330d Rz. 30

§ 48 Abs. 2 Satz 3 Nrn. 1 und 2 VwVfG gesetzlich normiert,[219] ist durch das Zweite Gesetz zur Bekämpfung der Umweltkriminalität vom 27.06.1994[220] in das Strafgesetzbuch aufgenommen worden, um den Rechtsmissbrauchsgedanken im Strafrecht verfassungsfest zu positivieren.[221] Die Fiktion, die nur für die strafrechtliche Bewertung der im 29. Abschnitt des Strafgesetzbuchs enthaltenen Straftaten gegen die Umwelt gilt,[222] „stößt ins Mark der Verwaltungsakzessorietät".[223] Während die Genehmigung aus verwaltungsrechtlicher Sicht bis zur Zurücknahme weiterhin wirksam ist, wird sie strafrechtlich einer nichtigen Genehmigung gleichgestellt mit der Folge, dass der Genehmigungsinhaber bestraft werden kann, wenn er von der mit unlauteren Methoden erlangten Genehmigung Gebrauch macht.[224] Der Gesetzgeber wollte mit dieser Regelung bewusst der Gefahr einer zu strengen formalen Anbindung von Strafvorschriften an das Verwaltungsrecht begegnen,[225] wobei er die sich aus den Prinzipien der Widerspruchsfreiheit der Rechtsordnung und des Vertrauensschutzes ergebenden Grenzen seiner Gestaltungsfreiheit noch nicht überschritten hat.[226] Die Regelung ist zugleich abschließend in dem Sinne, dass weitergehenden Vorschlägen der Literatur zur Anerkennung eines Rechtsmissbrauchs eine Absage erteilt wurde.[227]

(b) § 34 Abs. 8 AWG

Nach § 34 Abs. 8 des Außenwirtschaftsgesetzes[228] handelt ohne Genehmigung, wer aufgrund einer durch unrichtige oder unvollständige Angaben erschlichenen Genehmigung handelt. Auf diese 1992 in das Außenwirtschaftsgesetz eingefügte Regelung, die nur eine Fallgruppe rechtsmissbräuchlichen Verhaltens als relevant ansieht, wurde bei der Schaffung des § 330d Nr. 5 StGB im Gesetzgebungsverfahren ausdrücklich Bezug genommen.[229]

---

[219] BT-Drucksache 12/7300, 25
[220] BGBl. I, 1440
[221] Schmidt/Schöne, NJW 1994, 2514
[222] Lackner/Kühl, § 330 d Rz. 5
Paetzold, NStZ 1996, 170 (171)
[223] Breuer, JZ 1994, 1077 (1090)
[224] Wimmer, JZ 1993, 67 (68)
[225] BT-Drucksache 12/7300, 2
[226] Cramer/Heine, in: Schönke/Schröder, § 330d Rz. 27
Schröder, in: Schröder/Jarass, VVDStRL 50 (1991), 196 (214 f.)
[227] Cramer/Heine, in: Schönke/Schröder, § 330d Rz. 25
Möhrenschläger, NStZ 1994, 513 (515)
Paetzold, NStZ 1996, 170 (171)
[228] Vom 28.04.1961 (BGBl. I, 481)
[229] BT-Drucksache 12/7300, 25
Zur Rechtsnatur der außenwirtschaftlichen Genehmigung: von Bogdandy, VerwArch Bd. 83 (1992), 53 ff.

(c) § 16 Abs. 4 CWÜAG

Nach § 16 Abs. 4 des Ausführungsgesetzes zum Chemiewaffen-Übereinkommen[230] wird bestraft, wer aufgrund einer nach einer dort näher bezeichneten Rechtsverordnung erforderlichen Genehmigung handelt, wenn die Genehmigung durch Drohung, Bestechung oder Kollusion erwirkt oder durch unrichtige oder unvollständige Angaben erschlichen wurde.[231]

(2) Allgemeine Berücksichtigung des Rechtsmissbrauchs

Festzuhalten ist, dass die drei unter (1) erwähnten Normen tatbestandsausschließende und rechtfertigende Genehmigungen erfassen und für das jeweilige Spezialgebiet, auf das sie sich beziehen, eine abschließende Regelung darstellen.[232] Auf die rechtlichen Möglichkeiten des Gesetzgebers, durch spezielle Regelungen die Wirksamkeit einer verwaltungsrechtlichen Genehmigung für das Strafrecht zu beschränken, weist Rogall[233] hin.

Da eine den §§ 330d Nr. 5 StGB, 34 Abs. 8 AWG, 16 Abs. 4 CWÜAG entsprechende Regelung im Ausländerstrafrecht fehlt, ist zu untersuchen, ob über die drei speziellen gesetzlichen Regelungen hinaus das Ausnutzen einer durch unlauteres Verhalten erlangten behördlichen Genehmigung allgemein strafrechtlich relevant sein kann.[234] Zu dieser Thematik existieren zwei divergierende Auffassungen.

(a) Mindermeinung

Zum einen wird vertreten, tatbestandsausschließende Genehmigungen könnten in ihrer Wirkung unter Rückgriff auf Rechtsmissbrauchsgedanken beschränkt werden. Zur Begründung wird darauf verwiesen, dass eine Berufung des Genehmigungsinhabers auf eigenes vorsätzliches deliktisches Verhalten nicht zu seiner Entlastung führen könne.[235] Es sei naturrechtliches Gemeingut aller Rechtsordnungen, dass erschlichene Rechtspositionen rechtlich unmaßgeblich seien.[236] So gelte im Zivilrecht nach dem in § 242 BGB normierten Grundsatz von Treu und Glauben, dass die Ausübung eines Rechts unzulässig sein könne,

---

[230] Übereinkommen über das Verbot der Entwicklung, Herstellung, Lagerung und des Einsatzes chemischer Waffen und über die Vernichtung solcher Waffen vom 13.01.1993
(BGBl. 1994 II, 807; in Kraft getreten - auch für die Bundesrepublik Deutschland - am 29.04.1997)

[231] BT-Drucksache 12/7207, 18

[232] Zu § 330d Nr. 5 StGB:
BayObLG, Beschluss vom 29.01.1996, wistra 1996, 238 f.
Paetzold, NStZ 1996, 170 (171)

[233] GA 1995, 299 (316)

[234] Die Untersuchung beschränkt sich dabei auf die Genehmigungen, die - wie die Aufenthaltsgenehmigung - im strafrechtlichen Deliktsaufbau auf der Tatbestandsebene anzusiedeln sind.

[235] Holthausen, NStZ 1988, 256 (257 f.)
Otto, Jura 1991, 308 (313)

[236] Otto (Fn. 235)

wenn dem Berechtigten eine Verletzung eigener Pflichten zur Last falle, etwa bei missbräuchlicher Ausnutzung einer formalen Rechtsstellung. Darüber hinaus sei zu berücksichtigen, dass der verwaltungsrechtliche Bestand rechtswidriger Genehmigungen auf den Vertrauensgrundsatz zurückzuführen sei. Eine durch unlauteres Verhalten erlangte Genehmigung verdiene jedoch keinerlei Vertrauen[237] und damit keinen strafrechtlichen Schutz.[238]

(b) Herrschende Meinung

Zwar ist das Bemühen der Mindermeinung, einen erhöhten Rechtsgüterschutz zu gewährleisten, kriminalpolitisch zu begrüßen. Die Argumente sind jedoch nicht geeignet, das durch Art. 103 Abs. 2 GG, § 1 StGB vorgegebene Gesetzlichkeitsprinzip auszuhebeln. Sie schränken die Wirkungen wirksamer - wenn auch rechtswidriger - Genehmigungen ein und begründen damit eine Strafbarkeit des Genehmigungsinhabers durch verfassungsrechtlich unzulässige Analogie oder teleologische Reduktion zu Lasten des Täters.[239] Mag auch der Gesetzeszweck, durch das Genehmigungserfordernis eine präventive Gefahrenkontrolle zu gewährleisten, vereitelt werden, wenn sich der Täter eine Genehmigung z.B. durch unrichtige Angaben zum entscheidungserheblichen Sachverhalt erschlichen hat, so schließt doch der klare Wortlaut des Straftatbestandes eine Ahndung in diesem Falle aus, selbst wenn das Verhalten des Täters in ähnlicher Weise strafwürdig ist wie ein Handeln ohne Genehmigung.[240]

Als weiteres Argument sei erneut erwähnt, dass der Gesetzgeber in § 48 VwVfG geregelt hat, wie die Fälle rechtsmissbräuchlich erlangter Genehmigungen verwaltungsrechtlich zu behandeln sind: Sie sind wirksam, aber aufhebbar. Ein allgemeines Zurückdrängen der Tatbestandwirkung behördlicher Gestattungsakte in den Fällen des Rechtsmissbrauchs kommt nicht in Betracht.[241]

(c) Zwischenergebnis

Die Wirksamkeit einer Aufenthaltsgenehmigung wird demnach nicht dadurch berührt, dass der Positivstaater sie durch falsche Angaben erschlichen hat. Nach den Regeln der strengen Verwaltungsaktsakzessorietät haben die Strafverfolgungsorgane die verwaltungsrechtliche Lage zu beachten und müssen die Genehmigung bis zu ihrer Rücknahme als wirksam ansehen mit der Folge, dass der Positivstaater, der die Genehmigung mit unlauteren Methoden erlangt hat, sich

---

237 Vgl. die rechtliche Wertung in § 48 Abs. 2 Satz 3 VwVfG

238 Holthausen, NStZ 1988, 256 (257 f.)

239 Lenckner, in: FS-Pfeiffer, S. 27 (33)
Winkelbauer, JuS 1988, 691 (692)

240 Lenckner, in: FS-Pfeiffer, S. 27 (33), mit Hinweis auf den Beschluss des BVerfG vom 23.10.1985 (NJW 1986, 1671): „Der mögliche Wortsinn des Gesetzes markiert die äußerste Grenze zulässiger richterlicher Interpretation".

241 Schröder, in: Schröder/Jarass, VVDStRL 50 (1991), 196 (225)

„mit Genehmigung" im Bundesgebiet aufhält und sich daher nicht nach § 92 Abs. 1 Nr. 1 AuslG strafbar macht.[242]

Soweit man diese Rechtslage für unbefriedigend hält, mag man der Auffassung Lauers[243] folgen und den Gesetzgeber auffordern, eine dem § 330d Nr. 5 StGB entsprechende Regelung in § 92 AuslG einzufügen, auch wenn die von ihm vorgebrachten Gründe - schwierige verwaltungsrechtliche Fragen, mangelhafte Ausstattung einer Landgerichtsbibliothek und knappe personelle Ressourcen der Justiz - nicht durchschlagskräftig genug erscheinen. Um eine Flut spezieller gesetzlicher Regelungen zu vermeiden und rechtsmissbräuchlich erlangte Genehmigungen in sämtlichen Gebieten des Strafrechts gleich zu behandeln, wäre es sinnvoller, de lege ferenda zu überlegen, eine generelle Regelung dieser Thematik im Allgemeinen Teil des Strafgesetzbuches in Betracht zu ziehen, z.B. in § 11 StGB.[244]

Ein anderer Weg wäre, die Nichtigkeitsgründe in § 44 Abs. 2 VwVfG zumindest auf einen Teil der Rechtsmissbrauchsfälle auszuweiten.

De lege lata ist es den Gerichten aus den dargelegten verfassungsrechtlichen Gründen verwehrt, eine Strafbarkeit des Positivstaaters in den genannten Fällen zu begründen.

Zu beachten ist, dass in diesen Fällen regelmäßig der objektive Tatbestand des § 92 Abs. 2 Nr. 2 AuslG erfüllt ist. Nach der ersten Alternative dieser Norm macht sich strafbar, wer unrichtige oder unvollständige Angaben macht oder benutzt, um für sich eine Aufenthaltsgenehmigung zu beschaffen. Dabei ist nicht erforderlich, dass die Angaben zur Ausstellung der Urkunde geführt haben.[245] Es ist noch nicht einmal erforderlich, dass die Angaben zur Beschaffung der Urkunde geeignet waren, denn die Vorschrift pönalisiert nach ihrem Schutzzweck allein den Rechtsmissbrauch zur Erlangung einer Aufenthaltsgenehmigung bereits im Vorfeld der behördlichen Entscheidung.[246] Insoweit deckt sich diese Norm auch nicht mit den Rechtsmissbrauchsregelungen in den §§ 330d Nr. 5 StGB, 34 Abs. 8 AWG, 16 Abs. 4 CWÜAG, da nach § 92 Abs. 2 Nr. 2 Alt. 1 AuslG der Täter nicht bestraft wird, weil er in unlauterer Weise von einer Rechtsposition Gebrauch macht, sondern deshalb, weil er einen späteren Rechtsmissbrauch vorbereitet.

---

[242] Vgl. OLG Frankfurt/Main, Urteil vom 17.03.1998, StV 1999, 95
[243] NStZ 2000, 661 (663)
[244] Eine gesetzgeberische Problemlösung innerhalb des § 11 StGB schlagen vor:
Fortun, S. 156 f.
Wimmer, JZ 1993, 67 (73)
Wohlers, JZ 2001, 850 (853)
[245] Hailbronner, § 92 AuslG Rz. 53
von Pollern, ZAR 1996, 175 (177)
Senge, in: Erbs/Kohlhaas, § 92 AuslG Rz. 37
[246] OLG Karlsruhe, Urteil vom 27.01.1998, NStZ-RR 1998, 378
Aurnhammer, S. 68, 146

ee. Widerruf oder Rücknahme der Aufenthaltsgenehmigung

Widerruf einer rechtmäßigen und Rücknahme einer rechtswidrigen Aufenthaltsgenehmigung (§ 49 Abs. 2; § 48 Abs. 1 VwVfG) haben die Unwirksamkeit der Genehmigung mit Wirkung ex-nunc (§§ 49 Abs. 2, 48 Abs. 1 VwVfG) oder ex-tunc (§ 48 Abs. 1 und Abs. 2 Sätze 3 und 4 VwVfG) zur Folge.

Beide Entscheidungen (nachfolgend „Verfügung" genannt) sind rechtsgestaltende belastende Verwaltungsakte, die nach § 43 Abs. 1 VwVfG grundsätzlich mit ihrer Bekanntgabe rechtliche Wirkung entfalten, indem sie die eine Erwerbstätigkeit gestattende Aufenthaltsgenehmigung beseitigen.[247] Solange der Ausländer gegen die Verfügung keinen Widerspruch einlegt,[248] handelt er verwaltungsrechtswidrig, wenn er von der zurückgenommenen oder widerrufenen Aufenthaltsgenehmigung Gebrauch macht, das heißt: Er darf ab Bekanntgabe der Verfügung nicht mehr arbeiten. Sobald er jedoch Widerspruch eingelegt hat, kann er sich wieder entsprechend der Aufenthaltsgenehmigung verhalten; denn der Suspensiveffekt des Widerspruchs (§ 80 Abs. 1 Satz 1 VwGO) beseitigt mit rückwirkender Kraft die Folgen des Widerrufs oder der Rücknahme[249] und erzeugt insoweit einen Schwebezustand mit der Folge, dass die Aufenthaltsgenehmigung als begünstigender Verwaltungsakt wieder auflebt und der Ausländer sich wieder verwaltungsrechtlich rechtmäßig verhält, mithin ab diesem Zeitpunkt wieder eine Erwerbstätigkeit ausüben kann.[250]

Strafrechtlich von Bedeutung ist also die Zeit zwischen der Bekanntgabe der Verfügung und dem Ablauf der Widerspruchsfrist. Es taucht die Frage auf, ob das Nichtbeachten der (noch) nicht angefochtenen Verfügung, das verwaltungsrechtswidrig ist, nach dem Legalitätsprinzip gleichzeitig eine strafrechtliche Sanktion unter dem Gesichtspunkt „Handeln ohne Genehmigung" zur Folge haben muss.

Hierzu ist herauszustellen, dass es der Grundsatz von der Einheit der Rechtsordnung keineswegs gebietet, jedes verwaltungsrechtswidrige Verhalten als strafrechtliches Unrecht einzustufen.[251] Ob sich aus einem verwaltungsrechtswidrigen Verhalten auch die Strafrechtswidrigkeit ergibt, ist unter dem originär strafrechtlichen Aspekt der Strafwürdigkeit zu entscheiden.

Ein Ansatzpunkt für die Beurteilung der Strafwürdigkeit des Verhaltens entsprechend der (zunächst wirksam) entzogenen Genehmigung während der Schwebezeit bis zum Einlegen des Widerspruchs ist der Gedanke, dass der Posi-

---

[247] Eines Vollzuges im vollstreckungsrechtlichen Sinne sind sie weder zugänglich noch bedürftig, da sie die Rechtsgestaltung unmittelbar mit ihrem Wirksamwerden herbeiführen und damit den Vollzug gleichsam „in sich" tragen.

[248] § 80 Abs. 1 Satz 2 VwGO

[249] Kuhlen, WiVerw 1991, 181 (230) und WiVerw 1992, 215 (264)

[250] Vgl. für den Bereich des Umweltstrafrechts Samson, JZ 1988, 800 (803)

[251] Samson, JZ 1988, 800 (802)

tivstaater als Genehmigungsinhaber unter dem Damoklesschwert drohender Bestrafung nicht dazu gezwungen werden kann, ab Bekanntgabe der Verfügung diese sofort zu befolgen. Vielmehr beinhaltet die verfassungsrechtliche Garantie, Fristen voll ausschöpfen zu können, auch die Gewähr, dass an das Ausnutzen der gesetzlich gewährten „Überlegungsfrist“ keine Folgen geknüpft sind, die den Rechtsschutz nachhaltig beeinträchtigen.[252] Andernfalls würde die dem Betroffenen eingeräumte Überlegungsmöglichkeit faktisch beeinträchtigt.

Im Übrigen ist es dem Strafrecht wegen des geltenden Tatzeitprinzips (§ 2 Abs. 1 StGB) und damit seiner Rückwirkungsfeindlichkeit verwehrt, das als Folge des Widerspruchs mit rückwirkender Kraft entstehende „Wiederaufleben“ der Genehmigung zu berücksichtigen und ein zunächst gefälltes Rechtswidrigkeitsurteil zu korrigieren.[253] Daher ist ein strafbares „Handeln ohne Genehmigung“ solange zu verneinen, wie der Positivstaater die rechtliche Möglichkeit hat, die Verfügung mit aufschiebender Wirkung anzufechten.[254]

Strafrechtliche Relevanz erlangt die Verfügung als „Beseitigungsakt“ also grundsätzlich erst mit Bestandskraft (Unanfechtbarkeit). Soll die Verfügung sofort ab Bekanntgabe befolgt werden, hat zunächst die Verwaltungsbehörde die Möglichkeit, die sofortige Vollziehung nach § 80 Abs. 2 Nr. 4 VwGO anzuordnen. Auf die damit zusammenhängenden strafrechtlichen Probleme und den Rechtsschutz des Genehmigungsinhabers gemäß § 80 Abs. 5 VwGO wird auf Kuhlen[255] verwiesen.

ff. Unklarheit über die Genehmigungsbedürftigkeit

Hält der Positivstaater seine Tätigkeit für nicht genehmigungsbedürftig und beantragt daher auch keine Aufenthaltsgenehmigung, so kann es darüber zwischen ihm und der Ausländerbehörde sowie den Strafverfolgungsbehörden zu Meinungsverschiedenheiten kommen. Auch hier muss dem Verwaltungsrecht - unabhängig von der Frage des subjektiven Tatbestandes - der Vorrang vor dem Strafrecht eingeräumt werden. Bevor strafrechtlich eine Erwerbstätigkeit und damit das Erfordernis einer Aufenthaltsgenehmigung bejaht wird, sollten die Strafverfolgungsbehörden bei der zuständigen Ausländerbehörde klären, ob

---

[252] Kuhlen, WiVerw 1992, 215 (265 f.)
Odenthal, NStZ 1991, 418 (419)
Wüterich, NStZ 1987, 106 (107)

[253] Von Pollern, ZAR 1996, 175 (176)
vgl. auch BGH, Beschluss vom 13.07.1969, BGHSt 23, 86 (91, 93): Die Beseitigung einer durch Verkehrszeichen getroffenen Anordnung steht der Ahndung eines Verstoßes gegen das fehlerhaft aufgestellte Verkehrszeichen nicht im Wege. Dazu : Cramer/Heine,
in: Schönke/Schröder, Vorbem. §§ 324 ff. Rz. 21

[254] Odenthal, NStZ 1991, 418 (419)
Wüterich, NStZ 1987, 106 (107)

[255] Zur vergleichbaren Problematik im Umweltstrafrecht; WiVerw 1991, 181 (230) und
WiVerw 1992, 215 (264, 266)

Genehmigungspflicht besteht oder nicht.[256] Interessant erscheint insoweit die auf der Tagung der Vereinigung der Deutschen Staatsrechtslehrer in Zürich vom 3. bis 6. Oktober 1990 aufgeworfene Idee, der Staatsanwaltschaft das Recht einzuräumen, direkt die zuständigen Gerichte - hier also das Verwaltungsgericht - anzurufen.[257] Prozessual käme in diesen Fällen im Ermittlungsverfahren eine vorläufige Einstellung nach § 154d StPO oder im Hauptverfahren eine Aussetzung nach § 262 Abs. 2 StPO in Betracht.

gg. Genehmigungsfähigkeit

In engem Zusammenhang mit der Diskussion über die rechtswidrige und rechtsmissbräuchlich erlangte Aufenthaltsgenehmigung steht die Frage, wie es sich strafrechtlich auswirkt, wenn der Positivstaater keine Aufenthaltsgenehmigung besitzt, aber die materiellen Voraussetzungen für deren Erteilung vorliegen. Nach der bereits erwähnten neuesten Rechtsprechung des Gerichtshofs der Europäischen Gemeinschaften[258] besitzen z.B. Angehörige der MOE-Staaten, die eine selbständige Erwerbstätigkeit im Bundesgebiet ausüben wollen, unter bestimmten Voraussetzungen einen solchen Rechtsanspruch[259] auf Erteilung einer Aufenthaltsgenehmigung.

Die ganz überwiegende Meinung misst der bloßen Genehmigungsfähigkeit keine Bedeutung bei, folgt also auch in diesem Punkt dem Modell der strengen Verwaltungsaktsakzessorietät.[260]

Dieser Auffassung, die die Obergerichte[261] für das Ausländerstrafrecht wiederholt bestätigt haben, ist zu folgen. Mit der Schaffung des ausländerrechtlichen präventiven Verbots mit Erlaubnisvorbehalt hat der Gesetzgeber nämlich verbunden, dass die gesetzlichen Voraussetzungen für das Erteilen der Aufenthaltsgenehmigung auf Antrag in einem geordneten Verfahren geprüft werden. Als flankierende Maßnahme soll die angedrohte strafrechtliche Sanktion gewährleisten, dass der Positivstaater nicht eigenmächtig mit einer Erwerbstätig-

---

[256] Breuer plädiert in vergleichbaren Fällen des Umweltstrafrechts dafür, dem betroffenen Bürger die verwaltungsprozessuale Möglichkeit zu gewähren, ein „Negativattest" im Wege einer Feststellungsklage nach § 43 VwGO zu erstreiten; DÖV 1987, 169 (181) und JZ 1994, 1077 (1084)

[257] Vogel und Schröder, in: Schröder/Jarass, VVDStRL 50 (1991), 196 (299 f. und 319)

[258] Urteile vom 27.09.2001 und 20.11.2001 (Fn. 142 und 143)

[259] Siehe oben S. 70

[260] Breuer, NJW 1988, 2072 (2079)
Cramer/Heine, in: Schönke/Schröder, Vorbem. §§ 324 ff. Rz. 19
Dölling, JZ 1985, 461 (468)
Rengier, ZStW 101 (1989), 874 (902)
Steindorf, in: LK-StGB, § 325 Rz. 43
Tröndle/Fischer, vor § 324 Rz. 10

[261] KG, Beschluss vom 15.01.1998 (StV 1999, 95 ff.); Urteil vom 09.02.1998 (Az. [4] 1 Ss 199/97);
Beschluss vom 23.09.2001, NStZ-RR 2002, 220 f.
OLG Frankfurt/Main, Urteil vom 18.08.2000, EZAR 355 Nr. 26, 1 (3)

keit beginnt, bevor nicht die zuständige Ausländerbehörde Gelegenheit hatte, den Antrag zu prüfen und über die Genehmigung zu entscheiden.

Selbst eine längere Bearbeitungszeit berechtigt den Antragsteller nicht, eigenmächtig von der Genehmigungsfähigkeit auszugehen und sich so zu verhalten, als hätte er die Genehmigung bereits erhalten. Ihm ist grundsätzlich zuzumuten, bei nicht zügigem Tätigwerden der Behörde den ihm gewährten verwaltungsrechtlichen Rechtsschutz in Anspruch zu nehmen und eine Untätigkeitsklage (§ 75 VwGO) zu erheben.

Mit der herrschenden Meinung[262] ist demnach festzuhalten, dass der Positivstaater das negative Tatbestandsmerkmal „ohne Aufenthaltsgenehmigung" erfüllt, auch wenn sein Verhalten genehmigungsfähig ist. Wird die Aufenthaltsgenehmigung nach Aufnahme der Erwerbstätigkeit durch die Ausländerbehörde erteilt, vermag das die einmal eingetretene Strafbarkeit zunächst nicht zu beseitigen.[263] In Betracht kommen hier nur strafprozessuale Lösungen nach §§ 153 Abs. 1, 153a Abs. 1 StPO oder die Anerkennung eines besonderen Strafaufhebungsgrundes.[264]

c. Ohne Duldung

Ausländerrechtliche Duldungen im Sinne des § 55 Abs. 1 AuslG spielen bei der illegalen Beschäftigung von Positivstaatern grundsätzlich keine Rolle. Sie könnten allenfalls in Betracht kommen, wenn nach der Aufdeckung der unerlaubten Tätigkeit und damit zu einem strafrechtlich nicht mehr relevanten Zeitpunkt die Abschiebung nach Maßgabe der Absätze 2 bis 4 des § 55 AuslG ausnahmsweise ausgesetzt werden sollte.

d. Weitere Voraussetzungen der Strafbarkeit

aa. Subjektiver Tatbestand

Nur die vorsätzliche Tatbegehung, also die Tatbestandsverwirklichung mit Wissen und Wollen, erfüllt gemäß § 15 StGB den Straftatbestand des § 92 Abs. 1 Nr. 1 AuslG. Da sich aus dem Gesetz nichts anderes ergibt, genügt dolus eventualis.[265] Wie bei anderen Blankettgesetzen im Nebenstrafrecht ist nur der Inhalt, nicht aber

---

262 Auch die AuslG-VwV bestimmt unter Nr. 92.1.1.4., dass das Vorliegen eines Rechtsanspruch auf Erteilung einer Aufenthaltsgenehmigung oder Duldung die Strafbarkeit nach § 92 Abs. 1 Nr. 1 AuslG nicht ausschließe.

263 A.A. AG Berlin-Tiergarten, Urteil vom 30.07.1996 (Az. 276 Ds 35/96, abgedr. bei Winands, S. 185 ff.), nach dessen kaum vertretbarer Ansicht trotz Fehlens einer Aufenthaltsgenehmigung eine Strafbarkeit aus § 92 Abs. 1 Nr. AuslG erst in Betracht komme, wenn das entsprechende Verwaltungsstreitverfahren rechtskräftig abgeschlossen sei.

264 Cramer/Heine, in: Schönke/Schröder, Vorbem. §§ 324 ff. Rz. 19
Schröder, in: Schröder/Jarass, VVDStRL 50 (1991), 196 (224 f.)
Wüterich, NStZ 1987, 106 (108)

265 Senge, in: Erbs/Kohlhaas, § 92 AuslG Rz. 5
Tröndle/Fischer, § 15 Rz. 5

die Existenz der blankettausfüllenden Norm[266] vom Vorsatz zu umfassender Bestandteil des Tatbestandes. Die Blankettnorm ist also grundsätzlich so zu lesen, als stünde die Ausfüllungsnorm im Straftatbestand.[267] § 92 Abs. 1 Nr. 1 AuslG verwirklicht demnach jeder Positivstaater, der sich mit Wissen und Wollen zum Zweck der Erwerbstätigkeit im Bundesgebiet aufhält, ohne die erforderliche Aufenthaltsgenehmigung zu besitzen. Die Genehmigungspflicht aus § 3 AuslG i.V.m. § 1 DVAuslG muss der Ausländer nicht kennen.[268]

Besondere Schwierigkeiten bereitet die rechtliche Einordnung etwaiger Irrtümer,[269] die in der Praxis allerdings selten vorkommen.[270] Im Vordergrund steht die Beurteilung von Verbotsirrtümern; denn die Pflicht, als Ausländer bestimmte Verfahren zu durchlaufen, um sich im Gastland aufhalten und dort arbeiten zu dürfen, liegt ebenso nahe wie die Pflicht, behördlichen Anordnungen im Gastland Folge zu leisten. Das Bewusstsein des Positivstaaters, insoweit pflichtwidrig zu handeln, ist nicht Teil des Vorsatzes und damit kein Problem eines Tatbestandsirrtums nach § 16 StGB, sondern Merkmal der Schuld, sodass § 17 StGB in Betracht kommen kann.

bb. Rechtswidrigkeit

Die im Zusammenhang mit § 92 Abs. 1 Nr. 1 AuslG in Rechtsprechung und Literatur wiederholt angesprochenen Rechtfertigungsgründe des Art. 31 der Genfer Konvention[271] und des § 34 StGB[272] können für die dieser Untersuchung zugrundeliegenden Fälle der illegalen Beschäftigung keine Relevanz beanspruchen. Die Problematik ist auf andere Sachverhalte des unerlaubten Aufenthaltes zugeschnitten und nicht weiter zu vertiefen.

---

[266] Hailbronner, § 92 AuslG Rz. 59
Jakobs, S. 286 f.
Rudolphi, in: SK-StGB, § 15 Rzn. 18 f.

[267] Cramer/Sternberg-Lieben, in: Schönke/Schröder, § 15 Rz. 100
Warda, S. 36

[268] Aurnhammer, S. 176

[269] Zum Problemkreis „Irrtümer im Zusammenhang mit öffentlich-rechtlichen Genehmigungserfordernissen“: Cramer/Sternberg-Lieben, in: Schönke/Schröder, § 17 Rz. 12a

[270] Laubenthal/Baier, GA 2000, 205 (212)

[271] Aurnhammer, S. 162 ff.
Senge, in: Erbs/Kohlhaas, § 92 AuslG Rz. 47

[272] BayObLG, Urteil vom 22.03.1996, EZAR 355 Nr. 14, 1 (4)
OLG Frankfurt/Main, Urteile vom 21.08.1987 und 18.08.2000, StV 1988, 301 (302) und EZAR 355 Nr. 26, 1 (6)
Abramenko, NStZ 2001, 71 ff.
Lenckner/Perron, in: Schönke/Schröder, § 34 Rz. 23

cc. Schuld, insbesondere § 17 StGB

Irrt der Positivstaater über das Erfordernis einer Aufenthaltsgenehmigung, so liegt ein Verbotsirrtum im Sinne des § 17 StGB vor.[273] An die Vermeidbarkeit dieses Verbotsirrtums sind hohe Anforderungen zu stellen. Auch im Bereich des Nebenstrafrechts muss der Täter neben seinen sittlichen Wertvorstellungen seine intellektuellen Erkenntnismittel einsetzen, um sich ein Urteil über die Rechtmäßigkeit seines Tuns bilden zu können.[274] Ausländer dürfen dabei nicht die Vorstellungen von Recht und Unrecht zugrundelegen, die ihrem eigenen Kulturkreis angehören. Vielmehr sind sie gehalten, sich das Normensystem ihres Gastlandes anzueignen. Wer als Ausländer in Deutschland einer Erwerbstätigkeit nachgehen will, hat sich vorher mit den Vorschriften des deutschen Aufenthalts- und Arbeitsrechts vertraut zu machen.[275] Nur die Auskunft einer verlässlichen Person kann die Vermeidbarkeit des Irrtums ausschließen.[276]

In seinem Beschluss vom 02.02.2000[277] hat der Bundesgerichtshof klargestellt, dass arbeitswillige ausländische Arbeitnehmer ausreichende Erkundigungen eingezogen hätten, wenn sie sich beim zuständigen Landratsamt als Ausländerbehörde über die Genehmigungsbedürftigkeit der beabsichtigten Tätigkeit erkundigt hätten. Nicht erforderlich sei, bei noch weiteren hoheitlichen Stellen Rechtsrat einzuholen. Eine solche ergänzende Erkundigungspflicht hätte sie nur dann getroffen, wenn die von ihm befragte Behörde zur Beantwortung erkennbar (!) unzuständig gewesen wäre. Eine nicht offensichtlich insgesamt unzuständige Behörde müsse den anfragenden Ausländer darauf hinweisen, wenn sie sich nicht selbst für genügend kompetent zur Beurteilung des Vorhabens halte, und ihn an eine kompetente Stelle verweisen.[278]

e. Konkurrenzen

Eine typische Fallgruppe[279] bilden die Täter, die im grenznahen Ausland wohnen und zur täglichen (illegalen) Arbeit in das Bundesgebiet ein- und ausreisen. Hier stellt sich die Frage der konkurrenzrechtlichen Beurteilung dieser Sachverhalte.

---

[273] BayObLG, Urteil vom 30.10.2001, EZAR 355 Nr. 29, 1 (4)
Hailbronner, § 92 AuslG Rz. 59
Senge, in: Erbs/Kohlhaas, § 92 AuslG Rz. 5
Stoppa, in: Huber, § 92 AuslG Rz. 29

[274] BGH, Beschluss vom 23.12.1952, BGHSt 4, 1 (5)
Aurnhammer, S. 179
Laubenthal/Baier, GA 2000, 205 (219)
Tröndle/Fischer, § 17 Rz. 8

[275] OVG Koblenz, Urteil vom 08.07.1965, DÖV 1966, 207

[276] Cramer/Sternberg-Lieben, in: Schönke/Schröder, § 17 Rz. 18
Laubenthal/Baier, GA 2000, 205 (219 f.)

[277] NStZ 2000, 364 f. mit Anmerkung Vahle, DVP 2001, 130

[278] Tröndle/Fischer, § 17 Rz. 9

[279] Siehe Fall 2

Bis zum 03.05.1994 wäre die Einordnung unproblematisch gewesen. Die Fallgruppe ist als geradezu klassischer Fall der sogenannten „fortgesetzten Handlung“ anzusehen, deren Voraussetzungen - volldeliktische und verfolgbare Teilakte, die sich gegen das gleiche Rechtsgut richten, in der Begehungsweise gleichartig sind und von einem Gesamtvorsatz getragen werden, der die konkrete Tat in ihren wesentlichen Grundzügen nach Zeit, Ort und Art der Begehung umfassen muss[280] - gegeben sind. Das Rechtsinstitut, dessen Wurzeln in der ersten Hälfte des 19. Jahrhunderts liegen, erfreute sich bis zu dem genannten Datum - insbesondere bei den Ermittlungsbehörden und den Tatgerichten - großer Beliebtheit, da die häufig als umständlich angesehene Gesamtstrafenbildung nach Maßgabe der §§ 53, 54 StGB wegfiel, die Anforderungen an die Anklageschrift und die Tatsachenfeststellungen im Strafurteil - jedenfalls im Ergebnis - reduziert wurden[281] und der Eintritt der Verfolgungsverjährung, deren Lauf nach der ständigen Rechtsprechung des Bundesgerichtshofs erst mit der Beendigung des letzten Teilaktes begann, entscheidend hinausgezögert wurde; dies spielte insbesondere bei der Strafverfolgung von Steuer- und Wirtschaftsstraftaten eine entscheidende Rolle.[282]

Mit seinem Beschluss vom 03.05.1994[283] hat der Große Senat für Strafsachen einen bedeutenden Wendepunkt in der strafrechtlichen Konkurrenzlehre markiert, der die Ermittlungsbehörden und Tatgerichte zum Bruch mit der dargelegten alten und gewohnten Betrachtungsweise in der praktisch wichtigen Frage der rechtlichen Bewertung und Bearbeitung von Tatserien nötigt. Der viel zitierten und besprochenen[284] Entscheidung lagen Vorlagen zweier Strafsenate[285] zugrunde, die dem Großen Senat spezielle Rechtsfragen zur fortgesetzten Handlung vorlegten, ohne diese Rechtsfigur grundsätzlich in Frage zu stellen. Der Große Senat nutzte demgegenüber die Gelegenheit, die vorgreifliche Frage nach

---

[280] Zu den Voraussetzungen:
Baumann/Weber/Mitsch, § 36 Rz. 22
Geppert, Jura 1993, 649 (651 ff.)
Jescheck/Weigend, S. 716
Jung, JuS 1989, 289 (290 f.)
Timpe, JA 1991, 12 (13 ff.)
Tröndle/Fischer, 49. Auflage, vor § 52 Rzn. 27 ff.

[281] Beachte aber BGH, Beschluss vom 03.05.1994, BGHSt 40, 138 (159): „Für die Sachverhaltsaufklärung, Tatfeststellung und Darstellung im Urteil gelten bei der fortgesetzten Handlung keine anderen Anforderungen als bei einer großen Anzahl gleichartiger, rechtlich aber selbständiger Straftaten.“

[282] Geppert, Jura 1993, 649 (651)

[283] BGHSt 40, 138 ff.

[284] Vgl. z.B.:
Geisler, Jura 1995, 74 ff.
Geppert, NStZ 1996, 57 ff. und 118 ff.
Hamm, NJW 1994, 1636 f.
Zieschang, GA 1997, 457 ff.
Zschockelt, NStZ 1994, 361 ff. und JA 1997, 411 ff.
sh. auch die Literaturauswahl bei Herrmann, S. 173 ff.

[285] 2. Strafsenat, Vorlagebeschluss vom 19.05.1993, NStZ 1993, 434 ff.
3. Strafsenat, Vorlagebeschluss vom 11.08.1993, NStZ 1993, 585 ff.

der weiteren Beibehaltung des Rechtsinstituts überhaupt zu stellen, und entschied, dass die Verbindung mehrerer Verhaltensweisen, die jede für sich einen Straftatbestand erfüllten, zu einer fortgesetzten Handlung voraussetze, dass dies, was am Straftatbestand zu messen sei, zur sachgerechten Erfassung des verwirklichten Unrechts und der Schuld unumgänglich sei. Jedenfalls bei den Tatbeständen der §§ 173, 174, 176 und 263 StGB sei das nicht der Fall. In Fortentwicklung des Beschlusses haben die Gerichte in den Folgejahren die Annahme eines Fortsetzungszusammenhangs bei einer Vielzahl von Delikten aus dem Kern[286]- und Nebenstrafrecht[287] abgelehnt. In der höchstrichterlichen Rechtsprechung ist seit der Leitentscheidung kein einziger Tatbestand bezeichnet worden, für dessen Anwendung die Rechtsfigur der fortgesetzten Handlung unumgänglich sein könnte.[288] Etwas anderes gilt auch nicht für die hier genannten Verstöße gegen das Ausländergesetz; über die Rechtsfigur „fortgesetzte Handlung“ können die einzelnen Akte nicht zu einer Handlung im Sinne des § 52 StGB verbunden werden.

Fraglich bleibt, ob andere Rechtsfiguren, die von der Entscheidung des Großen Senats unberührt bleiben, die früher mittels der fortgesetzten Handlung bewältigten Fallgestaltungen übernehmen können. In Betracht kommt hier insbesondere das konkurrenzrechtliche Gebilde der „natürlichen Handlungseinheit“, die im Schrifttum teilweise als „kleine Schwester“ der fortgesetzten Tat bezeichnet wird.[289]

Eine extensive Ausdehnung[290] des Anwendungsbereiches der „natürlichen Handlungseinheit“ ist abzulehnen.[291] Sie würde faktisch die Wiedereinführung der fortgesetzten Handlung durch die Hintertür bedeuten.

Im Fall 2 ist für jeden Arbeitstag[292] von einer gesonderten materiell-rechtlichen Handlung auszugehen mit der für die Praxis zwar unangenehmen und fehleranfäl-

---

[286] Z.B. für Taten nach
- § 225 StGB (BGH, Urteil vom 30.03.1995, BGHSt 41, 113 ff.)
- § 242 StGB (BGH, Urteil vom 18.05.1994, 5 StR 227/94, zitiert bei Tröndle/Fischer,
- vor § 52 Rz. 27)
- § 266 StGB (BGH, Urteil vom 20.12.1994, StV 1995, 298 f.)
- § 266a StGB (OLG Frankfurt/Main, Urteil vom 22.09.1998, NStZ-RR 1999, 104 ff.)

[287] Z.B. für Taten nach
- § 370 AO (BGH, Beschluss vom 20.06.1994, BGHSt 40, 195 ff.)
- § 29 Abs. 1 Nr. 1 BtMG (BGH, Urteil vom 08.06.1994, NStZ 1994, 494 f.)
- § 21 Abs. 1 Nr. 1 StVG (BayObLG, Urteil vom 05.05.1995, NZV 1995, 456)

[288] Stree, in: Schönke/Schröder, Vorbem. §§ 52 ff. Rzn. 33 bis 80
Tröndle/Fischer, vor § 52 Rz. 27
Wessels/Beulke, Rz. 774

[289] Sowada, NZV 1995, 465

[290] Zur Praxis: Tröndle/Fischer, vor § 52 Rz. 29 a

[291] Brähler, S. 340 ff.
Geisler, Jura 1995, 74 (83)

[292] Verwaltungsrechtlich ist bei kurz aufeinander folgenden Kurzaufenthalten ebenfalls von aufenthaltsrechtlich selbständig zu beurteilenden Aufenthalten auszugehen; VGH Mannheim, Beschluss vom 04.04.1995, NVwZ-RR 1996, 58

ligen,[293] aber de lege lata nicht zu umgehenden Notwendigkeit einer Gesamtstrafenbildung nach den §§ 53, 54 StGB, die nicht zwangsläufig zur Erhöhung des allgemeinen Strafniveaus führen muss.[294]

Ein anderer Lösungsansatz wäre, das gemäß § 31 JGG im Jugendstrafrecht geltende Einheitsstrafenprinzip in das allgemeine Strafrecht zu übertragen. Der Verzicht auf die Bildung von Einzelstrafen und die Anknüpfung allein an den Inbegriff mehrerer Straftaten birgt allerdings die Gefahr in sich, dass die Strafzumessung allzu summarisch stattfindet und sich von einem konsequenten Schuldstrafrecht entfernt.[295]

4. Fahrlässiger unerlaubter Aufenthalt - § 93 Abs. 1 i.V.m. § 92 Abs. 1 Nr. 1 AuslG

Soweit lediglich ein fahrlässiger Verstoß gegen den objektiven Tatbestand des § 92 Abs. 1 Nr. 1 AuslG vorliegt, ist eine ausländerrechtliche Straftat nicht erfüllt. Es verbleibt eine Ahndung aus der Bußgeldvorschrift des § 93 Abs. 1 i.V.m. § 92 Abs. 1 Nr. 1 AuslG.

Nach allgemeinen Kriterien,[296] die auch bei § 93 AuslG gelten,[297] handelt fahrlässig, wer die Sorgfalt, zu der er nach den Umständen sowie nach seinen persönlichen Kenntnissen und Fähigkeiten verpflichtet und im Stande ist, außer Acht lässt und deshalb die Möglichkeit der Tatbestandsverwirklichung nicht erkennt (unbewusste Fahrlässigkeit) oder die Tatbestandsverwirklichung zwar für möglich hält, aber darauf vertraut, dass sie nicht eintreten werde (bewusste Fahrlässigkeit). Von der Vorschrift erfasst wird unter anderem der Fall, dass die

---

[293] Mittlerweile gehören Konkurrenzfehler in der Praxis der Strafsenate des BGH zu den wichtigsten sachlichrechtlichen Aufhebungsgründen; vgl. Nack, NStZ 1997, 153 (157)

[294] BGH, Beschluss vom 23.10.1996, NStZ-RR 1997, 130 (131)
kritisch hierzu Arzt, JZ 1994, 1000 (1001), der unter Berufung auf allgemeine Erkenntnisse der Strafzumessungslehre von einer tendenziellen Erhöhung des Strafniveaus ausgeht.

[295] Montenbruck, JZ 1988, 332 (333), der zutreffend darauf hinweist, dass es in der Praxis nicht unüblich sei, *zuerst* die Gesamtstrafe ins Auge zu fassen, z.B. unter dem Aspekt, ob noch eine Strafaussetzung zur Bewährung (§ 56 Abs. 2 StGB) möglich sei, und erst danach „fiktive Einzelstrafen“ festzusetzen. Er kommt zu dem Ergebnis, dass die gegenwärtige Rechtslage bereits eine Einheitsstrafe habe - die Gesamtstrafe. Die Einzelstrafen seien fiktive Lösungen von hypothetischen Fällen, die der schwierigen Ermittlung der Gesamtstrafe dienten. Ein Vorteil dieser Betrachtungsweise: Der jeder Gesamtstrafenbildung immanente Verstoß gegen das Doppelverwertungsverbot wird umgangen, da der Richter den vorliegenden Sachverhalt nur einmal - bei der Gesamtstrafenbildung - würdigt.
Zu aktuellen Reformbestrebungen siehe Brähler, S. 450 ff., der sich im Ergebnis gegen die Einführung der Einheitsstrafe ausspricht.

[296] Cramer/Sternberg-Lieben, in: Schönke/Schröder, § 15 Rzn. 103 ff. (203)
Tröndle/Fischer, § 15 Rzn. 12 ff. (13)
Wessels/Beulke, Rz. 661

[297] Franke, in: GK-AuslR, § 93 AuslG Rz. 3
Hailbronner, § 93 AuslG Rz. 5
Senge, in: Erbs/Kohlhaas, § 93 AuslG Rz. 2

befristete Aufenthaltsgenehmigung eines Positivstaaters, die eine Erwerbstätigkeit gestattet, während seines Inlandsaufenthaltes ungültig wird und er dieses infolge Nachlässigkeit nicht bemerkt.

Angesichts der Einstufung der fahrlässigen Tatbegehung als Ordnungswidrigkeit besteht zwischen Vorsatz und Fahrlässigkeit ein zur Anwendung des in-dubio-Satzes führendes normatives Stufenverhältnis.[298]

III. Straftaten des Arbeitgebers

1. Beihilfe zum unerlaubten Aufenthalt - §§ 92 Abs. 1 Nr. 1 AuslG, 27 StGB

a. Allgemeines

Die Strafbarkeit des Arbeitgebers wegen Beihilfe zum unerlaubten Aufenthalt gemäß den §§ 92 Abs. 1 Nr. 1 AuslG, 27 StGB[299] bietet in der Regel keine Probleme.[300] Die Auffassung des Verwaltungsgerichtshofs Mannheim,[301] die Teilnahme an Delikten nach § 92 Abs. 1 AuslG sei nur unter den qualifizierenden Voraussetzungen des § 92a AuslG strafbar, entbehrt jeglicher Begründung. Ihr kann nicht gefolgt werden. Aus dem Umstand, dass durch § 92a AuslG die Teilnahme an bestimmten Delikten des § 92 AuslG verselbständigt worden ist, ergibt sich nicht, dass die Teilnahme nur noch unter den qualifizierenden Voraussetzungen des § 92a AuslG strafbar ist. Eine Zurücknahme der sich aus allgemeinen Regeln ergebenden Strafbarkeit einer einmaligen und nicht wegen eines Vermögensvorteils gewährten Beschäftigung eines einzelnen Ausländers war vom Gesetzgeber nicht beabsichtigt.[302]

Entsprechend der allgemeinen Definition[303] liegt objektiv eine Beihilfehandlung vor, wenn der Arbeitgeber die Begehung der Haupttat - also den unerlaubten Aufenthalt des Positivstaaters - in ihrer konkreten Gestaltung fördert oder erleichtert. Die Zahlung eines Entgeltes und/oder das Gewähren von Unterkunft und/oder Verpflegung für die Arbeitsleistung eines illegal tätigen ausländischen Arbeitnehmers, der sich allein zum Zwecke der Arbeitsaufnahme im Bundesgebiet aufhält, erfüllt diese Voraussetzungen und stellt regelmäßig eine Hilfeleistung im Sinne des § 27 Abs. 1 StGB dar.

---

[298] Cramer/Sternberg-Lieben, in: Schönke/Schröder, § 15 Rz. 4
Jescheck/Weigend, S. 146
Maurach/Zipf, § 10 Rz. 31

[299] BGH, Urteil vom 12.06.1990, EZAR 355 Nr. 11, 1 (3)

[300] Zur staatsanwaltschaftlichen Praxis vgl. 9. Bericht der Bundesregierung (Fn. 2), 43

[301] Beschluss vom 29.05.1995, VBlBW 1995, 404

[302] BGH, Urteil vom 25.03.1999, StV 1999, 382 und Urteil vom 26.05.1999, NStZ 1999, 466
Franke, in: GK-AuslR, § 92a AuslG Rz. 8
Zeitler, VBlBW 1996, 44 (47)

[303] BGH, Urteil vom 01.08.2000, StV 2000, 492 (493)
Cramer/Heine, in: Schönke/Schröder, § 27 Rz. 8
Tröndle/Fischer, § 27 Rz. 2b

Demgegenüber vertreten das Bayerische Oberste Landesgericht[304] und das Oberlandesgericht Düsseldorf[305] die Auffassung, dass eine konkrete Förderung oder Erleichterung der Haupttat regelmäßig dann nicht vorliege, wenn bei einem Dauerdelikt wie einem Vergehen des unerlaubten Aufenthalts der Täter zur Fortsetzung seines illegalen Verhaltens unter allen Umständen entschlossen sei. Würden einem solchermaßen in seinem Tatentschluss endgültig gefestigten Täter Umstände geboten, die ihm das illegale Verweilen im Bundesgebiet erleichterten, wie etwa Unterkunft oder Erwerbsmöglichkeit, von denen er aber seinen Aufenthalt nicht abhängig mache, so vermöge das die durch den Täter verwirklichte Rechtsgutverletzung nicht mehr konkret zu fördern.

Die Ansicht ist abzulehnen und mit der geltenden Beihilfedogmatik nicht zu vereinbaren. Einem omnimodo facturus kann „natürlich"[306] Beihilfe geleistet werden, sofern der Gehilfenbeitrag nach den aufgezeigten allgemeinen Kriterien die Haupttat objektiv fördert. Letzteres liegt bei der Beschäftigung eines arbeitsuchenden Positivstaaters auf der Hand. Erst das Entlohnen für die Arbeitskraft macht den (dann illegalen) Aufenthalt für diesen interessant. Allein die Möglichkeit, dass der unter allen Umständen zur unerlaubten Arbeitsaufnahme Entschlossene notfalls zu einem anderen Arbeitgeber ginge, ist als hypothetischer Kausalverlauf irrelevant.[307] Maßgebend sind der konkrete Gehilfenbeitrag und seine Auswirkungen.

Das vom Bayerischen Obersten Landesgericht und Oberlandesgericht Düsseldorf in den Beschlussgründen zitierte Urteil des Bundesgerichtshofs vom 12.06.1990[308] steht dieser Wertung nicht entgegen. In der Entscheidung führt der Bundesgerichtshof zum Problemkreis „omnimodo facturus und straflose Beihilfe"[309] lediglich aus:

> *„... An einer solchen Beihilfe ... würde es fehlen, wenn die Thailänderinnen auf jeden Fall entschlossen gewesen wären, ihrer Ausreisepflicht zuwider zu handeln, und wenn der Angeklagte sich darauf beschränkt hätte, ihnen durch Beherbergung eine Unterbringung „in menschenunwürdigen Verhältnissen" zu ersparen. ...*
>
> *..., dass der Angeklagte die Thailänderinnen nicht nur aus humanitären Gründen beherbergt, ..."*

[304] Beschluss vom 21.05.1999, NStZ 1999, 627 und Beschluss vom 25.06.2001, NJW 2002, 1663
Dem BayObLG ohne nähere Begründung folgend: Tröndle/Fischer, § 27 Rz. 2b
[305] Beschluss vom 31.08.2001, EZAR 355 Nr. 28
[306] König, NJW 2002, 1623
[307] Cramer/Heine, in: Schönke/Schröder, § 27 Rz. 10
Murmann, JuS 1999, 548 (550)
[308] NJW 1990, 2207
[309] Fn. 308, 2208

Der Bundesgerichtshof verneint strafbare Beihilfe demnach nicht allgemein, sondern ausschließlich für den Fall der Wohnungsgewährung aus humanitären Gründen.[310] Humanitäre Gründe sind es regelmäßig jedenfalls nicht, die Arbeitgeber zur Beschäftigung von Positivstaatern bewegen.

Ergänzend ist zu bemerken, dass die den genannten Beschlüssen zu Grunde liegenden Sachverhalte und die in dieser Arbeit untersuchten Fälle nicht kongruent sind, eine Übertragung der obergerichtlichen Auffassung sich mithin auch aus diesem Grunde verbietet. In den entschiedenen Fällen waren die Arbeitnehmer zum Zeitpunkt der Arbeitsaufnahme bereits *illegal* im Bundesgebiet und es ging entscheidend um die Frage, ob ein Arbeitgeber einem zur Fortsetzung des Dauerdeliktes unerlaubter Aufenthalt unter allen Umständen entschlossenen Arbeitnehmer bei Gewähren von Unterkunft, Verpflegung oder einer Erwerbsmöglichkeit lediglich Umstände bietet, die den weiteren illegalen Aufenthalt straflos erleichtern, oder ob eine konkrete Förderung der Tat gemäß § 27 Abs. 1 StGB vorliegt. Demgegenüber halten sich Positivstaater bis zur Aufnahme einer Erwerbstätigkeit regelmäßig *legal* im Bundesgebiet auf; erst die Arbeitsaufnahme führt zum strafbaren unerlaubten Aufenthalt. Es geht nicht um die Fortsetzung eines Dauerdeliktes, sondern um den Beginn eines solchen.

b. Anwendbarkeit des § 28 Abs. 1 StGB

Der Erörterung bedarf die Frage, ob das die Strafbarkeit nach § 92 Abs. 1 Nr. 1 AuslG begründende Tatbestandsmerkmal „Ausländer“ als besonderes persönliches Merkmal im Sinne des § 28 Abs. 1 StGB zu qualifizieren ist.[311]

Die Anwendung des § 28 Abs. 1 StGB setzt das Vorliegen eines *besonderen persönlichen Merkmals* voraus, welches die Strafbarkeit des Täters - hier also die des illegal arbeitenden Positivstaaters - *begründet.*

Unproblematisch ist die zuletzt genannte Voraussetzung: Taugliche Täter können schon vom Wortlaut der Vorschrift[312] her nur Ausländer[313] sein; dieses Merkmal begründet im Sinne des § 28 Abs. 1 StGB die Strafbarkeit aus § 92 Abs. 1 Nr. 1 AuslG, sofern sie die nach der entsprechenden ausländerrechtlichen Vorschriften erforderliche Aufenthaltsgenehmigung oder Duldung nicht besitzen.

---

[310] König, NJW 2002, 1623 (1625)

[311] Praktische Konsequenz: Die Strafe des hilfeleistenden Arbeitgebers wäre gem. den §§ 28 Abs. 1, 27 Abs. 2, 49 Abs. 1 StGB zweimal obligatorisch zu mildern. Diese doppelte Strafrahmenverschiebung würde zu einem deutlich reduzierten Strafrahmen führen: Freiheitsstrafe bis zu 6 Monaten und 3 Wochen oder entsprechende Geldstrafe.

[312] Dies gilt entsprechend für alle Tatbestandsalternativen des § 92 AuslG bis auf Abs. 2 Nr. 2

[313] Staatsangehörige von EU-Mitgliedstaaten können - insoweit deutschen Staatsangehörigen gleichgestellt - nicht Täter von Taten nach § 92 AuslG sein; sie können nur gem. § 12a AufenthG/EWG Ordnungswidrigkeiten begehen.

aa. Besonderes persönliches Merkmal

Besondere persönliche Merkmale im Sinne des § 28 Abs. 1 StGB sind alle diejenigen, die einen Bezug zur Person des Täters haben. Darunter fallen nach der Legaldefinition in § 14 Abs. 1 StGB alle Merkmale, die persönliche Eigenschaften, Verhältnisse oder Umstände des Beteiligten betreffen, unabhängig davon, ob sie als objektive oder subjektive Merkmale dem Unrecht, der Schuld oder gar nur der Strafzumessung oder Strafausschließung zuzurechnen sind.[314] Zu beachten ist dabei, dass die Merkmale im Sinne des § 14 Abs. 1 StGB sich nicht notwendig decken mit den Merkmalen im Sinne des § 28 (Absätze 1 und 2), sondern inhaltlich auseinander fallen können.[315] Dies ergibt sich aus der unterschiedlichen Funktion der besonderen persönlichen Merkmale in beiden Vorschriften: Während § 14 StGB besondere persönliche Merkmale einem Dritten zurechnet und ihn damit belastet, besteht die Wirkung des § 28 StGB umgekehrt in einer Akzessorietätslockerung und damit einer Entlastung für den Dritten.[316] Lenckner/Perron[317] sprechen zutreffend von einem „geradezu klassischen Beispiel für die Relativität der Rechtsbegriffe".

Während es sich bei den besonderen persönlichen *Eigenschaften* um untrennbar mit der Person eines Menschen verbundene Merkmale geistiger, körperlicher oder rechtlicher Art handelt,[318] fallen unter den Begriff der besonderen persönlichen *Verhältnisse* solche, die die äußeren Beziehungen einer Person zu anderen Menschen, Institutionen oder Sachen kennzeichnen.[319] Besondere persönliche *Umstände* sind schließlich Merkmale, die ihren Träger zwar vorübergehend, möglicherweise aber nicht dauerhaft kennzeichnen.[320]

Das Verhältnis zum Staat als Deutscher oder Ausländer ist als besonderes persönliches *Verhältnis* anzusehen und mithin grundsätzlich vom Anwendungsbereich des § 28 StGB erfasst.

---

314 Cramer/Heine, in: Schönke/Schröder, § 28 Rz. 11

315 Hoyer, in: SK-StGB, § 28 Rz. 15
Lackner/Kühl, § 28 Rz. 3

316 Hoyer, in: SK-StGB, § 28 Rz. 15

317 In: Schönke/Schröder, § 14 Rz. 8

318 Cramer/Heine, in: Schönke/Schröder, § 28 Rz. 12
Eigenschaften sind z.B.: Das Alter (z.B. in § 173 Abs. 3 StGB), eine Schwangerschaft (§ 218 StGB), die Angehörigeneigenschaft (§ 258 Abs. 6 StGB)

319 Cramer/Heine, in: Schönke/Schröder, § 28 Rz. 13
Verhältnisse sind z.B.: Die Verwandtschaft (§§ 173, 247 StGB), Stellung als Amtsträger, Richter (§§ 331 ff. StGB), Arzt, Rechtsanwalt etc. (§ 203 StGB), Soldat (§§ 15 ff. WStG), Gefangener (§ 121 StGB)

320 Hoyer, in: SK-StGB, § 28 Rz. 16
Umstände sind z.B.: Gewerbsmäßigkeit (z.B. in §§ 180a, 260 Abs. 1 Nr. 1 StGB), Gewohnheitsmäßigkeit (vgl. z.B. §§ 284 Abs. 2, 292 Abs. 3 StGB)

bb. Täter- oder Tatbezogenheit

Allein das Vorliegen eines strafbegründenden besonderen persönlichen Merkmals vermag die Anwendbarkeit des § 28 StGB nach überwiegender Auffassung aber nicht zu begründen. Entscheidend ist vielmehr, ob es sich um *tat*bezogene oder *täter*bezogene Merkmale handelt, da die in § 28 StGB genannten Rechtswirkungen - Begünstigung des Teilnehmers - nur den täterbezogenen Merkmalen zukommen. Einzelheiten dieser Unterscheidung sind höchst streitig.[321] Zusammenfassend begreift man als *täter*bezogen alle jene Eigenschaften, Verhältnisse und Umstände, die vorwiegend Person und Persönlichkeit des Täters, seine besondere Pflichtenstellung und seine Motive betreffen, während als *tat*bezogen jene Merkmale verstanden werden, die der sachlichen Kennzeichnung der Tat und den Modalitäten ihrer Ausführung dienen und mithin mehr rechtsgutbezogen sind.[322] Die Differenzierung resultiert im Wesentlichen aus folgender Überlegung:

Grundsätzlich haften Anstifter und Gehilfe (Teilnehmer) für die Verursachung oder jedenfalls das Mitverursachen fremden Unrechts nach dem Grundsatz der limitierten Akzessorietät, d.h. es muss eine tatbestandsmäßige und rechtswidrige Haupttat vorliegen (§ 11 Abs. 1 Nr. 5 StGB), während die Schuldfähigkeit des (Haupt-)Täters und das Vorliegen eines Entschuldigungsgrundes unerheblich sind. Eine solche Mithaftung kann aus Gerechtigkeitsgründen unbillig sein, wenn in der Person des (Haupt-)Täters Unrecht, Schuld oder Strafwürdigkeit mitbestimmende Merkmale gegeben sind, die mehr die Person des Täters (sein personales Handlungsunrecht) als die Rechtsgutverletzung als solche, d.h. das die Tat prägende Erfolgsunrecht charakterisieren.[323] § 28 StGB (und § 29 StGB) sollen diesem Grundgedanken Rechnung tragen, durchbrechen die Akzessorietät und schreiben solche personalen Elemente nur dem (Haupt-)Täter oder Teilnehmer zu, bei dem sie vorliegen.

Fraglich ist, ob das Merkmal Ausländer im Sinne des § 92 Abs. 1 Nr. 1 AuslG nach den aufgezeigten Kriterien eher täterbezogen und damit den Anwendungsbereich des § 28 Abs. 1 StGB eröffnend oder eher tatbezogen ist mit der Folge, dass es bei den allgemeinen Akzessorietätsregeln verbleibt und eine obligatorische Strafmilderung nach § 28 Abs. 1 StGB nicht in Betracht kommt.

Für eine Wertung als täterbezogenes Merkmal[324] spricht, dass es sich bei § 92 Abs. 1 Nr. 1 AuslG um ein Sonderdelikt handelt, d.h. einen Tatbestand, der einen Täter mit besonderen Merkmalen voraussetzt. Maßgeblich dagegen sprechen aber rechtsgutbezogene Erwägungen. Rechtsgut des § 92 Abs. 1 Nr. 1 AuslG ist die

---

[321] Cramer/Heine, in: Schönke/Schröder, § 28 Rzn. 15 ff.
kritisch zu dieser Differenzierung: Roxin, in: LK-StGB, § 28 Rzn. 23 ff.

[322] Geppert, Jura 1997, 299 (301)

[323] Schwerdtfeger, S. 116

[324] Aurnhammer, S. 159

öffentliche Sicherheit,[325] insbesondere eine wirksame Zuzugs- und Arbeitsmarktkontrolle. Die Beschränkung des Täterkreises in § 92 Abs. 1 Nr. 1 AuslG resultiert allein aus rechtsgutbezogenen Überlegungen unter Berücksichtigung der für die Tatbegehung vorausgesetzten Lebenssituation. Sie beruht auf der Erwägung, dass das geschützte Rechtsgut für Ausländer im Sinne einer Gefährdung oder Verletzung am unmittelbarsten erreichbar ist. Das Tatbestandsmerkmal Ausländer kennzeichnet nur die situationsbedingte Nähe zum Rechtsgut.[326]

Im Ergebnis ist festzuhalten, dass das Merkmal Ausländer in § 92 Abs. 1 Nr. 1 AuslG ein tatbezogenes besonderes persönliches Merkmal ist, das nicht unter den Anwendungsbereich des § 28 Abs. 1 StGB fällt.

c. Weitere Voraussetzungen der Strafbarkeit

aa. Subjektiver Tatbestand

Darüber hinaus setzt eine Verurteilung wegen Beihilfe zum unerlaubten Aufenthalt voraus, dass der Arbeitgeber nicht nur die Haupttat in ihren wesentlichen Merkmalen kennt, sondern auch in der Absicht handelt, durch sein Verhalten das vorsätzliche Vorhaben des Positivstaaters zu fördern (doppelter Gehilfenvorsatz).[327]

bb. Rechtswidrigkeit

Nicht selten handeln Arbeitgeber in der Absicht, durch die Beschäftigung von Positivstaatern und die damit verbundene Zahlung geringerer Löhne das Überleben ihres Betriebes und damit sonst gefährdete Arbeitsplätze zu sichern. Diese Motivation ist als Rechtfertigungsgrund weder unter dem Gesichtspunkt des rechtfertigenden Notstandes (§ 34 StGB) noch dem der Pflichtenkollision[328] ausreichend.[329]

---

[325] von Pollern, ZAR 1996, 175

[326] BGH, Urteil vom 25.03.1999, NStZ 1999, 409
zur vergleichbaren Fallkonstellation der Unterstützung einer Gefangenenmeuterei durch einen Nichtgefangenen: von Bubnoff, in: LK-StGB, § 121 Rz. 10

[327] OLG Düsseldorf, Beschluss vom 31.08.2001, EZAR 355 Nr. 28, 1 (3)
Cramer/Heine, in: Schönke/Schröder, § 27 Rz. 19
Hoyer, in: SK-StGB, § 27 Rz. 34
Maurach/Gössel/Zipf, § 51 Rzn. 19 ff. und § 52 Rz. 31

[328] Vgl. hierzu:
Lenckner, in: Schönke/Schröder, Vorbem. §§ 32 ff. Rzn. 71 ff.
Tröndle/Fischer, vor § 32 Rz. 11

[329] OLG Hamburg, Urteil vom 16.09.1953, NJW 1953, 1807
LG Nürnberg-Fürth, Urteil vom 25.06.1987, NJW 1988, 1856 (1857)
Lenckner/Perron, in: Schönke/Schröder, § 266a Rz. 18
Schmidt, JR 1961, 369 (370)

2. Einschleusen von Ausländern - § 92a Abs. 1 AuslG

Offen und - soweit ersichtlich - in Rechtsprechung und Literatur bisher nicht ausreichend erörtert ist die Frage, ob ein Arbeitgeber, der zu ungünstigen Arbeitsbedingungen, wiederholt oder mehrere Positivstaater beschäftigt, wegen Einschleusens von Ausländern gemäß § 92a Abs. 1 AuslG bestraft werden kann. Handelt ein Arbeitgeber unter einer dieser drei zusätzlichen Voraussetzungen, so wird die Beihilfe zum unerlaubten Aufenthalt als besondere Form der zur Täterschaft verselbständigten Beihilfe erfasst und damit unter eine verschärfte Strafandrohung gestellt, weil die Strafdrohung nach den allgemeinen Vorschriften, hier also nach § 27 StGB, dem Gesetzgeber zur Bekämpfung des Schlepperunwesens nicht ausreichend erschien.[330] § 92a Abs. 1 AuslG ist der Grundtatbestand der ausländergesetzlichen Schlepperdelikte.[331]

a. Wortauslegung

Bei der Ermittlung des maßgeblichen Wortsinns der Norm ist im vorliegenden Fall zwischen dem Wortlaut des Tatbestandes und dem der amtlichen Überschrift zu differenzieren.

aa. Wortlaut des Tatbestandes

Der Wortlaut des Tatbestandes deckt problemlos die genannten Fälle.

Strafbar macht sich unter anderem, wer einem anderen zu einer der in § 92 Abs. 1 Nr. 1 AuslG bezeichneten Handlung Hilfe leistet und dafür einen Vermögensvorteil erhält oder sich versprechen lässt oder wiederholt oder zugunsten von mehreren Ausländern handelt.

bb. Wortlaut der amtlichen Überschrift

Bedenken gegen eine Anwendbarkeit des § 92a Abs. 1 AuslG auf die Fälle der illegalen Beschäftigung ausländischer Arbeitnehmer ergeben sich aus der amtlichen Überschrift „Einschleusen von Ausländern".

Einschleusen bedeutet im allgemeinen Sprachgebrauch das „unbemerkt durch eine Kontrolle Hindurch- und Hereinbringen".[332] Es bedarf keiner weiteren Erörterung, dass die Beihilfe zum unerlaubten Aufenthalt in Form der Beschäftigung von Positivstaatern, deren Aufenthalt erst mit Aufnahme einer Erwerbstätigkeit unerlaubt

---

[330] BT-Drucksachen 9/800, 11, und 9/847, 12
BayObLG, Urteil vom 27.02.1998, NJW 1999, 1794 (1796)
Geisler, ZRP 2001, 171 (172)

[331] Aurnhammer, S. 27

[332] Duden
Langenscheidt
Wahrig

im Sinne des § 92 Abs. 1 Nr. 1 AuslG wird, selbst bei weitester Auslegung nicht unter den Begriff „Einschleusen“ im allgemeinen Sprachgebrauch subsumiert werden kann. Was jedoch jenseits des möglichen Wortsinns liegt, kann nicht als Inhalt eines Gesetzes gelten.[333] Lutz[334] weist in diesem Zusammenhang zutreffend darauf hin, dass die amtliche Überschrift im Grunde nur die Beihilfe zur illegalen Einreise umfassen könne.

b. Historische Auslegung

Da auch die logisch-systematische Auslegung das aufgezeigte Spannungsverhältnis zwischen dem Wortlaut des Tatbestandes und dem Wortlaut der amtlichen Überschrift nicht zu beseitigen vermag, ist mithin entscheidend, ob die Entstehungsgeschichte der Norm Lösungsansätze bietet.

aa. § 47a AuslG 1965

§ 92a Abs. 1 AuslG geht in seinem Ursprung auf § 47a AuslG 1965 zurück:

> *„(1) Mit Freiheitsstrafe bis zu drei Jahren oder mit Geldstrafe wird bestraft, wer*
>
> *1. einen Ausländer zu einer der in § 47 Abs. 1 Nr. 1 oder 2 bezeichneten Handlungen verleitet oder ihn dabei unterstützt oder*
> *2. einen Ausländer verleitet oder dabei unterstützt, im Asylanerkennungsverfahren nach § 29 unrichtige oder unvollständige Angaben zu machen, um seine Anerkennung als Asylberechtigter zu ermöglichen,*
>
> *und dafür einen Vermögensvorteil erhält oder sich versprechen lässt.*
>
> *(2) Der Versuch ist strafbar.“*[335]

Diese Vorschrift wurde durch das Gesetz zur Bekämpfung der illegalen Beschäftigung (BillBG) vom 15.12.1981[336] in das Ausländergesetz eingefügt. In den Gesetzentwürfen der Fraktionen der SPD und FDP[337] und der sozialliberalen Bundesregierung[338] sowie in der Beschlussempfehlung und dem Bericht des

---

[333] BVerfG, Beschluss vom 28.06.2001, NVwZ-Beilage I 2001, 106 (107)
BGH, Urteil vom 06.02.2002, NJW 2002, 2188
Larenz, S. 343

[334] InfAuslR 1997, 384 (387)

[335] Gültigkeit der Norm: 01.01.1982 - 31.12.1990
Nr. 2 wurde bereits durch § 39 Nr. 5 AsylVfG 1982 vom 16.07.1982 (BGBl. I, 946) mit Wirkung zum 31.07.1982 aus dem AuslG gestrichen und aus Gründen des Sachzusammenhangs in das neue AsylVfG eingestellt.

[336] BGBl. I, 1390

[337] BT-Drucksache 9/800

[338] BT-Drucksache 9/847

Ausschusses für Arbeit und Sozialordnung (11. Ausschuss)[339] wurde entsprechend dem Titel des Gesetzes die Problemlage wie folgt beschrieben:

> *„Zurückdrängen der illegalen Beschäftigung in ihren sozial und wirtschaftlich schädlichen Formen (illegale Arbeitnehmerüberlassung, illegale Ausländerbeschäftigung und Schwarzarbeit).“*

Als Lösung zum Unterfall „Ausländerbeschäftigung“ wird in beiden Gesetzentwürfen und der Beschlussempfehlung erwähnt:

> *„Einführung eines Straftatbestandes für bestimmte Formen des Vorschubleistens zu illegaler Einreise und illegalem Aufenthalt im Bundesgebiet.“*[340]

In dem klaren, nicht auslegungsbedürftigen Text des § 47a AuslG 1965 ist der im Gesetzgebungsverfahren artikulierte Zweck des Gesetzes, das Schlepperunwesen zu bekämpfen, nicht in der Weise zum Ausdruck gekommen, dass der eigenständige Straftatbestand mit dem gegenüber § 47 AuslG 1965 erhöhten Strafrahmen *ausschließlich* geschaffen worden ist, um dem Unrechtsgehalt der üblicherweise vom Schlepper begangenen Tat gerecht zu werden. Der Bundesgerichtshof weist in seinem Urteil vom 21.02.1989[341] zutreffend darauf hin, dass Sinn und Zweck des § 47a AuslG 1965 *in erster Linie* darin bestehe, das Schlepperunwesen zu bekämpfen. *Ein* Anlass für die in § 47a AuslG 1965 getroffene Regelung sei aber auch, durch Bekämpfung der illegalen Beschäftigung von Ausländern den deutschen Arbeitsmarkt zu schützen. Die Vorschrift erfasse alle Fälle, in denen der Täter für die gesetzlich umschriebene Förderung der illegalen Einreise oder des illegalen Aufenthaltes einen Vermögensvorteil erhalte oder sich versprechen lasse. Tragender Grund für die Strafschärfung in § 47a AuslG 1965 sei, dass der Täter - über die Teilnahme an einzelnen Verstößen nach § 47 Abs. 1 Nrn. 1 und 2 AuslG 1965 hinaus - aus Eigennutz handele.

Unter Berücksichtigung der Entstehungsgeschichte der Norm ist also zusammenfassend festzuhalten, dass § 47a AuslG 1965 nicht nur die klassischen „Schlepper“ erfasste, sondern alle Personen, die auf irgendeine Weise um eines Vermögensvorteils willen einen Ausländer zu den beschriebenen Handlungen verleiteten oder dabei unterstützten.[342]

---

[339] BT-Drucksache 9/975

[340] BT-Drucksache 9/800, 1
BT-Drucksache 9/847, 1
BT-Drucksache 9/975, 2
hierzu ergänzend Bericht des Abgeordneten Kolb zum Beratungsverfahren im Ausschuss für Arbeit und Sozialordnung zu den vorgesehenen Maßnahmen zur Bekämpfung der illegalen Ausländerbeschäftigung: „Einführung einer Strafvorschrift gegen das illegale Einschleusen von Ausländern durch sogenannte Schlepper.“ (BT-Drucksache 9/975, 20 [21])

[341] BGHSt 36, 124

[342] BayObLG, Beschluss vom 15.12.1988, MDR 1989, 1018
OLG Köln, Urteil vom 16.08.1988, MDR 1989, 90

bb. § 92 Abs. 2 AuslG 1990 a.F.

Mit dem Gesetz zur Neuregelung des Ausländerrechts vom 09.07.1990[343] wurde § 47a AuslG 1965 als Absatz 2 in die neugeschaffene Vorschrift des § 92 AuslG mit Änderungen übernommen:

> *„§ 92 Strafvorschriften.*
> *(1) ...*
> *(2) Mit Freiheitsstrafe bis zu drei Jahren oder mit Geldstrafe wird bestraft, wer einen Ausländer zu einer der in Absatz 1 Nr. 1 oder 6 bezeichneten Handlungen anstiftet oder ihm dabei Beihilfe leistet und*
> *1. dafür einen Vermögensvorteil erhält oder sich versprechen lässt oder*
> *2. dabei wiederholt oder zugunsten von mehr als fünf Ausländern handelt.*
> *In besonders schweren Fällen ist die Strafe Freiheitsstrafe von sechs Monaten bis zu fünf Jahren; ein besonders schwerer Fall liegt in der Regel vor, wenn der Täter gewerbsmäßig oder aus grobem Eigennutz handelt.“*[344]

Aus dem Wortlaut der Norm ergibt sich, dass der Gesetzgeber im Falle der neueingefügten wiederholten Tatbegehung oder bei Handeln zugunsten von mehr als fünf Ausländern auf das qualifizierende Merkmal der Entgeltlichkeit verzichtet hat[345] und mit der neuartigen Bezeichnung der Tathandlung - „anstiftet“, „Beihilfe leistet“ statt „verleitet“, „unterstützt“ in § 47a AuslG 1965 - die Terminologie für den Bereich des Ausländergesetzes derjenigen anpasste, die das allgemeine Strafrecht in § 26 und § 27 StGB verwendet.[346]

Es gelten also auch zu § 92 Abs. 2 AuslG a.F. die Ausführungen zu § 47a AuslG 1965 entsprechend, insbesondere enthielt die neue Vorschrift keine ausdrücklich auf die klassischen „Schleuserfälle“ reduzierte Fassung.

cc. § 92a Abs. 1 AuslG

Mit dem Gesetz zur Änderung des Strafgesetzbuches, der Strafprozessordnung und anderer Gesetze (Verbrechensbekämpfungsgesetz) vom 28.10.1994[347] wurden in das Ausländergesetz die §§ 92a und 92b eingefügt. Gleichzeitig wurde § 92 AuslG geändert: Abs. 2 erhielt eine neue Fassung, die alte Fassung des Abs. 2 wurde mit Änderungen in den neuen § 92a Abs. 1 AuslG übernommen, der zugleich die amtliche Überschrift „Einschleusen von Ausländern“ erhielt.

---

[343] BGBl. I, 1354

[344] Gültigkeit der Norm: 01.01.1991 - 30.11.1994
Die Strafzumessungsregel in Satz 2 wurde eingeführt durch Art. 2 Nr. 15 Neuregelungsgesetz vom 26.06.1992 (BGBl. I, 1126)

[345] BT-Drucksache 11/6321, 84 f.

[346] Aurnhammer, S. 23

[347] BGBl. I, 3186

In der Begründung verweist der Gesetzentwurf der Fraktionen der CDU/CSU und FDP[348] auf den Entwurf des Bundesrates,[349] der die Überschrift „Entwurf eines Gesetzes zur Stärkung des Rechtsfriedens und zur Bekämpfung des Schlepperunwesens" trägt. In der Zielsetzung des Gesetzentwurfes führt der Bundesrat aus, dass ein Grund für die teilweise Zustimmung mancher Bürger zu Gewaltdelikten[350] im unverhohlenen Unmut über den massenhaften Missbrauch des Asylrechts liege. Das Schlepperunwesen sei dafür mit verantwortlich. Der Gesetzgeber müsse deshalb die Voraussetzungen dafür schaffen, dass den Auswüchsen insbesondere des organisierten Schlepperunwesens wirksam begegnet werden könne. Der Entwurf schlage Strafverschärfungen vor, um dieser Zielsetzung effektiver entgegenwirken zu können.

In ihrer Stellungnahme zu dem Gesetzentwurf weist die Bundesregierung ergänzend darauf hin, dass eingeschleuste Ausländer häufig illegale Beschäftigungsverhältnisse aufnähmen, so dass schwerwiegende Auswirkungen auf den Arbeitsmarkt hinzu kämen.[351]

c. Stellungnahme

Der reine Gesetzeswortlaut des § 92a Abs. 1 AuslG hat sich im Kern nicht gegenüber den beiden Vorgängernormen § 47a AuslG 1965 und § 92 Abs. 2 AuslG a.F. verändert. Folgt man der Entstehungsgeschichte der Norm, so bestehen keine Bedenken, dass nach § 92a Abs. 1 AuslG auch bestraft werden kann, wer als Arbeitgeber illegal Positivstaater (und andere illegal aufhältliche Ausländer), die nicht eingeschleust worden sind, aus Eigennutz beschäftigt. Auch die weitere Erhöhung des Strafrahmens, die nach den Gesetzesmaterialien der effektiven Bekämpfung des professionellen Schlepperunwesens dienen soll, steht einer Anwendung der Norm auf den „einfachen Arbeitgeber" nicht von vornherein entgegen.

Es kommt somit nur darauf an, ob die gegenüber § 47a AuslG 1965 und § 92 Abs. 2 AuslG a.F. neu eingefügte amtliche Überschrift „Einschleusen von Ausländern" den Anwendungsbereich des § 92a Abs. 1 AuslG derart reduziert hat, dass die Ausländer, die entsprechend § 92 Abs. 1 Nrn. 1, 2 oder 6 oder Abs. 2 AuslG handeln, immer „Eingeschleuste" im allgemeinen Sprachgebrauch sein müssen. Wenn man mit dem Bundesgerichtshof davon ausgeht, dass für die Strafschärfung in § 47a AuslG 1965 maßgebend das Handeln des Täters aus Eigennutz war, so lässt sich nicht nachvollziehen, dass allein mit Hilfe der amtlichen Überschrift des § 92a AuslG die aus Eigennutz handelnden Arbeitgeber, die nicht eingeschleuste, aber illegal aufhältliche Ausländer beschäftigen, gegenüber der bisherigen Rechtslage privilegiert werden sollten.[352] Wollte der Ge-

[348] BT-Drucksache 12/6853, 31
[349] BT-Drucksache 12/5683
[350] Gemeint sind Gewaltdelikte gegen ausländische Staatsangehörige
[351] BT-Drucksache 12/5683, 11
[352] Lutz, InfAuslR 1997, 384 (387)

setzgeber allein mit dem Einfügen der Überschrift zu § 92a AuslG in der Bewertung von Teilnahmehandlungen generell zum Zustand vor In-Kraft-Treten des § 47a AuslG 1965 zurückkehren und sollten auch beim Vorliegen der in § 92a Abs. 1 AuslG genannten Qualifizierungen bei Beschäftigung von Positivstaatern oder anderen ausländischen Arbeitnehmern nur die §§ 26, 27 StGB in Verbindung mit § 92 Abs. 1 Nr. 1 AuslG maßgeblich sein, so hätte er das klar zum Ausdruck bringen müssen.

Mit dem Bundesgerichtshof[353] und dem Bayerischen Obersten Landesgericht[354] ist der amtlichen Überschrift bei der Subsumtion im Grunde keine entscheidende Bedeutung beizumessen. Vielmehr ist allein vom Wortlaut des Tatbestandes des § 92a Abs. 1 AuslG auszugehen. Die plakative Überschrift, die das politische Motiv, gezielt mit dem Strafrecht gegen das Schleuserunwesen vorzugehen, widerspiegelt, enthält - anknüpfend an die Feststellungen des Bundesgerichtshofs zu § 47a AuslG 1965[355] - zwar den Hauptfall der in § 92a AuslG getroffenen Regelung, aber keine absolute Beschränkung auf nur diesen Fall.

d. Weitere Tatbestandsvoraussetzungen

Wie bereits angesprochen, müssen zusätzliche Voraussetzungen vorliegen, um eine Beihilfe zum unerlaubten Aufenthalt als Straftat im Sinne des § 92a Abs. 1 AuslG qualifizieren zu können.

aa. Erhalt oder Sichversprechenlassen eines Vermögensvorteils

Der Arbeitgeber muss für sein Tun einen Vermögensvorteil erhalten oder sich versprechen lassen. Hierunter ist jede günstigere Gestaltung der Vermögenslage, jede Erhöhung des Vermögenswertes zu verstehen,[356] z.B. die Einsparung von Kosten durch geringere Lohnzahlungen oder das Nichtabführen von Sozialversicherungsbeiträgen oder Steuern[357]. Insoweit kann auf die Rechtsprechung und Literatur zum Kernstrafrecht, insbesondere zu § 263 StGB, zurückgegriffen werden.[358] Von wem der Arbeitgeber den Vermögensvorteil erhält oder sich versprechen lässt, ist gleichgültig.[359] Erforderlich ist nur, dass zwischen der Förderung des illegalen Verhaltens des Ausländers und dem Erhalten oder Sich-

[353] Urteil vom 26.05.1999, NStZ 1999, 464 (465): „... dem steht nicht entgegen, dass in der gesetzlichen Überschrift nur der häufigere und die Belange der Bundesrepublik Deutschland stärker berührende „Normalfall" des Einschleusens angesprochen wird, da die Wortlautschranke bei der Auslegung nicht für die Überschrift einer Norm gilt ..."

[354] Beschluss vom 23.11.1999, NStZ-RR 2000, 123

[355] BGHSt 36, 124

[356] Cramer, in: Schönke/Schröder, § 263 Rz. 167
Maurach/Schroeder/Maiwald, § 41 Rz. 142
Tröndle/Fischer, § 263 Rz. 42

[357] Stoppa, in: Huber, § 92a AuslG Rz. 29

[358] OLG Köln, Urteil vom 16.08.1988, MDR 1989, 90 (91) zur Vorgängernorm § 47a AuslG 1965
Hailbronner, § 92a AuslG Rz. 14

[359] BayObLG, Urteil vom 15.12.1988, DÖV 1989, 997

versprechenlassen eines Vermögensvorteiles ein kausaler und finaler Zusammenhang bestehen muss; dabei ist ausreichend, dass die Beschäftigung des Ausländers als Mittel zur Erlangung des Vermögensvorteils dienen soll.[360] Diese Voraussetzungen sind bei einem Arbeitgeber, der ja gerade auf ausländische Arbeitnehmer zurückgreift, um Kosten zu sparen, unproblematisch gegeben.

Allein erörterungswürdig ist die Frage, ob das eigennützige Handeln als besonderes persönliches Merkmal im Sinne des § 28 Abs. 2 StGB mit der Folge zu qualifizieren ist, dass z.B. ein Gehilfe, der für seine Tatbeteiligung selbst keinen Vermögensvorteil erhält oder sich versprechen lässt, sich nicht wegen Beihilfe zum Einschleusen von Ausländern, sondern wegen Beihilfe[361] zum unerlaubten Aufenthalt als Grundtatbestand gemäß den §§ 92 Abs. 1 Nr. 1 AuslG, 27 StGB strafbar macht. Für die Anwendbarkeit dieser die Akzessorietät durchbrechenden[362] Vorschrift ist auch hier die Abgrenzung zwischen Täter- und Tatbezogenheit des Merkmals entscheidend, das heißt, ob das Erhalten oder Sichversprechenlassen eines Vermögensvorteils vorwiegend die Person und Persönlichkeit des Arbeitgebers und seine besondere Pflichtenstellung sowie seine Motive betreffen, mithin täterbezogen sind, oder ob sie eher der sachlichen Kennzeichnung der Tat und den Modalitäten ihrer Ausführung dienen und mithin mehr rechtsgut- und damit tatbezogen sind.

Die Auffassung des Bayerischen Obersten Landesgerichts,[363] es handle sich um ein tatbezogenes Merkmal, ist mehr als fraglich und überzeugt in dieser Allgemeinheit nicht. Es führt zur Begründung seiner Entscheidung, der eine entgeltliche Beihilfe zur unerlaubten Einreise vier irakischer Kurden zugrunde lag, aus, die Gefährlichkeit des illegalen Einschleusens von Ausländern trete gerade dann zu Tage, wenn die Schleusung profimäßig und damit regelmäßig gegen Entgelt durchgeführt werde, weil ohne das Zutun profimäßig agierender und entsprechend ausgerüsteter Schleuser in der Mehrzahl der Fälle die zunehmenden illegalen Grenzübertritte nicht denkbar wären. Der straferhöhende Umstand „Handeln aus Eigennutz" kennzeichne die besondere Gefährlichkeit der Tatausführung.

Bereits die Begründung zeigt, dass das Gericht bei seiner rechtlichen Einordnung des eigennützigen Handelns als tatbezogenen Umstand allein die klassischen Schleuserfälle im Blickfeld hat. Wie bereits erwähnt, legt der Wortlaut der amtlichen Überschrift eine solche Verengung des Anwendungsbereiches des § 92a Abs. 1 AuslG nahe - zutreffend ist sie nicht. Entsprechend passt die Begründung nicht auf die Fälle illegaler Beschäftigung ausländischer Staatsange-

[360] BGH, Urteil vom 21.02.1989, NJW 1989, 1435 (1436)
Franke, in: GK-AuslR, § 92a AuslG Rz. 7
Senge, in: Erbs/Kohlhaas, § 92a AuslG Rz. 6
[361] Sachlich liegt eine Beihilfe zur Beihilfe des Arbeitgebers (sogenannte Kettenbeihilfe) vor, die als Beihilfe zur Haupttat anzusehen ist.
[362] Cramer/Heine, in: Schönke/Schröder, § 28 Rz. 8
[363] Urteil vom 27.02.1998, NJW 1999, 1794 (1796)

höriger, insbesondere von Positivstaatern, da hier weder „illegale Grenzübertritte" vorliegen noch „profimäßige Schleuser" handeln. Der Arbeitgeber leistet dem ausländischen Arbeitnehmer Hilfe, weil *er* dafür einen Vermögensvorteil in Form geringerer Lohnkosten oder ersparter Sozialversicherungsbeiträge oder Steuern erhält. Das Handeln aus Eigennutz betrifft *seine* Person und ist daher als täterbezogenes, den Anwendungsbereich des § 28 Abs. 2 StGB eröffnendes besonderes persönliches Merkmal einzuordnen. Es besteht kein Grund, etwaigen Beteiligten (Mittätern oder Gehilfen), die keinen Vermögensvorteil erhalten oder sich versprechen lassen, diese Privilegierung zu versagen.[364]

bb. Wiederholtes Handeln

Nach § 92a Abs. 1 Nr. 2 Alt. 1 AuslG stellt die wiederholte Beihilfe zum unerlaubten Aufenthalt ebenfalls ein zur Täterschaft verselbständigtes Hilfeleisten dar. Grund dieser Tatbestandsalternative ist die in der Wiederholung regelmäßig zum Ausdruck kommende Rechtsfeindschaft.[365] Nicht erforderlich ist dabei, dass die Vortat bereits eine der besonderen Merkmale des § 92a Abs. 1 AuslG erfüllt.[366]

Fraglich ist, ob und in welcher Form eine aus dem vorausgesetzten Erstverstoß möglicherweise entstehende Warnfunktion den Arbeitgeber vor der Begehung der Wiederholungstat erreicht haben muss oder ob ein objektiver, rein materieller Verstoß als Ersttat ausreicht. Für die zuletzt genannte Auffassung sprechen folgende Erwägungen:

Eine Differenzierung zwischen *begangener* und *geahndeter* Vortat ist dem Strafrecht nicht fremd. So setzt die in § 66 StGB geregelte Unterbringung in der Sicherungsverwahrung voraus, dass der Täter mindestens ein- (Abs. 3) oder zweimal (Abs. 1 Nr. 1) wegen einer vorsätzlichen Straftat zu einer der genannten Mindeststrafen *verurteilt* worden ist. Dagegen verlangen die den Widerruf der Strafaussetzung, der Aussetzung einer Unterbringung und der Aussetzung eines Berufsverbots regelnden §§ 56f Abs. 1 Nr. 1, 67g Abs. 1 Nr. 1, 70b Abs. 1 Nr. 1 StGB lediglich eine *begangene* Straftat oder rechtswidrige Tat als Grund-

[364] Ohne nähere Begründung für die Einordnung als
- *täter*bezogenes Merkmal: Senge, in: Erbs/Kohlhaas, § 92a AuslG Rz. 5
- *tat*bezogenes Merkmal: Tröndle/Fischer, § 28 Rz. 6

vgl. auch Klesczewskis umfassende Kritik an der „wunderlich anmutenden These" des BayObLG, StV 1999, 257 ff.

[365] Aurnhammer, S. 155
Senge, in: Erbs/Kohlhaas, § 92a AuslG Rz. 7

[366] BGH, Urteil vom 26.05.1999, NStZ 1999, 466 mit dem Hinweis, dass andernfalls ein Täter, der fortlaufend Einzelpersonen ohne Entgelt schleuse und somit weder wegen eines Vermögensvorteils noch zu Gunsten mehrerer Personen handle, mangels wiederholter Tatbegehung nicht nach § 92a Abs. 1 AuslG bestraft werden könne.

voraussetzungen für den Widerruf. Nach allgemeiner Meinung[367] muss das Gericht in diesen Fällen zwar von der neuen Straftat fest überzeugt sein; eine rechtskräftige Aburteilung ist aber nicht erforderlich.

Aus den drei zuletzt genannten Vorschriften des Allgemeinen Teils des Strafgesetzbuches lässt sich erkennen, dass dem Gesetzgeber die zur Verfügung stehenden Tatbestandsausgestaltungen bei wiederholter Tatbegehung durchaus geläufig sind. Da § 92a Abs. 1 Nr. 2 Alt. 1 AuslG nicht ausdrücklich weitere Erfordernisse in den Tatbestand aufgenommen hat, ist - negativ - zu schlussfolgern, dass eine vorherige Verfolgung oder rechtskräftige Ahndung nicht verlangt werden kann. Voraussetzung für eine Strafbarkeit nach § 92a Abs. 1 AuslG ist demnach, dass das Gericht von der ersten Straftat fest überzeugt ist. Worauf das Gericht seine Überzeugung stützt, ist unerheblich, sofern die Überzeugungsbildung mit den strafprozessualen Strengbeweisverfahren zu vereinbaren ist.[368]

cc. Begünstigung mehrerer Ausländer

Das durch Gesetz vom 29.10.1997[369] eingefügte Tatbestandsmerkmal von *mehreren* Ausländern ist erfüllt, wenn die Tat zu Gunsten von mindestens zwei Ausländern[370] begangen wird. Im allgemeinen Sprachgebrauch sind mehrere mindestens zwei Personen (vgl. § 25 Abs. 2 StGB, wonach Mittäterschaft vorliegt, wenn eine Tat von mehreren gemeinschaftlich begangen wurde; gleiches gilt bei § 224 Abs. 1 Nr. 4 StGB). Damit ist gegenüber dem vorherigen Rechtszustand, der ein Handeln zu Gunsten von mehr als fünf Ausländern erforderte, eine erhebliche Verschärfung eingetreten. Grund dieser Tatbestandsalternative ist die besondere Sozialschädlichkeit beim Handeln zu Gunsten mehrerer Ausländer.[371]

---

[367] KG, Beschluss vom 29.09.1987. StV 1988, 26 zu § 56f Abs. 1 Nr. 1 StGB
OLG Düsseldorf, Beschluss vom 06.11.1985, StV 1986, 346 zu § 56f Abs. 1 Nr. 1 StGB
Horn, in: SK-StGB, § 56f Rz. 8 unter Hinweis auf Art. 6 Abs. 2 EMRK
Stree, in: Schönke/Schröder, § 56f Rz. 3a, § 67g Rz. 3 und § 70b Rz. 3
Tröndle/Fischer, § 56f Rz. 3c, § 67g Rzn. 2 und 5, § 70b Rzn. 2 f.

[368] BGH, Urteil vom 26.05.1999, NStZ 1999, 466
Hailbronner, § 92a AuslG Rz. 18
Senge, in: Erbs/Kohlhaas, § 92a AuslG Rz. 7
Stoppa, in: Huber, § 92a AuslG Rzn. 32 und 34
vgl. zum Meinungsstand bei der wiederholten Tatbegehung nach § 85 Nr. 2 AsylVfG:
OLG Karlsruhe, Urteil vom 04.08.1988, NStZ 1988, 560 f.
Franke, in: GK-AsylVfG, § 85 Rz. 20
Winands, S. 19 ff.

[369] BGBl. I, 2584

[370] Nr. 92a.1.4. AuslG-VwV
Franke, in: GK-AuslR, § 92a AuslG Rz. 8
Stoppa, in: Huber, § 92a AuslG Rz. 36

[371] Aurnhammer, S. 155
Senge, in: Erbs/Kohlhaas, § 92a AuslG Rz. 7

e. Gewerbsmäßiges Handeln - § 92a Abs. 2 Nr. 1 AuslG

Nach Erkenntnissen der Bundesanstalt für Arbeit existieren vage Hinweise - insbesondere im osteuropäischen Raum - über eine besondere Form der organisierten Kriminalität, in der systematisch durch Schleuser ausländische Arbeitnehmer eingeschleust werden. Dementsprechend werden im Lagebericht des Bundeskriminalamtes zur organisierten Kriminalität regelmäßig Verfahren aus dem Bereich der illegalen Beschäftigung in der Baubranche aufgelistet.[372]

In diesen Fällen kommt eine Strafbarkeit des Arbeitgebers wegen gewerbsmäßigen Handelns aus dem Qualifikationstatbestand des § 92a Abs. 2 Nr. 1 AuslG in Betracht. Im Sinne dieser Norm handelt der Arbeitgeber gewerbsmäßig, wenn er sich aus wiederholter Tatbegehung eine nicht nur vorübergehende Einnahmequelle von einigem Umfang und einiger Dauer verschaffen möchte, ohne dass er daraus notwendigerweise ein kriminelles Gewerbe macht.[373] Diese Voraussetzungen können bereits bei der ersten Tat vorliegen, wenn sie einen auf Wiederholungsabsicht gerichteten Willen erkennen lässt.[374] Insofern deckt sich das qualifizierende Tatbestandsmerkmal der Gewerbsmäßigkeit mit dem identischen Begriff in § 243 Abs. 1 Satz 2 Nr. 3 und § 260 Abs. 1 Nr. 1 StGB sowie in zahlreichen anderen Vorschriften des Kern- und Nebenstrafrechts, sodass auf die hierzu ergangene Rechtsprechung[375] und Literatur[376] zurückgegriffen werden kann.

Die Gewerbsmäßigkeit ist ein täterbezogenes besonderes persönliches Merkmal,[377] das als strafschärfend unter den Anwendungsbereich des § 28 Abs. 2 StGB fällt.

f. Zwischenergebnis

Soweit eine der drei in § 92a Abs. 1 Nrn. 1 und 2 AuslG genannten Voraussetzungen erfüllt ist, kommt eine Strafbarkeit des Arbeitgebers wegen Einschleusens von Ausländern in Betracht.[378]

---

[372] 9. Bericht der Bundesregierung (Fn. 2), 44

[373] Franke, in: GK-AuslR, § 92a AuslG Rz. 12
Hailbronner, § 92a AuslG Rz. 21
Stoppa, in: Huber, § 92a AuslG Rz. 63

[374] Senge, in: Erbs/Kohlhaas, § 92a AuslG Rz. 11

[375] BGH, Urteil vom 11.10.1994, NStZ 1995, 85 und Urteil vom 21.05.1996, NStZ 1996, 495

[376] Eser, in: Schönke/Schröder, § 243 Rz. 31
Hoyer, in: SK-StGB, § 243 Rz. 32
Stree, in: Schönke/Schröder, § 260 Rz. 2
Tröndle/Fischer, § 243 Rz. 18 und § 260 Rz. 2
Wessels/Hillenkamp, Rzn. 230, 590 und 889

[377] BGH, Beschluss vom 27.08.1993, zu § 260 Abs. 1 Nr. 1 StGB, StV 1994, 17
Baumann/Weber/Mitsch, § 32 Rz. 16
Senge, in: Erbs/Kohlhaas, § 92a AuslG Rz. 12

[378] Subjektiver Tatbestand, Rechtswidrigkeit und Schuld bereiten regelmäßig keine besonderen Probleme, sodass auf die entsprechenden Ausführungen zu den §§ 92 Abs. 1 Nr. 1 AuslG, 27 StGB verwiesen wird.

Bei gewerbsmäßiger Tatbegehung ist der Qualifikationstatbestand des § 92a Abs. 2 Nr. 1 AuslG erfüllt, der als Katalogstraftat den Einsatz verdeckter Maßnahmen (unter anderem Überwachung der Telekommunikation nach § 100a Satz 1 Nr. 5 StPO, Einsatz technischer Mittel nach § 100c Abs. 1 Nr. 3 Buchst. f StPO) zulässt. Zusätzlich können gewinnabschöpfende Maßnahmen nach § 92a Abs. 5 Satz 1 AuslG i.V.m. § 73d StGB (erweiterter Verfall) durchgeführt werden.

C. Straftaten und Ordnungswidrigkeiten nach dem Arbeitsförderungsrecht (SGB III)

I. Genehmigungsvorbehalt im Arbeitsförderungsrecht

Nach § 284 Abs. 1 Satz 1 SGB III dürfen Positivstaater grundsätzlich eine Beschäftigung[379] nur mit Genehmigung des Arbeitsamtes ausüben und von Arbeitgebern nur beschäftigt werden, wenn sie eine solche Genehmigung besitzen. Die Genehmigung ist vor der Aufnahme der Beschäftigung einzuholen und wird als Arbeitserlaubnis erteilt, wenn nicht Anspruch auf Erteilung als Arbeitsberechtigung besteht (§ 284 Abs. 2 und 4 SGB III). Für beide Arten der Genehmigung gilt gleichermaßen, dass sie nur erteilt werden dürfen, wenn der Ausländer eine Aufenthaltsgenehmigung nach § 5 AuslG besitzt, soweit durch Rechtsverordnung nicht anderes bestimmt ist, und wenn die Ausübung einer Beschäftigung nicht durch eine ausländerrechtliche Auflage ausgeschlossen ist (§ 284 Abs. 5 SGB III).

Der Genehmigungsvorbehalt soll sicherstellen, dass Deutschen und ihnen gleichgestellten Arbeitnehmern[380] ein Vorrang[381] vor ausländischen Arbeitnehmern gesichert wird und eine unkontrollierte Überschwemmung des deutschen Arbeitsmarktes mit ausländischen Arbeitnehmern verhindert wird.[382]

---

[379] Unter Beschäftigung im Sinne des § 284 Abs. 1 Satz 1 SGB III sind ausschließlich Tätigkeiten im Rahmen von Arbeitsverhältnissen zu verstehen. Arbeitnehmer im Rahmen eines derartigen Arbeitsverhältnisses ist, wer aufgrund privatrechtlichen Vertrages im Dienst eines anderen gegen Entgelt zur fremdbestimmten abhängigen Arbeit verpflichtet ist. Ein dem privatrechtlichen Vertrag gleichstehendes Rechtsverhältnis liegt vor, wenn der Arbeitsvertrag aus irgendeinem Grunde rechtsunwirksam ist (faktisches Arbeitsverhältnis); vgl.:
OLG Hamm, Beschluss vom 23.11.2000, NStZ-RR 2001, 180
Ambs, in: Erbs/Kohlhaas, § 404 SGB III Rz. 22 und § 406 SGB III Rz. 16

[380] Vgl. z.B. die in § 284 Abs. 1 Satz 2 Nrn. 1-3 SGB III genannten Ausländer

[381] Zum Vorrangprinzip: Bieback, ZAR 1995, 99 (100 f.)

[382] BayObLG, Beschluss vom 29.01.1996, wistra 1996, 238 (239)
Dieses Grundprinzip für die Beschäftigung ausländischer Staatsangehöriger hat der Gesetzgeber für den Unterfall der Arbeitserlaubnis ausdrücklich normiert. Nach § 285 Abs. 1 Nrn. 1 und 2 SGB III kann die Arbeitserlaubnis nur erteilt werden, wenn sich durch die Beschäftigung von Ausländern nachteilige Auswirkungen auf den Arbeitsmarkt, insbesondere hinsichtlich der Beschäftigungsstruktur, der Regionen und der Wirtschaftszweige, nicht ergeben und für die Beschäftigung deutsche Arbeitnehmer sowie Ausländer, die diesen hinsichtlich der Arbeitsaufnahme rechtlich gleichgestellt sind, nicht zur Verfügung stehen.

Wie bereits der Wortlaut deutlich macht, besteht nach der Konzeption des Gesetzes zunächst einmal generell für alle nichtdeutschen Arbeitnehmer ein Beschäftigungsverbot, das nur durch die Erteilung einer Arbeitsgenehmigung beseitigt werden kann. Es handelt sich um ein präventives Verbot mit Genehmigungsvorbehalt,[383] da das Genehmigungserfordernis kein generell verbotenes sozialwidriges Verhalten betrifft, sondern der Kontrolle der Betätigung dient.

Zu beachten ist dabei, dass für die spezielle Entscheidung über die Belange des inländischen Arbeitsmarktes die Bundesanstalt für Arbeit mit den ihr nachgeordneten Arbeitsämtern zuständig ist, eine derartige Prüfung ist den Ausländerbehörden verwehrt. Diese dürfen bei der Entscheidung über die Erteilung der Aufenthaltsgenehmigung lediglich allgemeine arbeitsmarkt- und sozialpolitische Belange berücksichtigen und sich auf den allgemeinen Anwerbestopp berufen.[384]

II. Ordnungswidrigkeiten des Arbeitnehmers und des Arbeitgebers

Vorsätzliche oder fahrlässige Verstöße gegen § 284 Abs. 1 Satz 1 SGB III hat der Gesetzgeber in § 404 Abs. 2 Nrn. 3 (für Arbeitgeber) und 4 (für Arbeitnehmer) als bußgeldbewehrte Ordnungswidrigkeiten[385] eingestuft, die für den Arbeitgeber unter besonderen Voraussetzungen in Straftaten „umschlagen" können (§§ 406, 407 SGB III).

III. Straftaten des Arbeitgebers

1. Beschäftigung von Ausländern ohne Genehmigung und zu ungünstigen Arbeitsbedingungen - § 406 SGB III

Nach § 406 Abs. 1 SGB III macht sich der Arbeitgeber[386] strafbar, wenn er vorsätzlich einen Positivstaater, der eine Genehmigung nach § 284 Abs. 1 Satz 1 SGB III nicht besitzt, zu Arbeitsbedingungen beschäftigt, die in einem auffälligen Missverhältnis zu den Arbeitsbedingungen deutscher Arbeitnehmer stehen, die die gleiche oder eine vergleichbare Tätigkeit ausüben.

Die Vorschrift dient neben dem bereits angesprochenen Schutz des deutschen Arbeitsmarktes zusätzlich der sozialen Absicherung der betroffenen ausländischen Arbeitnehmer. Diese sind besonders schutzlos, weil sie sich wegen der il-

---

[383] Bieback, ZAR 1995, 99 (100) zur Vorgängernorm § 19 Abs. 1 AFG
Düe, in: Niesel, § 284 Rz. 2
Schuler, in: Huber, VII SystDarst Rz. 15

[384] Bieback, ZAR 1995, 99 (102)
Schlewing/Schuhmann/Heinz, S. 73

[385] Gem. § 404 Abs. 3 SGB III beträgt das Höchstmaß der Geldbuße für den Arbeitgeber 500.000 €, für den Arbeitnehmer 5.000 €; bei fahrlässigem Handeln halbiert sich das Höchstmaß der Geldbuße (§ 17 Abs. 2 OWiG).

[386] Nur der Arbeitgeber kommt als Täter dieses Sonderdelikts in Betracht.

legalen Arbeit nicht an die Behörden wenden können,[387] ohne ihre eigene illegale Tätigkeit offen zu legen und sich damit einer Ordnungswidrigkeit oder einer Straftat zu bezichtigen.

a. Objektiver Tatbestand des Absatzes 1

aa. Arbeitsbedingungen und Vergleichsmaßstab

Unter Arbeitsbedingungen im Sinne dieser Norm sind die Rechte und Pflichten aus einem Arbeitsverhältnis zu verstehen, die für dessen rechtliche Gestaltung bestimmend sind. Dazu gehören insbesondere das Arbeitsentgelt, Urlaub und Sachbezüge.[388]

Vergleichsmaßstab sind die Arbeitsbedingungen, die für deutsche Arbeitnehmer bestehen. Entscheidend sind deshalb Tarifverträge einschließlich üblicher übertariflicher Bedingungen oder - falls Tarifverträge nicht existieren - die üblichen allgemeinen Beschäftigungspraktiken, differenziert nach Branche und Region.[389] Unerheblich ist, ob im selben Betrieb deutsche Arbeitnehmer beschäftigt sind.

Um gleiche oder vergleichbare Arbeit handelt es sich, wenn Arbeitnehmer an verschiedenen oder nacheinander an denselben Arbeitsplätzen identische oder gleichwertige Tätigkeiten ausüben.[390] Ob die Arbeit gleich ist, ist durch einen Gesamtvergleich der Tätigkeiten zu ermitteln. Dabei kommt es auf die jeweiligen Arbeitsvorgänge und das Verhältnis dieser Vorgänge zueinander an. Soweit Tätigkeiten oder ihre Merkmale voneinander abweichen, ist auf die jeweils überwiegend auszuübende Tätigkeit abzustellen.[391] Vergleichbar sind Arbeiten, wenn sie nach objektiven Maßstäben der Arbeitsbewertung denselben Arbeitswert haben. Dabei können die Praxis der Tarifvertragsparteien und die allgemeine Verkehrsanschauung Anhaltspunkte geben.[392] Ob die Arbeiten gleichwertig sind, kann nur festgestellt werden, indem die geschuldeten Tätigkeiten insgesamt miteinander verglichen werden.

Auch die Sozialversicherung gehört zu den wesentlichen Arbeitsbedingungen. Damit ist der objektive Tatbestand des § 406 Abs. 1 SGB III praktisch in allen Fällen der illegalen Beschäftigung von Positivstaatern erfüllt, da Arbeitgeber so

[387] Niesel, in: Niesel, § 406 Rz. 7
[388] Ambs, in: Erbs/Kohlhaas, § 406 SGB III Rz. 26
Niesel, in: Niesel, § 406 Rz. 10
[389] Bieback, in: Gagel, § 285 Rz. 38
[390] Richardi, in: Staudinger, § 612 Rz. 53
[391] BAG, Urteil vom 23.08.1995, AP Nr. 48 zu § 612 BGB, 1 (6)
[392] Vgl. Amtliche Begründung des Entwurfs der Bundesregierung zu § 612 Abs. 3 BGB, BT-Drucksache 8/3317, 10

gut wie nie Sozialversicherungsbeiträge entrichten - eine Konsequenz, die die Praxis allerdings bislang nur in einzelnen Fällen gezogen hat.[393]

bb. Auffälliges Missverhältnis

Die nach den aufgezeigten Kriterien festgestellten Arbeitsbedingungen des Positivstaaters und der deutschen Arbeitnehmer, die die gleiche oder eine vergleichbare Tätigkeit ausüben, müssen in einem auffälligen Missverhältnis zueinander stehen. Auffällig ist das Missverhältnis, wenn die deutschen Arbeitnehmer erheblich besser gestellt sind.[394] Erforderlich ist eine Gesamtschau, in deren Zentrum die Höhe des Arbeitsentgeltes steht.

aaa. Prozentuale Orientierungsmarken

Rechtsprechung und Schrifttum haben teilweise den unbestimmten Rechtsbegriff des auffälligen Missverhältnisses konkretisiert.[395] Nach Auffassung des Landesarbeitsgerichts Berlin[396] liege zumindest bei einem Lohn von etwa 42 % des Tariflohnes ein auffälliges Missverhältnis vor. Die Kommentarliteratur[397] sieht einen Lohnunterschied von mehr als 20 % als ausreichend an, ohne diese Größe zu begründen. Gagel[398] weist zutreffend darauf hin, dass es sich hierbei lediglich um eine gegriffene Größe handele, die mit äußerster Vorsicht zu handhaben sei. Insbesondere dürfe sie nicht davon ablenken, dass stets auch alle sonstigen Arbeitsbedingungen in den Blick zu nehmen seien, wozu auch äußere Arbeitsbedingungen gehörten.

bbb. Stellungnahme

Demgegenüber ist zu berücksichtigen, dass ein zahlenmäßig fixierter Prozentsatz den kriminalpolitisch unerwünschten Nachteil hat, dass potentielle Täter

---

[393] AG Kehl, Urteil vom 13.07.1987, NStZ 1988, 79 (zu § 227a AFG)
Ambs, in: Erbs/Kohlhaas, § 406 SGB III Rz. 26
Giesler, BB 1985, 1798 f.
Heitmann, in: Müller-Gugenberger/Bieneck, § 37 Rz. 31

[394] Ambs, in: Erbs/Kohlhaas, § 406 SGB III Rz. 25
vgl. auch die Verwendung des Begriffes „auffälliges Missverhältnis" in anderen Vorschriften:
BGH, Urteil vom 05.10.2001, NJW 2002, 429 (430) zu § 138 BGB
BGH, Urteil vom 22.04.1997, BGHSt 43, 53 (60) zu § 291 StGB
Stree/Heine, in: Schönke/Schröder, § 291 Rz. 12
Tröndle/Fischer, § 291 Rz. 16

[395] Vgl. auch Art. 4 der Europäischen Sozialcharta. Nach der Spruchpraxis der Sachverständigenkommission wird als unterste Grenze 68 % des jeweiligen Marktlohns angenommen.

[396] Urteil vom 20.02.1998, ArbuR 1998, 468 zu § 138 Abs. 2 BGB

[397] Ambs, in: Erbs/Kohlhaas, § 406 SGB III Rz. 25
Heitmann, in: Müller-Gugenberger/Bieneck, § 37 Rz. 30
Mayer, in: Lohre/Mayer/Stevens-Bartol, § 406 Rz. 2
Niesel, in: Niesel, § 406 Rz. 10

[398] In: Gagel, § 406 Rz. 13

ihn als Aufforderung ansehen könnten, „wenige Bruchteile von Prozenten unter der festen Grenze zu bleiben“ und sich damit der Bestrafung zu entziehen.[399]

Trotzdem sollte der Gesetzgeber de lege ferenda einen solchen Prozentsatz als Regelbeispiel in § 406 Abs. 1 SGB III einführen, um zum einen den Tatbestand zu konkretisieren, zum anderen aber auch, um durch die so entstehende Klarheit die Akzeptanz des Tatbestandes in der strafrechtlichen Praxis zu erhöhen. In diesem Zusammenhang ist darauf hinzuweisen, dass die Anzahl der Ermittlungsverfahren sehr gering ist. Im Jahre 1999 gab die Bundesanstalt für Arbeit im gesamten Bundesgebiet 256 Verfahren wegen des Anfangsverdachts (§ 152 Abs. 2 StPO) einer Straftat nach § 406 Abs. 1 Nr. 3 SGB III a.F.[400] an die zuständigen Staatsanwaltschaften ab.[401] Die Strafverfolgungsstatistik 2001[402] weist 169 Abgeurteilte[403] und 126 Verurteilte[404] für sämtliche Straftatbestände des Dritten Buches des Sozialgesetzbuches aus.

Eine auf die Entlohnung bezogene 20 %-Marke enthielt im Übrigen ein Gesetzentwurf, den einzelne Abgeordnete und die Fraktion des SPD im Verfahren zum Erlass des Arbeitnehmer-Entsendegesetzes 1995 eingebracht hatten.[405] Dieser im Gesetzgebungsverfahren „untergegangene“ Entwurf sah in § 12,[406] der sich inhaltlich weitgehend an § 227a Abs. 1 AFG[407] orientierte, strafrechtliche Sanktionen gegen den Arbeitgeber des entsandten Arbeitnehmers vor und enthielt in seinem Absatz 2 folgende Legaldefinition des auffälligen Missverhältnisses bezüglich der Entlohnung:

> *„Ein auffälliges Missverhältnis ist insbesondere dann anzunehmen, wenn die Entlohnung um 20 v.H. hinter dem ortsüblichen Entgelt im Sinne des § 1 Abs. 2 zurückbleibt.“*

§ 1 Abs. 2[408] des Gesetzentwurfes, auf den § 12 Abs. 2 Bezug nimmt, lautete:

> *„Ortsüblich sind die Arbeitsbedingungen, die in Tarifverträgen, die allgemein Anwendung finden, festgelegt sind, oder in Ermangelung solche die Arbeitsbedingungen, die vergleichbaren Arbeitnehmern am Einsatzort für eine vergleichbare Tätigkeit üblicherweise gewährt werden.“*

---

399 Arzt/Weber, § 24 Rz. 17
400 Vorgängernorm des § 406 Abs. 1 SGB III
401 9. Bericht der Bundesregierung (Fn. 2), 102
402 Strafverfolgungsstatistik 2001, S. 42 f.
403 Zum Begriff des Abgeurteilten sh. Fn. 23
404 Zum Begriff des Verurteilten sh. Fn. 22
405 BT-Drucksache 13/2418
406 BT-Drucksache 13/2418, 5
407 Vorgängernorm des § 406 Abs. 1 Nr. 3 (jetzt § 406 Abs. 1) SGB III
408 BT-Drucksache 13/2418, 3

Zur Begründung der Höhe der Prozentmarke führt der Gesetzentwurf aus, dass dieser Wert gewählt worden sei, weil ein derartiges Abweichen von der ortsüblichen Entlohnung erheblich wettbewerbsverzerrend und sozial abträglich und damit nicht mehr hinnehmbar sei.[409]

b. Weitere Voraussetzungen der Strafbarkeit

Nur die vorsätzliche Tatbegehung im Sinne des § 15 StGB erfüllt den Straftatbestand des § 406 Abs. 1 SGB III, dolus eventualis genügt. Der Arbeitgeber muss die Umstände kennen, aus denen sich das auffällige Missverhältnis[410] der Arbeitsbedingungen ergibt. Vollzieht er die Wertung „auffälliges Missverhältnis" nicht mit, so ist das ein grundsätzlich unbeachtlicher Subsumtionsirrtum. Die sozialethische Bewertung muss der Arbeitgeber nicht kennen.

Die Einwilligung des Positivstaaters in seine Beschäftigung zu Arbeitsbedingungen, die ein auffälliges Missverhältnis im Sinne des § 406 Abs. 1 SGB III begründen, scheidet als Rechtfertigungsgrund aus. Zwar dient diese Norm dem Schutz seiner sozialen Absicherung. Darüber hinaus ist jedoch das Rechtsgut „Schutz des deutschen Arbeitsmarktes" als Rechtsgut der Allgemeinheit zugleich betroffen, sodass eine Dispositionsbefugnis des Positivstaaters entfällt. Ebenfalls ohne Bedeutung sind der rechtfertigende Notstand und die Pflichtenkollision.[411]

c. Besonders schwere Fälle

Nach § 406 Abs. 2 SGB III gilt ein erhöhter Strafrahmen für besonders schwere Fälle, die in der Regel vorliegen, wenn der Arbeitgeber gewerbsmäßig oder aus grobem Eigennutz handelt. Systematisch handelt es sich nicht um eine qualifizierende Abwandlung mit eigenem tatbestandlichen Charakter, sondern um eine Strafzumessungsregel.[412]

Auf das Regelbeispiel der Gewerbsmäßigkeit findet nicht der gewerberechtliche, sondern der strafrechtliche Begriff der Gewerbsmäßigkeit Anwendung.[413] Gewerbsmäßig im Sinne dieser Norm handelt ein Arbeitgeber, der sich gerade durch

---

[409] BT-Drucksache 13/2418, 14
[410] Vgl. zu § 291 Abs. 1 StGB:
Schäfer/Wolff, in: LK-StGB, § 291 Rz. 54
Stree/Heine, in: Schönke/Schröder, § 291 Rz. 35
Tröndle/Fischer, § 291 Rz. 24
OLG Düsseldorf, Beschluss vom 13.07.1998, NStZ-RR 1998, 365 zum Mietwucher
[411] Zur vergleichbaren Problematik bei §§ 92 Abs. 1 Nr. 1 AuslG, 27 StGB siehe oben S. 104
[412] Ambs, in: Erbs/Kohlhaas, § 406 SGB III Rz. 27
Vgl. zu § 243 Abs. 1 StGB:
BGH, Urteil vom 21.04.1970, BGHSt 23, 254 (256 f.)
Hoyer, in: SK-StGB, § 243 Rz. 1
[413] BGH, Urteil vom14.04.1981, BB 1981, 1219
Ambs, in: GK-SGB III, § 406 Rz. 16

den wiederholten Verstoß gegen § 406 Abs. 1 SGB III eine nicht nur vorübergehende Einnahmequelle von einer gewissen Dauer und Erheblichkeit verschaffen will.[414]

Das Regelbeispiel grober Eigennutz ist erfüllt, wenn sich der Arbeitgeber bei seinem Verhalten von den Streben nach eigenem Vorteil in einem besonders anstößigen Maße leiten lässt.[415] Sein Streben muss deshalb das üblicherweise bei Arbeitgebern vorhandene Gewinnstreben deutlich übersteigen, wobei die kriminelle Energie, insbesondere Art und Häufigkeit der Begehung und der Grad der zu Tage tretenden Gewinnsucht von Bedeutung sind. Dies ist nicht der Fall, wenn der Arbeitgeber in einer finanziellen Notlage handelt, um seinen Betrieb und damit auch die dort vorhandenen legalen Arbeitsplätze zu retten.

2. Beschäftigung von Ausländern ohne Genehmigung in größerem Umfang - § 407 SGB III

a. Objektiver Tatbestand des Absatzes 1

Nach der bis zum 31.07.2002 geltenden Fassung des § 407 Abs. 1 SGB III wurde ein Arbeitgeber bestraft, wenn er gleichzeitig mehr als fünf Ausländer, die eine Genehmigung nach § 284 Abs. 1 Satz 1 SGB III nicht besitzen, mindestens dreißig Kalendertage beschäftigte oder die vorsätzliche Beschäftigung eines Ausländers ohne Arbeitsgenehmigung beharrlich wiederholte.

Art. 2 Nr. 11 des Entwurfes eines Gesetzes zur Erleichterung der Bekämpfung von illegaler Beschäftigung und Schwarzarbeit vom 11.02.2002,[416] das der Bundestag am 22.03.2002 beschlossen hatte, sah zunächst die Absenkung der Anzahl der unerlaubt beschäftigten Ausländer von fünf auf drei und die Reduzierung des erforderlichen Beschäftigungszeitraumes von dreißig auf vierzehn Tage vor. Zur Begründung führte die Bundesregierung aus, die illegale Beschäftigung von Ausländern in größerem Umfang sei von besonderem Unrechtsgehalt. Die Störung des legalen Arbeitsmarktes und des Wettbewerbs, die durch sie verursacht werde, reiche wesentlich weiter, als bei einer kurzzeitigen illegalen Beschäftigung einiger weniger Ausländer. Diese besondere Gefährdung trete bereits bei einer Beschäftigung von mehr als drei Ausländern über den Zeitraum von 14 Tagen auf.

---

414 Ambs, in: Erbs/Kohlhaas, § 406 SGB III Rz. 28
Vgl. zu § 243 Abs. 1 Satz 2 Nr. 3 StGB:
Eser, in: Schönke/Schröder, § 243 Rz. 31
Tröndle/Fischer, § 243 Rz. 18

415 Ambs, in: Erbs/Kohlhaas, § 406 SGB III Rz. 29
Niesel, in: Niesel, § 406 Rz. 11
Vgl. zu § 264 Abs. 2 Nr. 1 StGB:
BGH, Urteil vom 20.11.1990, wistra 1991, 106
Lenckner/Perron, in: Schönke/Schröder, § 264 Rz. 75

416 BT-Drucksache 14/8221

Auch entwickle jemand, der vorsätzlich mehrere Ausländer über einen Zeitraum von 14 Tagen illegal beschäftige, eine nicht unerhebliche kriminelle Energie.[417]

Der Bundesrat hatte in seiner Stellungnahme zu dem Gesetzentwurf vom 01.02.2002[418] die Änderungen als nicht weitgehend genug kritisiert und vorgeschlagen, entsprechend der Regelung in § 92a Abs. 1 Nr. 2 AuslG die Wörter „gleichzeitig mehr als fünf Ausländer, die“ durch die Wörter „mehr als einen Ausländer, der“ zu ersetzen und die Wörter „mindestens dreißig Kalendertage“ ersatzlos zu streichen.[419] Dazu hat die Bundesregierung in ihrer Gegenäußerung ausgeführt, es sei mit dem Grundsatz der Verhältnismäßigkeit nicht zu vereinbaren, schon die Beschäftigung von mehr als einem Ausländer ohne erforderliche Arbeitsgenehmigung mit Strafe zu bewehren.[420]

Artikel 2 Nr. 11 des am 01.08.2002 in Kraft getretenen Gesetzes vom 23.07.2002[421] sieht als Kompromisslösung den vollständigen Verzicht auf das Tatbestandsmerkmal „mindestens dreißig Kalendertage“ vor, während die Mindestanzahl der unerlaubt beschäftigten Ausländer unverändert bei „mehr als fünf“ bleibt.

Der Kritik des Bundesrates ist beizutreten. Das Beibehalten der Mindestanzahl der unerlaubt beschäftigten Ausländer ist inkonsequent und war im Gesetzgebungsverfahren ursprünglich weder vom Bundestag noch vom Bundesrat vorgesehen. Eine Harmonisierung mit der Regelung des § 92a Abs. 1 Nr. 2 AuslG, in dem durch Gesetz vom 29.10.1997[422] das Tatbestandsmerkmal „mehr als fünf“ durch „mehrere Ausländer“ ersetzt worden ist, wäre wünschenswert gewesen.

Absatz 1 Nr. 2 bedroht eine rechtsfeindliche Einstellung gegenüber dem Verbot der illegalen Ausländerbeschäftigung. Der Tatbestand des § 404 Abs. 2 Nr. 3 SGB III muss beharrlich wiederholt werden. Beharrlichkeit ist dabei die in der Tatbegehung zum Ausdruck kommende besondere Hartnäckigkeit und damit die gesteigerte Gleichgültigkeit des Arbeitgebers gegenüber dem gesetzlichen Verbot, die zugleich die Gefahr weiterer Begehungen indiziert.[423] Dies ist der Fall, wenn sich ein Arbeitgeber wiederholt über das Verbot der Beschäftigung von Positivstaatern hinwegsetzt, indem er trotz Abmahnung, Ahndung, eingeleitetem Bußgeld- oder

---

[417] BT-Drucksache 14/8221, 14
[418] BT-Drucksache 14/8221, 22 ff.
[419] BT-Drucksache 14/8221, 25
[420] BT-Drucksache 14/8288, 2
[421] Gesetz zur Erleichterung der Bekämpfung von illegaler Beschäftigung und Schwarzarbeit, BGBl. I, 2787
[422] BGBl. I, 2584
[423] Ambs, in: Erbs/Kohlhaas, § 407 SGB III Rz. 13
Niesel, in: Niesel, § 406 Rz. 3
Vgl. zu § 184a StGB:
Lenckner/Perron, in: Schönke/Schröder, § 184a Rz. 5
Maurach/Schroeder/Maiwald, § 20 Rz. 56
Tröndle/Fischer, § 184a Rz. 5

Strafverfahren oder sonst hemmend wirkender Erfahrungen oder Erkenntnisse an der illegalen Beschäftigung festhält.

§ 407 Abs. 1 Nr. 2 SGB III ist ein sogenannter Mischtatbestand,[424] da durch das besondere persönliche Merkmal „beharrlich" eine Ordnungswidrigkeit (§ 404 Abs. 2 Nr. 3 SGB III) zu einer Straftat qualifiziert wird. Nach § 14 Abs. 4 OWiG kann der Teilnehmer, der selbst nicht beharrlich handelt, daher nur wegen Beteiligung an der Ordnungswidrigkeit verfolgt werden. Andererseits kann er, falls nur bei ihm beharrliches Handeln vorliegt, Gehilfe einer Straftat sein, obwohl beim Arbeitgeber mangels Beharrlichkeit keine Straftat gegeben ist.[425]

b. Weitere Voraussetzungen der Strafbarkeit und Absatz 2

Nur die vorsätzliche Tatbegehung nach § 15 StGB erfüllt den Straftatbestand des § 407 Abs. 1 SGB III, dolus eventualis genügt. Der Vorsatz muss die Umstände umfassen, die das Zuwiderhandeln zu einem „beharrlichen" machen. Im Übrigen gelten die Ausführungen zu § 406 Abs. 1 SGB III entsprechend.

Absatz 2 enthält einen Qualifikationstatbestand für den aus grobem Eigennutz handelnden Arbeitgeber. Der Begriff des groben Eigennutzes deckt sich mit dem des § 406 Abs. 2 Satz 2 SGB III.

D. Straftaten und Ordnungswidrigkeiten nach dem Arbeitnehmerüberlassungsgesetz (AÜG)

I. Allgemeines

1. Einleitung

Arbeitgeber, die als Verleiher Dritten (Entleihern) Arbeitnehmer (Leiharbeitnehmer) gewerbsmäßig zur Arbeitsleistung überlassen wollen, bedürfen gemäß §§ 1 Abs. 1, 17 AÜG[426] der Erlaubnis der Bundesanstalt für Arbeit. Die gesetzliche Regelung ist auf die *gewerbsmäßige* Arbeitnehmerüberlassung beschränkt, die vorliegt, wenn der Verleiher die Arbeitnehmerüberlassung auf gewisse Dauer anlegt und mit ihr unmittelbare oder mittelbare wirtschaftliche Vorteile erzielen

---

[424] Cramer/Heine, in: Schönke/Schröder, § 28 Rz. 23
Tröndle/Fischer, § 28 Rz. 12

[425] Göhler, § 14 Rz. 19
Rengier, in: KK-OWiG, § 14 Rzn. 50 f.

[426] Das „Gesetz zur Regelung der gewerbsmäßigen Arbeitnehmerüberlassung (Arbeitnehmerüberlassungsgesetz - AÜG) und zur Änderung anderer Gesetze" vom 07.08.1972 (BGBl. I, 1393) ist ein Artikelgesetz. Es enthält gewerberechtliche und arbeitsschutzrechtliche Bestimungen. Art. 1 enthält das „eigentliche" Arbeitnehmerüberlassungsgesetz. Aus Vereinfachungsgründen werden im Folgenden nur die Paragraphen des „eigentlichen" Arbeitnehmerüberlassungsgesetzes - ohne Artikelzusatz - genannt.

will.[427] Es genügt, wenn in Gewinnerzielungsabsicht nur ein Arbeitnehmer über einen längeren Zeitraum verliehen wird. Der Begriff der Gewerbsmäßigkeit im Sinne des § 1 Abs. 1 AÜG ist somit im gewerberechtlichen,[428] nicht im strafrechtlichen Sinne zu verstehen.

Gewerbsmäßige Arbeitnehmerüberlassung ist grundsätzlich in allen Wirtschaftsbereichen zulässig. Eine Ausnahme ist in § 1b AÜG[429] geregelt. Nach dieser Vorschrift ist die gewerbsmäßige Arbeitnehmerüberlassung in Betriebe des Baugewerbes[430] für Arbeiten, die üblicherweise von Arbeitern verrichtet werden, unzulässig. Dementsprechend ist diese Branche Schwerpunkt illegaler Arbeitnehmerüberlassung.[431]

Das Arbeitnehmerüberlassungsgesetz gilt auch für im Ausland ansässige Verleiher, die Arbeitnehmer nach Deutschland verleihen. Nach dem geltenden Territorialitätsprinzip benötigt jeder eine Erlaubnis der Bundesanstalt für Arbeit, der sich auf dem Gebiet der gewerbsmäßigen Arbeitnehmerüberlassung in Deutschland betätigt.[432]

2. Werkverträge als faktische Arbeitnehmerüberlassung

Zur Umgehung der durch das Arbeitnehmerüberlassungsgesetz geschaffenen Restriktion findet ein Großteil der faktischen Arbeitnehmerüberlassung in der Illegalität statt, insbesondere durch die Wahl erlaubnisfreier (Schein-)Werkverträge, die ebenfalls den Einsatz betriebsfremder Arbeitnehmer in einem Unternehmen ermöglichen. Große praktische Bedeutung erlangten und erlangen (Schein-)Werkverträge im Bauhauptgewerbe, da in dieser Branche die auf dem Markt - insbesondere bei öffentlichen Ausschreibungen - zu erzielende Preise so weit gesunken sind, dass arbeitsintensive Bauleistungen zu den hiesigen Tariflöhnen nicht mehr wirtschaftlich sinnvoll erbracht werden können.[433] Der Einsatz billiger ausländischer

[427] BayObLG, Beschluss vom 22.11.1979, GewArch 1980, 99
Ambs, in: Erbs/Kohlhaas, § 1 AÜG Rzn. 19 ff.
Bückle/Handschuch/Walzel, GewArch 1982, 249

[428] Zu diesem Begriff näher: Badura, in: Schmidt-Aßmann, S. 308 (309 ff.)

[429] Zur teilweisen Europarechtswidrigkeit dieser Vorschrift vgl.:
EuGH, Urteil vom 25.10.2001, NJW 2001, 3767 ff.

[430] Zum Begriff „Baugewerbe" vgl. §§ 1 und 2 der Baubetriebe-Verordnung vom 28.10.1980 (BGBl. I, 2033). Nach der in Rechtsprechung und Schrifttum überwiegend vertretenen Meinung gilt § 1b AÜG nur für Betriebe des Bauhauptgewerbes im Sinne des § 1 Baubetriebe--Verordnung, nicht hingegen für die Betriebe des Negativkatalogs in § 2 dieser Verordnung; vgl. z.B.: BGH, Urteil vom 17.02.2000, NZA 2000, 608 (610)

[431] 9. Bericht der Bundesregierung (Fn. 2), 33

[432] Ambs, in: Erbs/Kohlhaas, § 1 AÜG Rz. 2 a

[433] Schüren, WiVerw 2001, 173 (174)
Nach Erkenntnissen des Bundeskriminalamtes hat die illegale Arbeitnehmerüberlassung im Baubereich, insbesondere im Marktsegment „Stahlarmierung", den Preiskampf derart verschärft, dass nicht nur die legalen Anbieter vom Markt verdrängt werden, sondern sogar die grundsätzlich illegal agierenden Firmen kaum noch Gewinne erzielen (9. Bericht der Bundesregierung [Fn. 2], 39).

Arbeitnehmer, insbesondere aus den mittel- und osteuropäischen (Positiv-)Staaten über dortige Subunternehmer, ist ein häufig[434] gewählter Ausweg. Die Rechtsform des Werkvertrages[435] soll im Hinblick auf die fehlende Verleiherlaubnis den Anschein der Legalität wahren.

Begünstigt wird die Möglichkeit, illegal Scheinwerkverträge mit mittel- und osteuropäischen Subunternehmen abzuschließen, durch die von der Bundesregierung nach dem Ende der europäischen Teilung Anfang der 90er Jahre mit 11 mittel- und osteuropäischen Staaten geschlossenen bilateralen Vereinbarungen über die Entsendung von Arbeitnehmern auf der Grundlage von Werkverträgen.[436] Die Vereinbarungen enthalten jährliche Beschäftigungskontingente, deren Einhaltung von der Bundesanstalt für Arbeit überwacht wird. Die Kontingente werden nach einem in den Vereinbarungen festgelegten Schlüssel jährlich an die Entwicklung auf dem deutschen Arbeitsmarkt angepasst. Für jeden Prozentpunkt, um den sich die Arbeitslosenquote erhöht oder verringert, werden die Beschäftigungskontingente um jeweils 5 % verringert oder erhöht. Mit rund der Hälfte bilden die polnischen Werksvertragsarbeitnehmer den größten Anteil an allen im Jahresdurchschnitt beschäftigten Werksvertragsarbeitnehmern.[437] Zweck der Vereinbarungen ist es, die sogenannten MOE-Staaten durch Beschäftigungshilfen bei der Umstellung auf marktwirtschaftliche Strukturen zu unterstützen und gleichzeitig den Wanderungsdruck aus diesen Staaten zu verringern[438]. Die arbeitsgenehmigungsrechtliche Regelung macht die Privilegierung dieser Werkverträge deutlich: Während nach § 6 Abs. 1 Nr. 2 ArGV die Arbeitserlaubnis zu versagen ist, wenn der Arbeitnehmer als Leiharbeitnehmer tätig werden will, kann nach § 3 Abs. 1 Satz 1 ASAV Ausländern die Arbeitserlaubnis für die Beschäftigung im Rahmen dieser Werkverträge erteilt werden.

Tatsächlich führten (und führen) die Werkvertragsabkommen zu Missbräuchen, da unter ihrem Deckmantel illegale Arbeitnehmerüberlassung betrieben wird. Verstöße sind zum einen das Überschreiten der Kontingente,[439] zum anderen die

---

[434] Stahlschmidt, wistra 1984, 209 (210)

[435] Da in den genannten Fällen regelmäßig Gewährleistungsansprüche des Hauptunternehmers gegen seinen ausländischen Subunternehmer ausgeschlossen sind, eine Weisungsbefugnis des Unternehmers gegenüber den entsandten Arbeitnehmern des Subunternehmers besteht, die Berechnung der Vergütung auf der Grundlage von Zeiteinheiten erfolgt und Material sowie Werkzeug durch den Unternehmer gestellt werden, liegt tatsächlich eine gewerbsmäßige Arbeitnehmerüberlassung im Sinne des § 1 Abs. 1 AÜG vor. Die Bezeichnung des Vertrages zwischen den Parteien (Unternehmer, Subunternehmer) ist für die Einordnung irrelevant.
Zu den Abgrenzungskriterien Werkvertrag/Arbeitnehmerüberlassungsvertrag:
BGH, Urteil vom 25.06.2002, NJW 2002, 3317
Becker, DB 1988, 2561 ff.
Franzheim, JR 1982, 89
Hamann, WiVerw 1996, 212 (215 ff.)
Schüren, § 1 Rzn. 100 ff.

[436] Bieback, ZAR 1995, 99

[437] 9. Bericht der Bundesregierung (Fn. 2), 35 f.

[438] Feuerborn, WiVerw 1996, 262 (278)

[439] Vgl. Feuerborn, WiVerw 1996, 262 (279)

Wahl von (Schein-)Werkverträgen. Die Verfolgung dieser eine Arbeitnehmerüberlassung verschleiernden Sachverhalte erweist sich in der Praxis als besonders schwierig, da sich der Betriebssitz der Subunternehmen im Ausland befindet und die erforderlichen Ermittlungen nur im Wege der zeitaufwendigen Amtshilfe möglich sind. Darüber hinaus muss zur Klärung der Frage, ob ein Werkvertrag entgegen seinem Wortlaut tatsächlich eine Arbeitnehmerüberlassung darstellt, eine Vielzahl von Tatsachen nachgewiesen werden. Diese Nachweise sind nur schwer zu führen.

II. Genehmigungsvorbehalt im Arbeitnehmerüberlassungsrecht

Der heute geltende Genehmigungsvorbehalt für die gewerbsmäßige Arbeitnehmerüberlassung wurde 1972 eingeführt. Er ersetzt in restriktiver, auf die gewerbsmäßige Arbeitnehmerüberlassung beschränkter Form den § 37 Abs. 3 des Gesetzes über Arbeitsvermittlung und Arbeitslosenversicherung, den das Bundesverfassungsgericht mit Urteil vom 04.04.1967[440] wegen Verstoßes gegen Art. 12 GG für verfassungswidrig erklärt hatte.

Neben dem Schutz der arbeits- und sozialversicherungsrechtlichen Interessen der Leiharbeitnehmer soll der Genehmigungsvorbehalt vor allem unseriöse (gewerbsmäßige) Vermittler vom Vermittlungsmarkt fernhalten.[441] Es handelt sich um ein präventives Verbot mit Erlaubnisvorbehalt, da die Arbeitnehmerüberlassung kein generell verbotenes sozialschädliches Verhalten ist.[442] Das Genehmigungsverfahren soll lediglich der Kontrolle der gewerbsmäßigen Arbeitnehmerüberlassung dienen.

Zur Durchsetzung des in § 1 Abs. 1 normierten Genehmigungsvorbehaltes sieht das Arbeitnehmerüberlassungsgesetz in den §§ 15, 15a und 16 Straf- und Ordnungswidrigkeitentatbestände vor. Für die Auswahl des einschlägigen Tatbestandes ist strikt zwischen Verleiher und Entleiher zu differenzieren.

III. Straftaten und Ordnungswidrigkeiten des Verleihers

1. Ordnungswidrigkeiten

Der vorsätzliche oder fahrlässige gewerbsmäßige Verleih von Arbeitnehmern ohne Erlaubnis der Bundesanstalt für Arbeit stellt nach § 16 Abs. 1 Nr. 1 AÜG eine Ordnungswidrigkeit dar. Das gleiche gilt gemäß § 16 Abs. 1 Nr. 1b AÜG für den gewerbsmäßigen Verleih in Betriebe des Baugewerbes, der nach § 1b AÜG grundsätzlich nicht genehmigungsfähig ist.

---

[440] BVerfGE 21, 261

[441] Ambs, in: Erbs/Kohlhaas, vor § 1 AÜG Rz. 4
Bückle/Handschuch/Walzel, GewArch 1982, 209 (211)

[442] Zu den wirtschaftlichen Interessenvorteilen:
Ambs, in: Erbs/Kohlhaas, vor § 1 AÜG Rz. 4
Bückle/Handschuch/Walzel, GewArch 1982, 209

2. Straftat - § 15 AÜG

a. Objektiver Tatbestand

Nach § 15 Abs. 1 AÜG ist der unerlaubte Verleih von Positivstaatern ohne erforderliche Arbeitsgenehmigung eine Straftat. Bei diesem Straftatbestand handelt es sich dogmatisch um eine Verknüpfung[443] der beiden Ordnungswidrigkeitentatbestände § 16 Abs. 1 Nr. 1 AÜG - Überlassen eines Leiharbeitnehmers ohne Erlaubnis - und § 404 Abs. 2 Nr. 3 SGB III - Beschäftigung eines Ausländers ohne Genehmigung -.

Hat der Verleiher eine Erlaubnis oder benötigt er eine solche nicht, weil kein gewerbsmäßiges Handeln im Sinne des § 1 Abs. 1 AÜG vorliegt, ist eine Straftat oder Ordnungswidrigkeit nach dem Arbeitnehmerüberlassungsgesetz nicht gegeben, es verbleibt bei einer Ahndung aus der arbeitsförderungsrechtlichen Ordnungswidrigkeit des § 404 Abs. 2 Nr. 3 SGB III.

b. Weitere Voraussetzungen der Strafbarkeit

§ 15 Abs. 1 AÜG ist nur als Vorsatztat verfolgbar (§ 15 StGB). Liegt lediglich fahrlässiges Handeln vor oder ist nur dieses nachweisbar, verbleibt eine Ahndung als Ordnungswidrigkeit aus dem bereits erwähnten § 16 Abs. 1 Nr. 1 AÜG.

Irrt der Verleiher darüber, dass er keine Verleiherlaubnis besitzt, gewerbsmäßig handelt oder ein Leiharbeitnehmer ein Positivstaater ohne die erforderliche Arbeitsgenehmigung ist, liegt ein Tatbestandsirrtum vor, eine Strafbarkeit aus § 15 Abs. 1 AÜG entfällt (§ 16 Abs. 1 Nr. 1 StGB). Nimmt er hingegen irrtümlich an, er brauche keine Verleiherlaubnis oder der ausländische Arbeitnehmer benötige keine Arbeitsgenehmigung, ist ein Verbotsirrtum gegeben (§ 17 StGB). Den Verleiher trifft jedoch im Hinblick auf die besondere Schutzwirkung des Arbeitnehmerüberlassungsgesetzes eine weitgehende Informationspflicht, die an die Vermeidbarkeit des Verbotsirrtums strenge Anforderungen stellt.[444]

Das Merkmal Verleiher ist ein strafbarkeitsbegründendes besonderes persönliches Merkmal im Sinne des § 28 Abs. 1 StGB.

c. Besonders schwere Fälle

Nach § 15 Abs. 2 AÜG gilt ein erhöhter Strafrahmen für besonders schwere Fälle, die in der Regel vorliegen, wenn der Verleiher gewerbsmäßig oder aus grobem Eigennutz handelt. Diese Strafzumessungsregel deckt sich mit der in § 406

[443] Bückle/Handschuch/Walzel, GewArch 1982, 249 (252)
Schüren, WiVerw 2001, 173 (182)

[444] Ambs, in: Erbs/Kohlhaas, § 15 AÜG Rz. 13

Abs. 2 Satz 2 SGB III, sodass auf die entsprechenden Ausführungen verwiesen werden kann.

Die (strafrechtliche) Gewerbsmäßigkeit in § 15 Abs. 2 AÜG darf nicht mit der den Grundtatbestand des § 15 Abs. 1 AÜG eröffnenden (gewerberechtlichen) Gewerbsmäßigkeit im Sinne des § 1 Abs. 1 AÜG verwechselt werden.[445] Der Grundtatbestand ist schon dann erfüllt, wenn im Rahmen (gewerberechtlich) gewerbsmäßiger Arbeitnehmerüberlassung auch nur ein Positivstaater ohne Arbeitsgenehmigung überlassen wird. Gewerbsmäßigkeit im Sinne des Absatzes 2 liegt dagegen erst vor, wenn sich der Verleiher gerade durch die wiederholte Überlassung ausländischer Arbeitnehmer eine nicht nur vorübergehende Einnahmequelle verschaffen will.[446]

IV. Straftaten und Ordnungswidrigkeiten des Entleihers

1. Ordnungswidrigkeiten

Nach § 16 Abs. 1 Nr. 1a AÜG begeht der Entleiher eine Ordnungswidrigkeit, wenn er vorsätzlich oder fahrlässig einen ihm von einem Verleiher ohne Verleiherlaubnis überlassenen Leiharbeitnehmer bei sich tätig werden lässt. Das gleiche gilt gemäß § 16 Abs. 1 Nr. 1b AÜG für den Verantwortlichen eines Baubetriebes, der gegen das in § 1b AÜG normierte Verbot verstößt, einen Leiharbeitnehmer in seinen Betrieb tätig werden zu lassen.

Als dritter bei der illegalen Beschäftigung von Positivstaatern in Betracht kommender Ordnungswidrigkeitentatbestand bedroht § 16 Abs. 1 Nr. 2 AÜG denjenigen mit einer Geldbuße, der vorsätzlich oder fahrlässig von einem Verleiher mit Verleiherlaubnis einen nichtdeutschen Leiharbeitnehmer entleiht, der eine erforderliche Arbeitsgenehmigung nach § 284 Abs. 1 Satz 1 SGB III nicht besitzt.

In den in der Praxis typischen Fallkonstellationen fehlen sowohl die Erlaubnis des Verleihers nach § 1 Abs. 1 AÜG als auch die Arbeitsgenehmigung des verliehenen Positivstaaters. Nach den §§ 9 Nr. 1, 10 Abs. 1 AÜG sind der Arbeitnehmerüberlassungsvertrag (in der Regel: der Scheinwerkvertrag) zwischen Ent- und Verleiher sowie der Arbeitsvertrag zwischen Verleiher und Positivstaater unwirksam; es gilt ein Arbeitsverhältnis zwischen Entleiher und Positivstaater als zu Stande gekommen. Der Entleiher ist gesetzlich fingierter Ar-

---

[445] Ambs, in: Erbs/Kohlhaas, § 15 AÜG Rz. 17
Bückle/Handschuch/Walzel, GewArch 1982, 209

[446] BGH, Urteil vom 14.04.1981, BB 1981, 1219
Ambs, in: Erbs/Kohlhaas, § 15 AÜG Rz. 17

beitgeber.[447] Neben einer Ahndung aus dem genannten § 16 Abs. 1 Nr. 1a AÜG kommt eine Ahndung aus § 404 Abs. 2 Nr. 3 SGB III in Betracht, der auch für den fingierten Arbeitgeber (Entleiher) gilt.[448]

2. Straftaten

a. Illegaler Verleih

In den typischen Fallkonstellationen, in denen sowohl die Erlaubnis des Verleihers als auch die Arbeitsgenehmigung des verliehenen Positivstaaters fehlen, kommt eine Strafbarkeit des Entleihers (fingierten Arbeitgebers) aus dem Arbeitnehmerüberlassungsgesetz nicht in Betracht. Bei Erfüllung der oben dargelegten weiteren Voraussetzungen kann eine Strafbarkeit aus den §§ 406 Abs. 1, 407 SGB III gegeben sein.

b. Legaler Verleih - § 15a AÜG

Hat der Verleiher eine Erlaubnis oder benötigt er eine solche nicht, weil kein gewerbsmäßiges Handeln im Sinne des § 1 Abs. 1 AÜG vorliegt, ist der Entleiher auch nicht fingierter Arbeitgeber. Das auf Arbeitgeber zugeschnittene Arbeitsförderungsrecht (SGB III) ist nicht anwendbar, es verbleibt eine Ahndung aus § 16 Abs. 1 Nr. 2 AÜG als Ordnungswidrigkeit.

Bei zusätzlichen Voraussetzungen kommt dagegen eine Strafbarkeit aus § 15a AÜG in Betracht. Die Tatbestandsvoraussetzungen und Strafrahmen decken sich mit denen der §§ 406, 407 SGB III. § 15a Abs. 1 Satz 1 AÜG entspricht § 406 Abs. 1 SGB III, die Strafzumessungsregel in Satz 2 entspricht der in

---

[447] Dies gilt auch für ausländische Arbeitnehmer: Schüren, WiVerw 2001, 173 (178). Die Auffassung des Hess. LAG (Urteil vom 06.03.2001; DB 2001, 2104), § 10 Abs. 1 Satz 1 AÜG sei insoweit wegen Verstoßes gegen Art. 12 Abs. 1 GG verfassungswidrig, als darin zwingend ein arbeitsverhältnis mit dem Entleiher fingiert werde, und die gebotene verfassungskonforme Auslegung ergebe, dass dem Arbeitnehmer gegen die Fiktion ein Widerspruchsrecht zustehe, soll hier nicht weiter vertieft werden.
Arbeitsrechtliche Konsequenz dieser Rechtslage: Es existieren zwei Arbeitsverhältnisse. Zum einen besteht das fingierte Arbeitsverhältnis des Positivstaaters zum Entleiher; zum anderen gibt es das kraft Gesetzes unwirksame und damit fehlerhafte Leiharbeitsverhältnis zwischen Positivstaater und illegal tätigem Verleiher.

[448] Jeweils zur wortgleichen Vorgängernorm § 229 Abs. 1 Nr. 2 AFG:
BayObLG, Beschluss vom 28.12.2000, GewArch 2001, 205 (206) und Beschluss vom 22.02.1995, GewArch 1995, 243 f.
OLG Hamm, Beschluss vom 14.11.1980, BB 1981, 122 (123)
Ambs, in: Erbs/Kohlhaas, § 16 AÜG Rz. 16
Dagegen: Bückle, BB 1981, 1529 (1530), der in der reinen arbeitsrechtlichen Vermutung des § 10 AÜG keine ausreichende verfassungsrechtliche Grundlage im Sinne des Art. 103 Abs. 2 GG sieht.

§ 406 Abs. 2 SGB III. § 15a Abs. 2 AÜG ist identisch mit § 407 SGB III.[449] Auf die entsprechenden Ausführungen kann daher verwiesen werden.

Noch einmal: Im Gegensatz zu § 15 setzt § 15a AÜG eine legale Arbeitnehmerüberlassung voraus und schafft für den nicht - mangels Fiktion - als Arbeitgeber haftenden Entleiher einen eigenständigen Straftatbestand.

[449] Art. 13 Nr. 2 des Gesetzes zur Erleichterung der Bekämpfung von illegaler Beschäftigung und Schwarzarbeit vom 23.07.2002 (BGBl. I, 2787) hat in § 15a Abs. 2 Nr. 1 AÜG die Wörter „mindestens dreißig Kalendertage" gestrichen - ebenso wie Art. 2 Nr. 11 des genannten Gesetzes im Tatbestand des § 407 Abs. 1 Nr. 1 SGB III. Insoweit sind die beiden Straftatbestände auch in der ab dem 01.08.2002 geltenden Fassung identisch. Auf die Kritik an der inkonsequenten Kompromisslösung des Gesetzgebers wird verwiesen.

3. Kapitel: Strafbarkeit nach dem StGB

A. Strafbarkeit des Arbeitgebers

I. (Lohn-)Wucher - § 291 Abs. 1 Satz 1 Nr. 3 StGB

Hauptgrund für die illegale Beschäftigung ausländischer Arbeitnehmer sind die hohen Lohn- und Lohnnebenkosten, sodass bei illegalen Beschäftigungsverhältnissen regelmäßig im Verhältnis hierzu sehr niedrige Löhne vereinbart werden, die unter dem Gesichtspunkt „Lohnwucher" eine Prüfung des § 291 Abs. 1 Satz 1 Nr. 3 StGB[450] nahe legen.

1. Lohnwucher in der strafrechtlichen Praxis

a. Bis zum 31.08.1976

Bis zum In-Kraft-Treten des § 302a StGB a.F. am 01.09.1976 ordnete das Schrifttum den Lohnwucher überwiegend dem 1893 mit § 302e in das Strafgesetzbuch eingefügten Tatbestand des gewerbs- oder gewohnheitsmäßigen Sachwuchers zu, ohne sich näher mit ihm zu befassen. Symptomatisch ist die Anmerkung von Jagusch:[451]

> *„Soweit Lohnwucher noch vorkommt, fällt er nicht unter § 302a, sondern unter § 302e".*

Lampe wies bereits 1972 darauf hin, dass die Rechtsprechung die Ausbeutung der Arbeitskraft unter dem Gesichtspunkt des Wuchers überhaupt nicht verfolge.[452]

b. 01.09.1976 bis Mitte 1997

Der Lohnwucher wurde - wenn auch Rechtsprechungshinweise fehlen - im Schrifttum überwiegend als strafbar angesehen und dem § 302a Abs. 1 Satz 1 Nr. 3 StGB („sonstige Leistungen") zugeordnet.[453] Schäfer/Wolff[454] weisen dar-

---

[450] Der Tatbestand wurde durch Art. 1 Nr. 6 des 1. Gesetzes zur Bekämpfung der Wirtschafts kriminalität (1. WiKG) vom 29.07.1976 (BGBl. I, 2034) als § 302a in das StGB eingefügt und durch Art. 1 Nr. 2 des Gesetzes zur Bekämpfung der Korruption von 13.08.1997 (BGBl. I, 2038) ohne sachliche Änderung umnummeriert. Die Vorschrift ersetzte die bis dahin geltenden Wuchertatbestände des StGB (§§ 302a bis 303f) durch einen einheitlichen Wuchertatbestand; die bisherige Unterscheidung zwischen Kredit-, Sach- und Mietwucher wurde aufgegeben.

[451] In: LK-StGB, 8. Aufl. 1958, § 302e Anm. 2c

[452] In: FS-Maurach, S. 375 (387)

[453] Dreher/Tröndle, 47. Aufl. 1995, § 302a Rz. 25
Lackner/Kühl, 21. Aufl. 1995, § 302a Rz. 7
Stree, in: Schönke/Schröder, 24. Aufl. 1991, § 302a Rz. 7

[454] In: LK-StGB, § 302a Rz. 11

auf hin, dass der Lohnwucher - abgesehen von illegalen Arbeitsverhältnissen mit Ausländern - heute ohne praktische Bedeutung sei. Diese Feststellung deckt sich mit Reineckes[455] Ausführungen. Er spekuliert über die Gründe der Enthaltsamkeit der Rechtsprechung bei der Bestrafung von Lohnwucher und kommt zu dem Ergebnis, dass das Strafrecht bei der Durchsetzung des Arbeitsrechts in Deutschland nur eine Nebenrolle spiele.

c. Seit Mitte 1997

Mit seinem Urteil vom 22.04.1997,[456] der ersten höchstrichterlichen Entscheidung zur Strafbarkeit des Lohnwuchers nach der 1976 neu gefassten Vorschrift des § 302a StGB a.F., hat der Bundesgerichtshof den Wuchertatbestand aus dem Dornröschenschlaf geweckt und ihm ein völlig neues Anwendungsfeld eröffnet.[457] Sucht man allerdings nach Gerichtsentscheidungen, die an das Urteil anknüpfen, so muss bezweifelt werden, ob, um die Formulierung Renzikowskis aufzugreifen, Dornröschen tatsächlich wach geworden ist. Zu erwähnen sind insoweit die Entscheidungen des Landesarbeitsgerichts Berlin vom 20.02.1998[458] und des Arbeitsgerichts Herne vom 05.08.1998,[459] in denen bei der Auslegung des § 138 Abs. 2 BGB die vom Bundesgerichtshof aufgestellten Maßstäbe entsprechend angewandt worden sind. Strafgerichtliche Entscheidungen zum Lohnwucher sind dagegen nicht zu finden.

Demgegenüber hat sich das Schrifttum - zum Teil sehr kritisch - mit dem Urteil des Bundesgerichtshofs näher befasst.[460] Die Kommentare zum Strafgesetzbuch widmen sich seitdem in verstärktem Maße dem Lohnwucher, aber nur in der Weise, dass sie sich nahezu einhellig ohne ergänzende eigene Ausführungen der Auffassung des Bundesgerichtshofs zu den einzelnen Tatbestandsmerkmalen des § 291 StGB anschließen.[461]

2. Objektiver Tatbestand

a. Leistung und Gegenleistung

Anknüpfungspunkt für die Strafbarkeit des Wucherers nach § 291 Abs. 1 Satz 1 Nr. 3 StGB ist seine Leistung, für die er sich im Rahmen eines zweiseitigen

[455] ArbuR 1997, 453 (454)
[456] BGHSt 43, 53; vgl. Fall 5
[457] Renzikowski, JR 1999, 166 (169)
[458] ArbuR 1998, 468
[459] Zitiert bei Spindler, ArbuR 1999, 296 (297)
[460] Bernsmann, JZ 1998, 629 ff.
Nägele, BB 1997, 2162 f.
Reinecke, ArbuR 1997, 453 ff.
Renzikowski, JR 1999, 166 ff.
[461] Hoyer, in: SK-StGB, § 291 Rzn. 6, 15, 21, 38, 41, 49
Stree/Heine, in: Schönke/Schröder, § 291 Rzn. 7, 10, 11, 12, 18, 25
Tröndle/Fischer, § 291 Rzn. 7, 11, 16

Rechtsgeschäftes einen Vermögensvorteil versprechen und/oder gewähren lässt. Dabei ist es strafrechtlich ohne Bedeutung, ob dieses Rechtsgeschäft wegen Verstoßes gegen ein gesetzliches Verbot (§ 134 BGB) oder Verstoßes gegen die guten Sitten (§ 138 Abs. 1 BGB), wegen des Wuchers selbst (§ 138 Abs. 2 BGB) oder aus einem anderen Grunde nichtig oder unwirksam ist.[462] § 291 Abs. 1 Satz 1 Nr. 3 StGB erfasst Austauschgeschäfte jeglicher Art, sofern die Leistung des Opfers für den Täter einen Vermögensvorteil darstellt. Hierunter fallen auch Arbeitsverhältnisse.

aa. Leistung des Arbeitgebers

Der Begriff „Leistung" ist im umfassenden Sinne zu verstehen[463] und erfasst jede bewusste zweckgerichtete Vorteilszuwendung an einen anderen.[464] Im Rahmen eines Arbeitsverhältnisses sind Lohnzahlungen „sonstige Leistungen" im Sinne der Strafvorschrift.[465]

bb. Vermögensvorteile des Arbeitgebers

aaa. Arbeitsleistung als Vermögensvorteil

Als Vermögensvorteil kommt beim Arbeitsverhältnis die vom Arbeitnehmer geleistete Arbeit in Betracht. Dabei ist nach dem Gesetzeswortlaut zunächst eine - allerdings nicht allzu hohe - sprachliche Hürde zu überwinden. Man könnte nämlich meinen, § 291 Abs. 1 Satz 1 Nr. 3 StGB wende sich weniger an den Arbeitgeber, der einen „Hungerlohn" zahle, als an den Arbeitnehmer, der einen wucherischen Lohn fordere. Nach Lampe[466] bedarf es insoweit schon des „Gesamtaufgebots hermeneutischer Kunstfertigkeit", um die Arbeitsleistung nicht als „Leistung", sondern als „Vermögensvorteil", und den Lohn nicht als „Vermögensvorteil", sondern als „Leistung" zu interpretieren und so den Arbeitgeber zum Normadressaten und Täter zu machen. In seinem Urteil vom 22.04.1997 nimmt der Bundesgerichtshof diese Argumentation auf, geht diesem - sehr fernliegenden[467] - Zweifel nach und kommt zu Recht zu dem Ergebnis, dem Gesetz sei nicht zu entnehmen, dass ein Arbeitgeber nicht Täter des Wuchers sein könne[468]. Nach Auffassung des Bundesgerichtshofs erlangt der Arbeitgeber einen Vermögensvorteil, wenn sich der Erfolg der geleisteten Arbeit wirtschaftlich zu seinen Gunsten auswirke. Hiervon sei in der Regel auszugehen.[469]

---

[462] Schäfer/Wolff, in: LK-StGB, § 302a Rzn. 2, 50
[463] BT-Drucksache IV/650, 438
[464] Hoyer, in: SK-StGB, § 291 Rz. 30
[465] BGH, Urteil vom 22.04.1997, BGHSt 43, 53 (59)
Stree/Heine, in: Schönke/Schröder, § 291 Rz. 7
[466] In: FS-Maurach, S. 375 (388)
[467] Bernsmann, JZ 1998, 629 (632)
[468] BGH (Fn. 465)
[469] BGH (Fn. 465) unter Hinweis auf Lampe, in: FS-Maurach, S. 375 (387);
so auch im Anschluss an den BGH:
Stree/Heine, in: Schönke/Schröder, § 291 Rz. 10
Tröndle/Fischer, § 291 Rz. 7

Bei dieser Definition des Begriffs „Vermögensvorteil“ ergibt sich das Problem, dass der Erfolgswert der Arbeit für den Arbeitgeber den objektiven Wert einer Arbeitsleistung nicht maßgeblich bestimmen kann.[470] Ein Arbeitnehmer schuldet nämlich keinen Arbeitserfolg, sondern nur das Leisten vertraglich festgelegter Arbeit nach Weisung des Arbeitgebers. Der Erfolg einer ordnungsgemäß erbrachten Arbeitsleistung hängt dann davon ab, ob der Arbeitgeber die Arbeitsleistung zu seinem Nutzen einsetzt oder nicht.[471]

Der Wert der Arbeitsleistung bemisst sich somit am Arbeitswert (Lohnwert) und nicht am Arbeitserfolgswert (Wert des Arbeitsergebnisses). Dabei richtet sich der Lohnwert der Arbeit nach dem jeweiligen Arbeitsmarkt. Entscheidend ist also, was die in Anspruch genommene Arbeitskraft den Arbeitgeber nach marktorientierten Lohnsätzen kostet.

bbb. Bewertung der Arbeitsleistung: Vergleichsmaßstäbe

(1) Tariflohn und Marktwert (Marktpreis)

Da es für den Tatbestand des Wuchers entscheidend auf das Missverhältnis zwischen Leistung und Gegenleistung ankommt, muss für diesen Vergleich neben der wertmäßig eindeutigen Leistung (Lohnzahlung) der genaue Geldwert des Vermögensvorteils (Arbeitsleistung in Gestalt des Lohnwertes) ermittelt werden.[472] Der Bundesgerichtshof hat es sich insoweit verhältnismäßig leicht gemacht, indem er - ohne nähere Begründung - den Wert der von den beiden Arbeitnehmern im zu entscheidenden Fall geleisteten Arbeit mit dem hierfür tarifvertraglich vorgesehenen Lohn gleichsetzt.[473] Dem ist ein Teil des Schrifttums kritiklos gefolgt.[474] Die Kritiker[475] weisen insbesondere darauf hin, dass nach der herrschenden Meinung[476] der Marktwert (Marktpreis) der zu bewertenden Leistung zu ermitteln sei. Das gelte auch für die Arbeitsleistung. Dabei könne der Tariflohn zwar hilfreich, aber u.U. nicht allein entscheidend sein. Den Marktpreis erwähnt der Bundesgerichtshof unter Zitieren des Bayerischen Obersten Landes-

---

[470] BAG, Urteil vom 11.01.1973, AP Nr. 30 zu § 138 BGB, 3: Der sogenannte Aneignungswert ist für den Unternehmer nicht maßgeblich; ebenso Konzen in seiner Anmerkung zu diesem Urteil, a.a.O., 4 f.
Beuthien, RdA 1969, 161 (164 f.)
Kreutz, SAE 1974, 35 (36 f.)

[471] Beuthien, RdA 1969, 161 (164 f.)
Kreutz, SAE 1974, 35 (37)

[472] Hohendorf, S. 101 f.
Hoyer, in: SK-StGB, § 291 Rz. 40
Stree/Heine, in: Schönke/Schröder, § 291 Rz. 10

[473] BGH, Urteil vom 22.04.1997, BGHSt 43, 53 (60)

[474] Tröndle/Fischer, § 291 Rz. 7

[475] Nägele, BB 1997, 2162
Renzikowski, JR 1999, 166 (169)

[476] Hohendorf, S. 127
Kindhäuser, in: NK-StGB, § 291 Rz. 45
Stree/Heine, in: Schönke/Schröder, § 291 Rz. 18

gerichts[477] nur in einem Klammerzusatz, ohne näher auf dessen Verhältnis zum Tariflohn einzugehen. Mit Bernsmann[478] kann wohl angenommen werden, dass der Bundesgerichtshof den Tariflohn dem Marktpreis gleichsetzt.

Anknüpfend an die Ausführungen unter aaa. ist der Wert einer Arbeitsleistung auf den Arbeitsmarkt, der durch Angebot und Nachfrage geprägt[479] wird, zu beziehen. Dabei können in aller Regel die Tariflohnsätze der jeweiligen Branche[480] als Maßstab dienen.[481] Hilfsweise wird auf die in der Branche üblichen Löhne abzustellen sein, die sich mit den jeweiligen Tariflöhnen nicht zu decken brauchen.[482]

Ob der Tariflohn eine feste Bezugsgröße oder nur eine Orientierungsmarke bei der Ermittlung des Marktwertes ist, hängt davon ab, ob der Tarifvertrag für allgemeinverbindlich erklärt worden ist oder nicht.[483]

(2) Allgemeinverbindlicher Tarifvertrag und Arbeitnehmer-Entsendegesetz

(a) Allgemeinverbindlicher Tarifvertrag

Ein solcher Tarifvertrag legt allgemein die Mindestarbeitsbedingungen - also auch den Mindestlohn - mit Wirkung auch für die nicht tarifgebundenen Parteien fest. Von seinen Regelungen darf grundsätzlich nicht abgewichen werden. Entgegenstehende Vereinbarungen sind unwirksam, es sei denn, sie sind für den Arbeitnehmer günstiger oder der Tarifvertrag selbst erlaubt Abweichungen.[484] Bei dieser Rechtslage kann davon ausgegangen werden, dass der in einem für allgemeinverbindlich erklärten Tarifvertrag festgelegte Mindestlohn den für die betreffende Arbeitsleistung maßgeblichen Marktpreis (verbindlich) bestimmt.[485]

---

[477] Beschluss vom 31.08.1984, NJW 1985, 873

[478] JZ 1998, 629 (632)

[479] BayObLG, Beschluss vom 31.08.1984, NJW 1985, 873
Nägele, BB 1997, 2162
vgl. auch Otto, JR 1985, 169 (170)

[480] Die Tarifvertragsparteien verfügen über ausreichend Sachverstand, um den Marktpreis der Arbeit für die jeweilige Branche zu bestimmen.

[481] Konzen, AP Nr. 30 zu § 138 BGB, 4 (5)
Kreutz, SAE 1974, 35 (37)

[482] Kreutz, SAE 1974, 35 (37)
vgl. auch Nägele, BB 1997, 2162

[483] LAG Berlin, Urteil vom 20.02.1998, ArbuR 1998, 468
Nägele, BB 1997, 2162
Renzikowski, JR 1999, 166 (169)

[484] § 5 Abs. 4 i.V.m. § 4 Abs. 1 und 3 Tarifvertragsgesetz (TVG)

[485] Nägele, BB 1997, 2162
Renzikowski, JR 1999, 166 (169)
Einem Arbeitgeber kann nicht zu Gute kommen, dass er gegen zwingendes Recht verstößt und damit einen untertariflichen illegalen Markt mit niedrigeren Löhnen als Bezugsgröße schafft.

Wenn der Arbeitgeber in zulässiger Weise einen Teil seiner Arbeitnehmer übertariflich bezahlt, taucht die Frage auf, ob dadurch diese Vergütung zur üblichen wird, die den Marktpreis - abweichend vom Tariflohn - bestimmt. So wundert sich beispielsweise Nägele[486] darüber, dass der Bundesgerichtshof den Tariflohn als maßgeblichen Vergleichslohn zugrunde legt und nicht etwa den Lohn, den der Arbeitgeber den deutschen Arbeitnehmern gezahlt hat. Auch Renzikowski[487] vermisst in dem Urteil des Bundesgerichtshofs Überlegungen dazu, ob nicht dieser übertarifliche Lohn für deutsche Arbeitskollegen als Ausgangsbasis dienen sollte.

Die schwierigen arbeitsrechtlichen Fragen, unter welchen Voraussetzungen eine übertarifliche Bezahlung zu einer üblichen Vergütung wird und der Gleichbehandlungsgrundsatz einer Differenzierung zwischen deutschen und ausländischen Arbeitnehmern entgegensteht, braucht für das Strafrecht nicht entschieden zu werden. Vielmehr kann nach dem Grundsatz „in dubio pro reo" vom (Mindest-)Tariflohn als Marktpreis ausgegangen werden. Dieser Ansicht ist offenbar auch Bernsmann[488] mit der Feststellung, dass es „jedenfalls aus der Perspektive des Angeklagten" nicht zu beanstanden sei, wenn der Wert der Arbeitsleistung zumindest mit dem tarifvertraglich festgelegten Lohn gleichgesetzt werde.

(b) Arbeitnehmer-Entsendegesetz

Bereits im seinem Jahresgutachten 1989/90 hatte sich der Sachverständigenrat zur Begutachtung der gesamtwirtschaftlichen Entwicklung gegen die in der Bauwirtschaft bestehenden Praktiken ausgesprochen, dass ausländische Arbeitgeber in wachsendem Umfang ihre Arbeitnehmer, die dem Arbeitsrecht ihres Heimatstaates und damit auch den dort üblichen Löhnen und Arbeitsbedingungen unterliegen, in Deutschland einsetzen. Die Lohnkosten dieser ausländischen Anbieter liegen bestenfalls bei der Hälfte der in Deutschland üblichen, manchmal erheblich darunter.[489] Der massive Einsatz von ausländischen Arbeitnehmern aus Ländern mit deutlich niedrigerem Lohnniveau ließ eine drastische Verschlechterung der Situation für Klein- und Mittelbetriebe der deutschen Bauwirtschaft befürchten, führte zu einem Ansteigen der Arbeitslosigkeit unter den Bauarbeitern und auch zu Spannungen zwischen einheimischen und vom Ausland her eingesetzten Arbeitskräften.[490] Den Problemen, die insbesondere durch Entsendungen aus Portugal, Spanien, Griechenland, Großbritannien und Irland, also durch Entsendungen aus EU-Staaten hervorgerufen wurden, konnte mit Mitteln des Arbeitserlaubnis- und Aufenthaltsrechts nicht entgegengewirkt werden, da Staatsangehörige dieser Staaten Freizügigkeit genießen und keiner

---

[486] BB 1997, 2162
[487] JR 1999, 166 (170)
[488] JZ 1998, 629 (632)
[489] BT-Drucksache 13/2418, 7
Däubler, DB 1995, 726
[490] BT-Drucksache 13/2414, 6 f.

Arbeitserlaubnis bedürfen.[491] Auf der anderen Seite hindern weder das Europarecht noch das internationale Privatrecht die einzelnen Staaten, ihre Sozialstandards auf diejenigen Beschäftigten zu erstrecken, die in Ausübung der Dienstleistungsfreiheit im Inland tätig sind.[492] Um die Tarifautonomie der Tarifvertragsparteien zu sichern, für deutsche Bauunternehmer gleiche Wettbewerbsbedingungen zu schaffen, einen gespaltenen Arbeitsmarkt zu verhindern und ausländische Arbeitnehmer vor Ausbeutung zu schützen,[493] ist daher das Gesetz über zwingende Arbeitsbedingungen bei grenzüberschreitenden Dienstleistungen (Arbeitnehmer-Entsendegesetz, AEntG) vom 26.02.1996[494] geschaffen worden.

(aa) Persönlicher Geltungsbereich des Gesetzes

In § 1 Abs. 1 Satz 1 AEntG werden wettbewerbsrelevante Arbeitsbedingungen, insbesondere auch Mindestentgeltsätze, die in Rechtsnormen eines für allgemeinverbindlich erklärten Tarifvertrages im Bereich der Bauwirtschaft enthalten sind, unter den in dieser Vorschrift näher beschriebenen Voraussetzungen für Arbeitgeber mit Sitz im Ausland und ihre in Deutschland beschäftigten Arbeitnehmer zwingend festgelegt. § 1 Abs. 1 Satz 4 AEntG stellt klar, dass die Arbeitsbedingungen, die durch das Arbeitnehmerentsendegesetz auf ausländische Arbeitgeber und ihre in Deutschland eingesetzten Arbeitnehmer erstreckt werden, auch von inländischen Arbeitgebern einzuhalten sind. Diese Verpflichtung ergibt sich entweder aufgrund der Tarifbindung nach § 3 TVG oder aus der vom Arbeitnehmerentsendegesetz vorausgesetzten Allgemeinverbindlicherklärung eines Tarifvertrages.[495] Das Gesetz gilt also - entgegen seiner Überschrift - nicht nur für „Entsendungen“ aus dem Ausland.[496]

---

[491] Auch die aufenthaltsrechtlichen Titel nach dem AufenthaltsG/EWG sind rein deklaratorischer Natur.

[492] Von Danwitz, EuZW 2002, 237 (240)
Schlewing/Schuhmann/Heinz, S. 80

[493] BT-Drucksache 13/2414, 7
Bieback, RdA 2000, 207 (211 f.)

[494] BGBl. I, 227; in Kraft getreten am 01.03.1996
Mit der vom Rat der Europäischen Arbeits- und Sozialminister am 24.09.1996 verabschiedeten EG-Entsende-Richtlinie wird auf der Ebene der Europäischen Gemeinschaft im Grundsatz die gleiche Konzeption verfolgt wie durch das Arbeitnehmerentsendegesetz auf Bundesebene.
Zur Vereinbarkeit der Mindestlohnregelung des Arbeitnehmerentsendegesetzes mit europäischem Recht, insbesondere der gewährten Dienstleistungsfreiheit, vgl.: Urteil des EuGH vom 24.01.2002, DB 2002, 430 f.

[495] BT-Drucksache 14/45, 25
BGH, Beschluss vom 21.03.2000, NJW 2000, 1880 (1882)

[496] Hanau, NJW 1996, 1369

(bb) Allgemeinverbindlicherklärung durch Rechtsverordnung

Durch Einfügen des Absatzes 3a[497] in § 1 AEntG hat der Gesetzgeber das Bundesministerium für Arbeit und Sozialordnung ermächtigt, die Rechtsnormen eines Tarifvertrages, dessen Allgemeinverbindlicherklärung beantragt ist, auf alle unter den Geltungsbereich dieses Tarifvertrages fallenden und nicht an ihn gebundenen Arbeitgeber und Arbeitnehmer zu erstrecken. Es handelt sich dabei um eine wesentliche Modifikation des klassischen Verfahrens der Allgemeinverbindlicherklärung, gegen die zunächst verfassungsrechtliche Bedenken geäußert wurden.[498] Das Bundesverfassungsgericht hat diese nicht geteilt.[499] Das zuständige Bundesministerium hat zuletzt mit der bis zum 31.08.2004 befristeten Dritten Verordnung über zwingende Arbeitsbedingungen im Baugewerbe vom 21.08.2002[500] von dieser Ermächtigung Gebrauch gemacht. Nach § 1 i.V.m. dem als Anlage 1 dieser Verordnung beigefügten Tarifvertrag beträgt der Mindestlohn (Gesamttarifstundenlohn, bestehend aus Tarifstundenlohn und Bauzuschlag) der Arbeitnehmer in Betrieben des Baugewerbes ab dem 01.09.2002 in den alten Bundesländern 10,12 € und in den neuen Bundesländern 8,75 €.

(3) Nicht allgemeinverbindlicher Tarifvertrag

Ein nicht für allgemeinverbindlich erklärter Tarifvertrag bindet nur die Tarifvertragsparteien untereinander (§§ 3 Abs. 1, 4 Abs. 1 TVG). Soweit der Tarifvertrag nicht bindend ist - die ausländischen Arbeitnehmer im vom Bundesgerichtshof entschiedenen Fall gehörten nicht der Gewerkschaft an - sind im Rahmen der Vertragsfreiheit auch erheblich untertarifliche Lohnabreden zulässig.[501]

In diesen Fällen bei der strafrechtlichen Bewertung allein auf den Tariflohn als Vergleichsmaßstab abzustellen, würde im Ergebnis dem nur inter partes wirkenden Tarifvertrag eine Allgemeinverbindlichkeit beimessen, die ihm rechtlich nicht zukommt.[502]

Die für Nichttarifgebundene bestehende Vertragsfreiheit findet ihre Grenze insbesondere in § 138 Abs. 2 BGB, der im Wortlaut[503] weitgehend mit § 291 Abs. 1 Satz 1 Nr. 3 StGB übereinstimmt. Die Nichtigkeit einer Lohnvereinbarung setzt nach dieser Vorschrift u.a. ein auffälliges Missverhältnis zwischen

---

[497] Durch Art. 10 Nr. 1 Buchst. d des Gesetzes vom 19.12.1998, BGBl. I 3843 (3851), in Kraft getreten am 01.01.1999

[498] Bieback, RdA 2000, 207 (211) m.w.N.

[499] Beschluss vom 18.07.2000, NJW 2000, 3704

[500] BGBl. I, 3372

[501] BAG, Urteil vom 21.06.2000, NJW 2000, 3589
Renzikowski, JR 1999, 166 (169)

[502] Nägele, BB 1997, 2162
Renzikowski, JR 1999, 166 (170) m.w.N.

[503] Anpassung des Wortlauts an § 302a a.F. durch Art. 3 des 1. WiKG vom 29.07.1976 (BGBl. I 2034 [2038])

Arbeitsleistung und Lohn voraus. Nach der zivil- und arbeitsgerichtlichen Rechtsprechung,[504] auf deren Einzelheiten hier nicht näher einzugehen ist, kommt es bei der Prüfung, ob ein auffälliges Missverhältnis vorliegt, auf eine Gesamtwürdigung aller Umstände an.[505]

b. Missverhältnis zwischen Leistung und Gegenleistung

aa. Herrschende Meinung

Nach der Rechtsprechung ist das Missverhältnis allein von der Seite des Gläubigers (Täters, Wucherers) und nicht von der des Schuldners (Opfers, Bewucherten) her zu beurteilen. Zu vergleichen sind also die Vermögensvorteile, die dem Täter aus dem wucherischen Geschäft zufließen sollen oder zugeflossen sind, mit dem Wert seiner Leistung. Auf einen Vergleich der Täterleistung mit den Vorteilen, die das Opfer aus dem Geschäft erlangt oder sich verspricht, kommt es nicht an.[506]

Der Bundesgerichtshof führt in seinem bereits erwähnten Urteil vom 22.04.1997[507] für den Fall der Beschäftigung ausländischer Arbeitnehmer wörtlich aus:

> *„Dementsprechend hatte hier die Frage nach der Kaufkraft, die mit dem ausbezahlten Lohn für die beiden Arbeitnehmer an ihrem Wohnort in Tschechien verbunden war, etwa in Relation zur Kaufkraft des Tariflohns für einen in Deutschland wohnhaften Arbeitnehmer, außer Betracht zu bleiben."*

Die strafrechtlichen Kommentare folgen überwiegend kritiklos der Auffassung des Bundesgerichtshofs.[508]

bb. Kritik an der herrschenden Meinung

Es erscheint zweifelhaft, ob die dargelegte Auffassung, es komme ausschließlich auf den Gläubigerstandpunkt an, ohne weiteres auf die Fallgruppe „Beschäftigung ausländischer Arbeitnehmer" übertragen werden kann. Es stellt sich nämlich die Frage, ob ein ausländischer Arbeitnehmer, der zwar im Verhältnis zu deutschen Arbeitnehmern wenig, im Verhältnis zu den Arbeitnehmern seines

---

[504] Hierzu Reinecke, ArbuR 1997, 453 (455 f.) m.w.N.

[505] BGH, Urteil vom 05.10.2001, NJW 2002, 429 (430 f.)

[506] RGSt 20, 279 (282); 39, 126 (129); 60,216 (219); 74, 345 (349)
BayObLG, Beschluss vom 31.08.1984, NJW 1985, 873
OLG Stuttgart, Urteil vom 23.10.1981, wistra 1982, 36 (39)

[507] BGHSt 43, 53 (59 f.)

[508] Kindhäuser, in: NK-StGB, § 291 Rz. 43
Lackner/Kühl, § 291 Rz. 3
Stree/Heine, in: Schönke/Schröder, § 291 Rz. 10
Tröndle/Fischer, § 291 Rzn. 7, 16

Heimatlandes aber gut verdient, unter Umständen in der Heimat sogar zu den Besserverdienenden gehört, taugliches Opfer einer Wucherstraftat sein kann. Insoweit bedarf der Begriff „Opfervorteile" der Präzisierung.

Klar ist, dass Vorteile, die das Tatopfer aus der (späteren) Verwertung oder Nutzung der Leistung des Täters zieht, beim Leistungsvergleich unberücksichtigt bleiben müssen.[509] Als Beispiele seien hier aus der Rechtsprechung und der Literatur die Fälle des gewinnbringenden Weiterverkaufs einer zu einem wucherischen Kaufpreis erworbenen Ware,[510] der Gewinn aus vom Täter gelieferten Lotterielosen[511] und die Gewinne aus einer mit einem wucherischen Kredit erfolgreich bewirkten Firmensanierung zu nennen.

Nach Hohendorf[512] bietet in solchen und ähnlichen Fällen nur die Betrachtung vom Gläubigerstandpunkt aus die Gewähr, dass zum Zeitpunkt des Versprechenlassens[513] ein auffälliges Missverhältnis festgestellt werden kann. Wollte man auf den Schuldnerstandpunkt abstellen, müsste man entweder die Vermögensentwicklung beim Schuldner abwarten oder zusätzliche Kriterien finden, die eine zuverlässige Prognose der voraussichtlichen Vermögensentwicklung ermöglichen. Auch würde der Nachweis des Wuchervorsatzes weiter erschwert, da der Wucherer nicht alle für die zukünftige Entwicklung bedeutsamen Umstände auf der Opferseite kennen könnte.

In den Fällen der Beschäftigung ausländischer Arbeitnehmer ist die Sachlage aber anders. In dem vom Bundesgerichtshof entschiedenen Fall kann nicht vorn vornherein außer Betracht bleiben, dass die beiden Arbeitnehmer, die als tschechische Staatsangehörige Grenzgänger waren und jeden Tag in ihr Heimatland zurückkehrten, dort den Vorteil der erhöhten Kaufkraft des ausbezahlten Lohnes erlangten. Aufgrund der besonderen Umstände des Einzelfalles, auf deren Bedeutung immer wieder hingewiesen wird, bestand die Relation der erhöhten Kaufkraft des (in Deutschland) untertariflichen Lohnes zur Kaufkraft des Tariflohnes für einen in Deutschland lebenden Arbeitnehmer bereits im Zeitpunkt des Vertragsschlusses nach objektiven Kriterien - insbesondere des Wechselkurses und der wirtschaftlichen Verhältnisse (z.B. Preisindex für die Lebenshaltungskosten) in der Tschechischen Republik - fest. Die erhöhte Kaufkraft war bereits von vornherein als objektiver Wert mit hinreichender Bestimmtheit in der Lohnzahlung angelegt und wurde nicht erst durch eine spätere (eigenständige) Verwertung oder Nutzung der Lohnleistung als Vorteil des Arbeitnehmers erzielt.

---

[509] Heinsius, S. 88
Otto, JR 1985, 169
[510] Kindhäuser, in: NK-StGB, § 291 Rz. 43
[511] Otto, JR 1985, 169
[512] S. 107
[513] Beim Arbeitsvertrag ist der maßgebliche Beurteilungszeitpunkt der Vertragsabschluss.

In Anschluss an Hohendorf[514] lässt sich feststellen, dass hier nicht erst die Entwicklung des Vermögens „Lohn“ abgewartet zu werden brauchte, sondern bereits aufgrund der bei Vertragsschluss vorhandenen objektiven Kriterien eine zuverlässige Prognose möglich war, wie sich der Lohn wirtschaftlich für den Arbeitnehmer auswirkte.

Diese Auffassung wird auch durch rechtsgutbezogene Überlegungen gestützt. Nach herrschender Meinung[515] ist das durch § 291 geschützte Rechtsgut das Vermögen des Opfers. Nach dieser Auffassung muss also das Opfer aufgrund seiner Schwäche (z.B. Unerfahrenheit) einen Schaden an seinem Vermögen erlitten haben.[516] Bei dieser auf das Opfervermögen ausgerichteten Schutzintention kann der Opferstandpunkt nicht einfach ausgeblendet werden. Es stünde in krassem Widerspruch zur Einordnung des § 291 StGB als Vermögensdelikt, wenn bei der Bemessung des Schadens allein auf die Einschätzung des Gläubigers abgestellt und außer Betracht gelassen würde, wie sich die Leistung - wertmindernd oder -steigernd - objektiv auf das Opfervermögen auswirkte.[517]

Nach Bernsmann,[518] dem insoweit zuzustimmen ist, dürfe bei der Bewertung der Differenz zwischen Arbeitsleistung und Entlohnung als vermögensschädigend nicht die ökonomische Realität, wie sie sich aus der Verschiedenheit der Märkte ergebe, ausgeklammert werden. Für eine wirtschaftliche Betrachtung des Vermögenszuwachses durch Lohnzahlung könne nicht nur das nominell gezahlte Entgelt entscheidend sein. Vielmehr müsse auch der daraus stammende Zuwachs an Kaufkraft, über den letztlich der Ort entscheide, an dem das erwirtschaftete Vermögen eingesetzt werde, berücksichtigt werden.

Bezogen auf den vom Bundesgerichtshof entschiedenen Fall kann bei der Ermittlung des Vermögensschadens nicht ignoriert werden, dass die ausländischen Arbeitnehmer mit dem relativ geringen Lohn, den sie in Deutschland erhalten haben, in der Tschechischen Republik wegen der geringeren Lebenshaltungskosten relativ „wohlhabend“ geworden sein können. Sie mögen ungerecht entlohnt worden sein. Das führt aber nicht automatisch zu einem Vermögensschaden.[519] Auch Reinecke[520] und Renzikowski[521] äußern Zweifel, ob es richtig ist, bei der Bestimmung des Missverhältnisses zwischen Leistung und Gegenleistung die Opferperspektive vollständig auszublenden und demzufolge die erhöhte Kaufkraft des Lohnes in der Tschechischen Republik nicht zu berücksichtigen.

---

[514] S. 107
[515] Hoyer, in: SK-StGB, § 291 Rz. 3
Stree/Heine, in: Schönke/Schröder, § 291 Rz. 2
Tröndle/Fischer, § 291 Rz. 3
[516] Bernsmann, JZ 1998, 629 (632)
[517] Hoyer, in: SK-StGB, § 291 Rz. 42
[518] JZ 1998, 629 (633)
[519] Bernsmann, JZ 1998, 629 (633)
[520] ArbuR 1997, 453 (456)
[521] JR 1999, 166

Der Auffassung Kindhäusers,[522] das in § 291 StGB geschützte Rechtsgut sei nicht das Vermögen des Opfers, sondern die Vertragsfreiheit als überindividuelles Rechtsgut, braucht in diesem Zusammenhang nicht weiter nachgegangen zu werden; denn auch nach dieser Auffassung ist nicht ausgeschlossen, dass dem Opfer aus dem für den Täter vorteilhaften (wucherischen) Geschäft ein Vermögensgewinn zufließt.

Zu prüfen bleibt noch, ob die zur Begründung der herrschenden Meinung vorgebrachten Argumente den hier vertretenen Standpunkt aushebeln können.

aaa. Entscheidungen des Reichsgerichts

Als Argumentationsgrundlage werden überwiegend die vier Entscheidungen des Reichsgerichts vom 29.10.1940,[523] vom 04.05.1926,[524] vom 03.07.1906[525] und vom 25.02.1890[526] zitiert. Das entscheidende Urteil ist das zuletzt genannte, auf das die späteren - ohne sich näher mit ihm auseinander zu setzen - verweisen.

> *Nach diesem Urteil hatte der Angeklagte einem anderen ein Darlehen von 3.000 M auf drei Monate gegen 6 % Jahreszinsen gewährt. Zur Voraussetzung der Darlehenshingabe hatte er die Abnahme von Lotterielosen im Wert vom 20.000 M gemacht. Am Verkauf der Lose verdiente er Provision von 2.400 M.*

Während das Landgericht I Berlin als „erster Richter" den Tatbestand des Wuchers wegen der Vorteile, die das Opfer aus dem Loskauf durch Lieferung der Lose erlangte, verneinte, ließ das Reichsgericht die Lieferung der Lose als (weitere) Täterleistung neben der Darlehenshingabe mit folgender Begründung unberücksichtigt:

> *„Da der § 302a von Darlehen und von Stundung von Geldforderungen spricht, so kann unter „Leistung" nur dasjenige verstanden werden, was der Darlehensgeber oder der Stundung Gewährende als Gläubiger bei dem Darlehen oder bei der Stundung leistet. Der Angeklagte hat ein Darlehen von 3.000 M auf drei Monate gewährt. Zu prüfen war also, ob nach den Umständen des Falles (unter Berücksichtigung insbesondere des Risikos, welches der Angeklagte einging) der Vorteil des Angeklagten (ungefähr 2.400 M Provision und dazu 6 % Jahreszinsen von 3.000 M auf drei Monate) in auffälligem Missverhältnisse zu der bezeichneten Darlehensleistung standen. ..."*

---

[522] In: NK-StGB, § 291 Rzn. 10, 17
NStZ 1994, 105 (106)
[523] RGSt 74, 345 (349)
[524] RGSt 60, 216 (219)
[525] RGSt 39, 126 (129)
[526] RGSt 20, 279 (282)

Wie sich auch aus den in der Urteilsbegründung gesperrt gedruckten Wörtern entnehmen lässt, sah das Reichsgericht nach dem Wortlaut des durch Gesetz vom 24.05.1880[527] in das Strafgesetzbuch eingefügten § 302a offenbar rechtlich keine andere Möglichkeit, als nur das als „Leistung“ anzusehen, was der Täter in unmittelbarem Zusammenhang mit dem Rechtsgeschäft „Darlehen“ - also Hingabe der Darlehensvaluta - leistete, und die vom Opfer durch Lieferung der Lose erlangten Vorteile auszublenden.

Die dem Reichsgerichtsurteil zugrunde liegende Sach- und Rechtslage kann nicht ohne weiteres auf die hier maßgeblichen Fälle übertragen werden. Zum einen hat das Erste Gesetz zur Bekämpfung der Wirtschaftskriminalität die enge gesetzliche Bindung des Begriffs „Leistung“ an ein bestimmtes Rechtsgeschäft beseitigt; jede Art von Leistung kann Gegenstand des Wuchertatbestandes sein. Spätestens seit dieser Änderung der Rechtslage ist abweichend vom genannten Reichsgerichtsurteil die „Gesamtheit der vermögensrechtlichen Aufwendungen“ des Gläubigers mit den Vorteilen zu vergleichen, die ihm aus dem Wuchergeschäft zufließen. Zum anderen geben die reichsgerichtlichen Urteile mit ihrer Verweisungskette zu der Frage, wie die Gläubigerleistung zu bewerten ist, nichts her; sie befassen sich vielmehr damit, was Gegenstand der Leistung sein kann. Die Urteile schließen nicht aus, dass die Leistung des Gläubigers entsprechend den obigen Ausführungen näher präzisiert und ihr objektiver Wert, soweit er bei Vertragsschluss bereits im Leistungsgegenstand angelegt ist, bei der Bestimmung des Missverhältnisses mit berücksichtigt werden kann.

bbb. Schrifttum

Neben den Entscheidungen des Reichsgerichts und neueren obergerichtlichen Entscheidungen, die ihrerseits wieder die Reichsgerichtsurteile zitieren,[528] wird im Schrifttum zum Teil[529] zur Begründung der Auffassung, es komme bei der Bestimmung des Missverhältnisses allein auf den Gläubigerstandpunkt an, auch der Entwurf eines Strafgesetzbuches (StGB) - E 1962[530] - zitiert. In diesem Entwurf heißt es zur Begründung des § 265 (Wucher)[531] wie folgt:

> *„... nur der erste Standpunkt (erg: Gläubigerstandpunkt), den die Rechtsprechung und die herrschende Lehre für das geltende Recht ständig vertritt, entspricht dem Sinn und Zweck der Vorschrift. ..., daß dort, wo die Vorschrift die Begriffe des Vermögensvorteils oder der Leistung verwendet oder an sie anknüpft, sie ersichtlich nur auf den Gläubiger bezogen sein können. ...“*

[527] RGBl., 109
[528] Z.B. BayObLG, Beschluss vom 31.08.1984, NJW 1985, 873
[529] Hohendorf, S. 106
Kindhäuser, in: NK-StGB, § 291 Rz. 43
Stree/Heine, in: Schönke/Schröder, § 291 Rz. 11
[530] Vom 04.10.1962, BT-Drucksache IV/650, 438
[531] Der 1976 in Kraft getretene § 302a StGB enthielt die wesentlichen Vorschläge des E 1962 zu § 265.

Schäfer/Wolff[532] und Sturm[533] verweisen auf den Gesetzeswortlaut, nach dem sich die Begriffe „Vermögensvorteil" und „Leistung" nur auf den Gläubiger als Täter („wer") beziehen können.

Den Hinweisen auf die Gesetzesmaterialien und den Gesetzeswortlaut ist nichts hinzuzufügen; es dürfte unstreitig sein, dass mit „Leistung" die des Gläubigers gemeint ist. Das sagt aber noch nichts darüber aus, wie diese Leistung zu bewerten ist. Wenn es in den Gesetzesmaterialien heißt, beim (abzulehnenden) Schuldnerstandpunkt werde ein auffälliges Missverhältnis zwischen der Leistung des Gläubigers und den Vorteilen, die der Schuldner aus dem Geschäft erlange oder sich verspreche, vorausgesetzt, so kann das durchaus so verstanden werden, dass damit die nicht zu berücksichtigenden Vorteile aus der Verwertung oder Nutzung der Gläubigerleistung gemeint sind. Der Vorteil aus der Leistung selbst (der Lohnzahlung) - nach einer objektiven Bewertung - ist nämlich auf jeden Fall auf der Schuldnerseite zu berücksichtigen.

cc. Zwischenergebnis

Nach dem Gesetzeswortlaut ist davon auszugehen, dass sich die in § 291 Abs. 1 Satz 1 Nr. 3 StGB erwähnten Begriffe „sonstige Leistung" und „Vermögensvorteile" auf den Gläubiger (Täter, Wucherer) beziehen („wer"). Um das Missverhältnis zwischen Leistung und Vermögensvorteilen zu ermitteln, stellt die herrschende Meinung ausschließlich auf die Sicht des Gläubigers ab; Vorteile, die das Opfer aus dem Geschäft erlangt, werden nicht berücksichtigt.

Diese pauschale Aussage ist zu präzisieren und für die Fälle der Beschäftigung ausländischer Arbeitnehmer zu modifizieren. Beim Ermitteln des objektiven Wertes der Täterleistung „Lohn" sind bei einzelfallorientierter Betrachtungsweise auch die werterhöhenden Kriterien, die aufgrund besonderer Umstände seitens des Opfers (Arbeitnehmers) gegeben sind, mit zu berücksichtigen. So ist in dem vom Bundesgerichtshof entschiedenen Fall auch die erhöhte Kaufkraft des Lohnes in den Leistungsvergleich mit einzubeziehen, weil dieser Umstand bereits bei Abschluss des Arbeitsvertrages - spätestens aber bei der jeweiligen Auszahlung - im Leistungsgegenstand „Lohn" gewissermaßen objektiv mit angelegt war. Das spätere Umtauschen oder Ausgeben des Geldes ist keine - z.B. mit einem Losgewinn vergleichbare - Verwertung oder Nutzung der Täterleistung.

---

532 In: LK-StGB, § 302a Rz. 25

533 JZ 1977, 84 (86)

c. Auffälligkeit des Missverhältnisses

aa. Definition und Kritik

Nach allgemeiner Meinung[534] ist das Missverhältnis auffällig, wenn es einem Kundigen, sei es auch erst nach Aufklärung des - oft verschleierten - Sachverhalts, ohne weiteres ins Auge springt, dass der ausbedungene Vermögensvorteil den Wert der Leistung in einem völlig unangemessenen Umfang übertrifft.

Diese Definition ist wenig aussagekräftig und ebenso blass und schwer fassbar wie der zu definierende Begriff selbst.[535] Sie erleichtert nicht die Anwendung des unbestimmten Rechtsbegriffs „auffällig" auf den Einzelfall und liegt hart an der Grenze eines Verstoßes gegen das Bestimmtheitserfordernis des Art. 103 Abs. 2 GG.[536]

bb. Teilweise Konkretisierung des Begriffs durch Rechtsprechung und Schrifttum

Zumindest teilweise haben Rechtsprechung und Schrifttum den Begriff der Auffälligkeit konkretisiert. So ist beispielsweise beim Mietwucher nach herrschender Meinung ein auffälliges Missverhältnis im allgemeinen anzunehmen, wenn der dem Vermieter versprochene oder gewährte Vermögensvorteil den ortsüblichen Mietzins um 50 % übersteigt.[537]

Demgegenüber wird beim Kreditwucher die Frage, wann ein auffälliges Missverhältnis anzunehmen ist, uneinheitlich beantwortet[538]. Auch im Arbeitsrecht lassen sich noch keine allgemein anerkannten Grundsätze für die Annahme eines auffälligen Missverhältnisses ausmachen.[539] Vielmehr sind die Gerichte bei der Festsetzung

---

[534] BGH, Urteil vom 22.04.1997, BGHSt 43, 53 (60)
Heinsius, S. 137
Schäfer/Wolff, in: LK-StGB, § 302a Rz. 27
Stree/Heine, in: Schönke/Schröder, § 291 Rz. 12
Tröndle/Fischer, § 291 Rz. 16

[535] Bernsmann, JZ 1998, 629 (633)
Hohendorf, S. 108

[536] Bernsmann, JZ 1998, 629 (633)

[537] Heinsius, S. 139 m.w.N.
Stree/Heine, in: Schönke/Schröder, § 291 Rz. 13
Tröndle/Fischer, § 291 Rz. 17
In diesem Zusammenhang ist auch § 5 Abs. 2 WiStG zu beachten, nach dem eine bußgeldbewehrte Ordnungswidrigkeit vorliegt, wenn der Vermieter unter den dort beschriebenen Voraussetzungen einen um 20 % über dem ortsüblichen Mietzins liegendes Entgelt verlangt.

[538] Heinsius, S. 138 f. m.w.N.
Schmidt, GA 1979, 121 (140)
Stree/Heine, in: Schönke/Schröder, § 291 Rz. 16
Tröndle/Fischer, § 291 Rz. 18

[539] Renzikowski, JR 1999, 166 (170) m.w.N.

von Untergrenzen für Arbeitsentgelte zurückhaltend.[540] So bleibt auch abzuwarten, inwieweit die Entscheidung des Bundesgerichtshofs, der in der Zahlung von nur zwei Dritteln des Tariflohnes - wie im Fall 5 - ein auffälliges Missverhältnis von Leistung und Gegenleistung sieht, die arbeitsgerichtliche Praxis[541] prägen wird.

cc. Prozentuale Orientierungsmarken für den Lohnwucher

Renzikowski[542] weist darauf hin, dass der Bundesgerichtshof sich nicht der Aufgabe unterzogen habe, die Grenzen des Lohnwuchers - über den Einzelfall hinaus - mit einer pauschalierenden prozentualen Orientierungsmarke genau anzugeben.[543] Es bleibt also weiterhin offen, ab welcher Lohndifferenz der Arbeitgeber in die Gefahr der Strafbarkeit gerät.[544]

aaa. 50-Prozent-Marke

Es wird die Meinung vertreten, beim Leistungswucher nach § 291 Abs. 1 Satz 1 Nr. 3 StGB sei ein auffälliges Missverhältnis grundsätzlich anzunehmen, wenn die Vermögensvorteile den Wert der Leistung um mehr als 50 % überstiegen.[545]

bbb. 20-Prozent-Marke

Bei § 406 Abs. 1 SGB III, der ebenfalls den Begriff „auffälliges Missverhältnis" enthält, wird dieses für den Lohnabstand schon bei einem um mehr als 20 % niedrigeren Entgelt angenommen.[546] Da diese Norm und § 291 Abs. 1 Satz 1

---

540 Hanau, in: Münchener Handbuch zum Arbeitsrecht, § 63 Rz. 6

541 Das LAG Berlin hat sich in seiner Entscheidung vom 20.02.1998 (ArbuR 1998, 468) ausdrücklich auf das BGH-Urteil vom 22.04.1997 bezogen und bei einem Lohn von etwa 42 % des Tariflohnes ein auffälliges Missverhältnis bejaht.

542 JR 1999, 166 (170)

543 Hier hätte beispielsweise Veranlassung sein können, dass das BAG (Urteil vom 04.02.1981, BAGE 35, 43 [49]) bei einer Vergütung von 70 % des Tariflohnes das Vorliegen eines auffälligen Missverhältnisses verneint hat. Auch hätte sich der BGH dazu äußern können, ob der zum Vergleichsmaßstab genommene Tariflohn besonders niedrig - gemessen am allgemeinen Lohnniveau - gewesen sei, sodass bereits eine verhältnismäßig geringe Unterschreitung ausgereicht hätte.

544 Nägele, BB 1997, 2162

545 Hoyer, in: SK-StGB, § 291 Rz. 53
Kindhäuser, in: NK-StGB, § 291 Rz. 51
Tröndle/Fischer, § 291 Rz. 19
Hohendorf, S. 129; er plädiert für eine Neufassung des Wuchertatbestandes (S. 197-199, 204) und schlägt folgenden Satz als Einfügung vor: „Ein auffälliges Missverhältnis von Vermögensvorteilen und Leistung liegt in der Regel vor, wenn der Wert der Vermögensvorteile den der Leistung mehr als die Hälfte übersteigt."
Ebenso Hanau, nach dessen Auffassung sich im Anschluss an die Rechtsprechung zum Kreditwucher für die arbeitsgerichtliche Rechtsprechung die Faustregel aufstellen lasse, dass die Hälfte des Marktlohnes nicht unterschritten werden dürfe (in: Münchener Handbuch zum Arbeitsrecht, § 63 Rz. 6). Auch mit dieser Faustregel, der er nicht gefolgt ist, hat sich der BGH in seinem Urteil vom 22.04.1997 nicht auseinander gesetzt.

546 Siehe oben S. 118 bis 120

Nr. 3 StGB verwandt[547] sind - Rechtsgut beider Tatbestände ist (zumindest auch) der Schutz der (ausländischen) Arbeitnehmer vor Ausbeutung -, könnte man daran denken, diese Marke auch für den Lohnwucher zu übernehmen.

ccc. Stellungnahme

Auf die kriminalpolitisch unerwünschten Nachteile eines zahlenmäßig fixierten Prozentsatzes wurde bereits bei § 406 Abs. 1 SGB III hingewiesen. Im Gegensatz zu § 406 Abs. 1 SGB III erscheint es bei § 291 StGB wegen der Vielzahl der von dieser Norm erfassten Fallkonstellationen nicht sinnvoll, eine Prozent-Marke gesetzlich festzulegen. Wird in § 406 Abs. 1 SGB III die vorgeschlagene 20-Prozent-Marke aufgenommen, so hätte das mit Sicherheit auch Auswirkungen auf die Beurteilung des auffälligen Missverhältnisses beim Lohnwucher. Zutreffend wird darauf hingewiesen, dass die Verurteilungszahlen extrem gering seien.[548] Nach der Strafverfolgungsstatistik 2001[549] wurden in diesem Jahr zwei (!) Angeklagte im Bundesgebiet wegen sonstigen Wuchers (§ 291 Abs. 1 Satz 1 Nrn. 3 und 4 StGB) verurteilt.

d. Opferschwäche „Unerfahrenheit"

aa. Herrschende Meinung

Nach der herrschenden Meinung ist Unerfahrenheit im Sinne des Wuchertatbestandes eine dem Menschen anhaftende Eigenschaft, die auf einem Mangel an Geschäftskenntnissen und Lebenserfahrung allgemein oder auf bestimmten Gebieten beruht und die Fähigkeit beschränkt, gewisse Lebensverhältnisse richtig zu beurteilen.[550] Dabei muss der Ausgebeutete eben durch diese Eigenschaft gegenüber dem Durchschnittsmenschen benachteiligt sein.[551] Eine auch beim Durch-

---

[547] Bernsmann, JZ 1998, 629 (633) weist zutreffend auf diese Verwandtschaft hin. Nach seiner Auffassung hätte der BGH mit der Angabe von (ungefähren) Grenzwerten zum Wucher zugleich Anhaltspunkte zur Beurteilung des „auffälligen Missverhältnisses" in § 227a Abs. 1 AFG (heute: § 406 Abs. 1 SGB III) liefern können.

[548] Nack, MDR 1981, 621, spricht plastisch von einem Faraday'schen Käfig, der den Täter vor dem „Blitz" einer Verurteilung schütze.
Scheffler, GA 1992, 1
Tröndle/Fischer, § 291 Rz. 2

[549] S. 82

[550] BGH, Urteil vom 03.12.1957, BGHSt 11, 182 (186) mit Nachweisen der Judikatur des Reichsgerichts
Arzt/Weber, § 24 Rz. 13
Lackner/Kühl, § 291 Rz. 8
Schäfer/Wolff, in: LK-StGB, § 302a Rz. 18
Stree/Heine, in: Schönke/Schröder, § 291 Rz. 25
Tröndle/Fischer, § 291 Rz. 11

[551] BGH, Urteil vom 04.04.1959, BGHSt 13, 233 (234 f.) und Urteil vom 22.04.1997, BGHSt 43, 53 (61)
Hohendorf, S. 97
Lackner/Kühl, § 291 Rz. 8
Schauer, S. 52

schnittsmenschen vorhandene Unkenntnis reicht dabei nicht aus, um eine Unerfahrenheit zu begründen.

bb. Mindermeinung

Nach anderer Auffassung ist die von der herrschenden Meinung vorgenommene Einschränkung, dass der Ausgebeutete unerfahrener als der Durchschnittsmensch sein müsse, abzulehnen.[552] Sie hält die Entscheidung des Bundesgerichtshofs,[553] die erstmals die Einschränkung auf den Durchschnittsmenschen enthält, für überholt [554] und möchte eine Unerfahrenheit im Sinne des § 291 Abs. 1 Satz 1 StGB schon dann annehmen, wenn es einer Person nicht möglich sei, trotz Nutzung der ihr gegebenen Fähigkeiten sich einen Überblick über den Marktpreis zu verschaffen.[555]

cc. Unerfahrenheit auf bestimmtem Gebiet

Ausgehend von der Definition der herrschenden Meinung, nach der sich der Mangel an Geschäftskenntnissen und Lebenserfahrung auch auf bestimmte Gebiete beziehen kann, vertritt Hoyer[556] die Auffassung, dass Vergleichsmaßstab nicht allgemein der Durchschnittsmensch, sondern ein durchschnittlicher Teilnehmer im Geschäftsleben gerade auf diesem bestimmten Sektor des betreffenden Wuchergeschäftes sei.

Dieser Auffassung ist zu folgen; denn sie verhindert, dass bei Geschäften, die gewisse Spezialkenntnisse erfordern, jemand straflos ausgebeutet werden könnte, weil auch Durchschnittsmenschen auf diesem Geschäftssektor keine Kenntnisse besitzen. In seinem Urteil vom 22.04.1997[557] stellt der Bundesgerichtshof offensichtlich auf den Geschäftssektor „Arbeitsmarkt" ab.[558] Mit der Formulierung „es ist allgemein bekannt" will er wohl ausdrücken, dass der Durchschnittsmensch wisse, „dass es für die meisten Berufe und jedenfalls für das Baugewerbe tariflich festgelegte Löhne gibt, über deren genaue Höhe man sich erforderlichenfalls aus allgemein zugänglichen Quellen informieren kann".

Nach Hoyers Auffassung, der zu folgen ist, hätte es ausgereicht, wenn der Bundesgerichtshof auf den durchschnittlichen deutschen Arbeitnehmer (oder noch

---

552 Heinsius, S. 160 ff.
553 Urteil vom 04.04.1959, BGHSt 13, 233
554 Maurach/Schroeder/Maiwald, § 43 Rz. 21
555 Otto, JR 1984, 252 (254) m.w.N.
556 In: SK-StGB, § 291 Rz. 15
557 BGHSt 43, 53 (61)
558 In seinen Urteilen vom 03.12.1957 (BGHSt 11, 182 [187]) und vom 08.12.1981 (BGHSt 30, 280) stellt der BGH auf die Unkenntnis „auf dem Teilgebiet des deutschen Mietpreisrechts" und „in deutschen Wohnungsangelegenheiten" ab.

enger: auf den durchschnittlichen deutschen Arbeitnehmer im Baugewerbe), der nicht dem Durchschnittsmenschen gleichgestellt werden kann, abgestellt hätte.[559]

dd. Besonderheiten bei ausländischen Arbeitnehmern

Um die Unerfahrenheit eines ausländischen Arbeitnehmers, der sich auf dem deutschen Arbeitsmarkt betätigt, beurteilen zu können, sind sein Vorleben, seine Vorbildung[560] und seine Sprachkenntnisse von Bedeutung. So erwähnt der Bundesgerichtshof in seinem Urteil vom 22.04.1997[561] ausdrücklich, dass die tschechischen Arbeitnehmer kaum deutsch gesprochen hätten und aus einem Land gekommen seien, wo wenige Jahre vor dem Tatzeitraum Löhne und Preise noch staatlich gelenkt gewesen seien.

Das Fehlen ausreichender Sprachkenntnisse kann zumindest dann die Unerfahrenheit begründen, wenn dadurch der erforderliche Überblick über den Geschäftsbereich, zu dem das Wuchergeschäft gehört, nicht vorhanden ist.[562]

Soweit beim Lohnwucher neben der Unerfahrenheit auch die Ausbeutung einer Zwangslage, z.B. Versorgung erkrankter Familienangehöriger oder ähnliches, von Bedeutung sein kann, soll darauf nicht näher eingegangen werden.

e. Ausbeuten der Opferschwäche

aa. Bewusstes Ausnutzen der Opferschwäche

Die Fassung des § 302a StGB aus dem Jahre 1893, die bis zur Neuregelung durch das Erste Gesetz zur Bekämpfung der Wirtschaftskriminalität galt, enthielt auch schon den Begriff „Ausbeutung". Nach der damals herrschenden Meinung in Rechtsprechung[563] und Schrifttum wurde Ausbeutung als bewusstes Ausnutzen, als Missbrauch der bedrängten Lage des anderen zum Erlangen übermäßiger Vermögensvorteile definiert.

Im Grundsatz hält auch nach der Neufassung des § 302a StGB im Jahre 1976 (heute § 291 StGB) ein Teil des Schrifttums an dieser Definition fest. Dabei wird die Komponente „Missbrauch", die in der Definition des Reichsgerichts und des Bundesgerichtshofs sowie im Gesetzentwurf der Bundesregierung[564] enthalten ist und in Richtung des sittlich Anstößigen, Verwerflichen deutet,[565] nur noch von Schauer[566] er-

---

559 Bernsmann, JZ 1998, 629 (633)
560 Scheu, JR 1982, 474
561 BGHSt 43, 53 (61)
562 Schäfer/Wolff, in: LK-StGB, § 302a Rz. 18
Stree/Heine, in: Schönke/Schröder, § 291 Rz. 25
Tröndle/Fischer, § 291 Rz. 11
563 BGH, Urteil vom 03.12.1957, BGHSt 11, 182 (187)
564 Zum 1. WiKG, BT-Drucksache 7/3441, 40
565 Sturm, JZ 1977, 84 (86)
566 S. 75

wähnt. Schäfer/Wolff[567] reduzieren den Begriff Ausbeuten auf das bewusste Ausnutzen der Opferschwäche, während Hoyer,[568] Maurach/Schroeder/Maiwald[569] und Heinsius[570] schlicht das Ausbeuten dem Ausnutzen gleichstellen. Nach Hohendorf[571] hat das Merkmal Ausbeuten nur deklaratorische Bedeutung und könnte abgeschafft werden.

bb. Ausnutzen der Opferschwäche in besonders anstößiger Weise

Demgegenüber entfernt sich das zu § 302a StGB[572] entstandene Schrifttum zum Teil von der früher herrschenden Meinung. Unter Hinweis auf § 291 Abs. 1 Satz 2 StGB, in dem von „ausnutzen" die Rede ist, wird der Begriff des „Ausbeutens" in § 291 Abs. 1 Satz 1 StGB als eine qualifizierte Art des Ausnutzens enger im Sinne von besonders intensiver, sittlich anstößiger, parasitärer und verwerflicher Ausnutzung ausgelegt.[573]

cc. Stellungnahme

Zunächst sei erwähnt, dass der Bundesgerichtshof sich in seinem Urteil vom 22.04.1997 nicht näher zum Tatbestandsmerkmal „ausbeuten" äußert. Der Senat stellt lediglich fest, die Annahme der Landgerichtskammer, der Angeklagte habe die Unerfahrenheit der beiden ausländischen Arbeitnehmer „ausgenutzt", sei rechtlich nicht zu beanstanden.[574] Bereits in einem Urteil aus dem Jahre 1981 führt der Bundesgerichtshof[575] ohne nähere Begründung aus, der Angeklagte habe u.a. die Notlage der Asylbewerber dadurch ausgebeutet, dass er sich für die Vermietung von Wohnraum Vermögensvorteile, die in auffälligem Missverhältnis zu seiner eigenen Leistung stünden, habe gewähren lassen. Es liegt der Schluss nahe, dass der Bundesgerichtshof mit dem Verzicht auf eine nähere Definition des unbestimmten Rechtsbegriffes „ausbeuten" diesen - ohne einschränkende Voraussetzungen - dem (bewussten) Ausnutzen gleichstellen wollte.

Die enge Auffassung, nach der Ausbeuten ein qualifiziertes Ausnutzen sei, stützt sich insbesondere darauf, dass in der seit dem 01.09.1976 geltenden Fassung des Wuchertatbestandes Abs. 1 Satz 1 von „ausbeuten" und Abs. 1 Satz 2 von „ausnutzen" spricht. Aus der Entstehungsgeschichte des neugefassten Tatbestandes lässt sich nicht entnehmen, dass der Gesetzgeber dem Begriff des Aus-

---

567 In: LK-StGB, § 302a Rz. 24
568 In: SK-StGB, § 291 Rzn. 18 f.
569 § 43 Rz. 22
570 S. 71 f.
571 S. 132-135, 199
572 In der seit dem 01.09.1976 geltende Fassung, heute § 291 StGB
573 Lackner/Kühl, § 291 Rz. 8
Scheu, JR 1982, 474 (475)
Stree/Heine, in: Schönke/Schröder, § 291 Rz. 29
Tröndle/Fischer, § 291 Rz. 14
574 BGHSt 43, 53 (61)
575 BGHSt 30, 280

beutens einen über die bis dahin geltende Definition hinaus gehenden neuen Inhalt im Sinne der engen Auffassung geben wollte.[576] Wenn auch zu bemängeln ist, dass der Gesetzgeber seinerzeit keine Klarstellung vorgenommen und auf das Merkmal des Ausbeutens ganz verzichtet hat,[577] so ist nach der hier vertretenen Auffassung davon auszugehen, dass der Gesetzgeber am Begriff „ausbeuten" festgehalten hat, um die Kontinuität und Plastizität des Wuchertatbestandes zu erhalten, ohne dem Wucherer den Stempel eines „skrupellosen Halsabschneiders" aufzudrücken, den Begriff über das bewusste Ausnutzen der Opferschwäche hinaus „moralisch aufzuladen" und durch eine restriktive Auslegung die Anwendung des Wuchertatbestandes weiter zu erschweren. Vielmehr ist Hoyer[578] zu folgen in der Meinung, „ausbeuten" in Abs. 1 Satz 1 und „ausnutzen" in Abs. 1 Satz 2 unterscheiden sich allein durch den jeweiligen Taterfolg: Beim Ausbeuten geht es um einen auffällig unverhältnismäßigen Vermögensvorteil, beim Ausnutzen nur um einen übermäßigen Vermögensvorteil.

3. Weitere Voraussetzungen der Strafbarkeit

Vorsatz ist hinsichtlich aller Tatbestandsmerkmale erforderlich, dolus eventualis genügt. Der Vorsatz muss dabei die Umstände umfassen, welche die Schwächelage[579] des Positivstaaters begründen, braucht aber die Wertungen des Gesetzes nur nach einer Parallelwertung in der Laiensphäre nachzuvollziehen.[580]

Die Einwilligung des Positivstaaters in seine wucherische Beschäftigung ist strafrechtlich irrelevant und weder als tatbestandsausschließendes Einverständnis noch als rechtfertigende Einwilligung zu qualifizieren, da § 291 StGB eines der Delikte ist, die überhaupt nur mit Zustimmung des Betroffenen begehbar sind.

4. Besonders schwere Fälle

§ 291 Abs. 2 StGB nennt als Strafzumessungsregel für besonders schwere Fälle drei Regelbeispiele. Im Zusammenhang mit der illegalen Beschäftigung von Positivstaatern ist allein Nr. 2 relevant, nach dem die gewerbsmäßige Tatbegehung einen besonderes schweren Fall indiziert. Insoweit kann auf die Ausführungen zu § 92a Abs. 2 Nr. 1 AuslG und § 406 Abs. 2 SGB III verwiesen werden.

---

[576] Heinsius, S. 171 f.
Hohendorf, S. 134 f.
Schäfer/Wolff, in: LK-StGB, § 302a Rz. 23

[577] Vgl. Tiedemann, ZStW 87 (1975), 253 (290)

[578] In: SK-StGB, § 291 Rz. 19

[579] OLG Düsseldorf, Beschluss vom 13.07.1998, NStZ-RR 1998, 365 zum Mietwucher

[580] Stree/Heine, in: Schönke/Schröder, § 291 Rz. 35
Tröndle/Fischer, § 291 Rz. 24

II. Vorenthalten von Arbeitsentgelt oder (Beitrags-)Betrug

Bei der illegalen Beschäftigung von Positivstaatern unterlässt es der Arbeitgeber[581] regelmäßig, seine Beschäftigten bei einer für die Erhebung des Gesamtsozialversicherungsbeitrages zuständigen[582] Krankenkasse (Einzugsstelle) zu melden. Der Verstoß gegen die in § 28a SGB IV normierte Meldepflicht[583] kann nach § 111 Abs. 1 Nr. 2 SGB IV als Ordnungswidrigkeit geahndet werden. Darüber hinaus kommt eine Strafbarkeit wegen Vorenthaltens von Arbeitsentgelt nach § 266a Abs. 1 StGB oder wegen (Beitrags-)Betruges nach § 263 Abs. 1 StGB in Betracht.

1. Sozialversicherungspflicht ausländischer Arbeitnehmer

Grundvoraussetzung für eine Beitragsstraftat nach § 266a Abs. 1 StGB oder § 263 Abs. 1 StGB ist die inländische Sozialversicherungspflicht. Sie besteht immer bei inländischer Beschäftigung durch einen inländischen Arbeitgeber, wobei die Staatsangehörigkeit des Arbeitnehmers ohne Bedeutung ist, § 3 SGB IV. Die Voraussetzungen der die Sozialversicherungspflicht aufhebenden „Einstrahlung“ nach § 5 SGB IV liegt bei den im Fall 5 illegal beschäftigten Positivstaatern nicht vor, da diese nicht im Rahmen eines ausländischen Beschäftigungsverhältnisses entsandt worden sind. Mithin ist ein materielles Sozialversicherungsverhältnis gegeben.

2. Vorenthalten von Arbeitsentgelt - § 266a Abs. 1 und 4 StGB

Der durch das Zweite Gesetz zur Bekämpfung der Wirtschaftskriminalität vom 15.05.1986 zum 01.08.1986 in das Strafgesetzbuch eingefügte § 266a droht in Absatz 1 dem Arbeitgeber Freiheitsstrafe bis zu fünf Jahren oder Geldstrafe für den Fall an, dass er Beiträge des Arbeitnehmers zur Sozialversicherung oder zur Bundesanstalt für Arbeit der Einzugsstelle vorenthält. Da Vorenthalten der Beiträge das Unterlassen ihrer Zahlung ist, gelten die allgemeinen Grundsätze für echte Unterlassungsdelikte.[584]

Geschütztes Rechtsgut ist in erster Linie das Vermögen der Sozialversicherungsträger, letztlich also die Funktionsfähigkeit der Sozialversicherungssysteme.[585]

---

[581] Vgl. Fall 5
[582] §§ 28a, 28i SGB IV
[583] Die Einzelheiten über die Durchführung der Meldung ergeben sich aus der Verordnung über die Erfassung und Übermittlung von Daten für die Träger der Sozialversicherung, eingeführt aufgrund von Artikel 1 der Verordnung zur Neuregelung des Meldeverfahrens in der Sozialversicherung vom 10.02.1998, BGBl. I, 343, in Kraft getreten am 01.01.1999.
[584] Lenckner/Perron, in: Schönke/Schröder, § 266a Rz. 10
Tröndle/Fischer, § 266a Rz. 12
[585] BT-Drucksache 10/5058, 31
OLG Celle, Urteil vom 01.07.1991, NJW 1992, 190
Gribbohm, in: LK-StGB, § 266a Rz. 5
Samson/Günther, in: SK-StGB, § 266a Rz. 2

a. Arbeitsverhältnis

Kernvoraussetzung für eine Strafbarkeit des Arbeitgebers nach § 266a Abs. 1 StGB ist das Bestehen eines Arbeitsverhältnisses. Es kommt nicht darauf an, ob ein Arbeitsvertrag ausdrücklich abgeschlossen wurde. Entscheidend ist, ob nach den Grundsätzen des Sozial- und Arbeitsrechts ein Arbeitsverhältnis besteht (so etwa bei Weisungsgebundenheit, persönlicher Abhängigkeit oder Eingliederung des Arbeitnehmers im Betrieb des Arbeitgebers;[586] vgl. auch § 7 Abs. 4 SGB IV). Ein Arbeitsverhältnis in diesem Sinne liegt bei der unerlaubten Beschäftigung von Positivstaatern in der Regel vor.

b. Arbeitgeber und Täter

Arbeitgeber im Sinne des § 266a Abs. 1 StGB ist derjenige, an den der Positivstaater seine Dienste zu leisten verpflichtet ist. Entscheidend ist dabei nicht die formale Stellung, sondern der tatsächliche Einfluss etwa auf die Organisation des Arbeitsablaufes. Somit hindert das Vorschieben eines Strohmannes - z.B. eines ausländischen Baustellenleiters - nicht die Annahme, dass tatsächlich der Hintermann Arbeitgeber im Sinne des § 266a Abs. 1 StGB ist.

Ist der Arbeitgeber eine juristische Person, sind nach § 14 Abs. 1 Nr. 1 StGB die vertretungsberechtigten Organe Täter dieses Sonderdeliktes, im Fall 5 also G als Geschäftsführer der GmbH (§ 35 Abs. 1 GmbHG).

In Fällen der illegalen Arbeitnehmerüberlassung wird der Entleiher nach § 10 Abs. 1 AÜG Arbeitgeber des Leiharbeitnehmers. Diese Fiktion reicht aus, um ihn zum tauglichen Täter zu machen. Zahlt der Verleiher - wie in der Praxis üblich - trotz der Nichtigkeit des Arbeitsvertrages den Lohn an den Leiharbeitnehmer, so gilt er - neben dem Entleiher - als Arbeitgeber und hat somit auch den Gesamtsozialversicherungsbeitrag an die Einzugsstelle zu entrichten (§ 28e Abs. 2 Sätze 3 und 4 SGB IV) mit der strafrechtlichen Folge, dass er in erster Linie als Täter in Betracht kommt.[587]

c. Schaden

Der strafrechtlich relevante Schaden sind die geschuldeten Sozialversicherungsbeiträge des Arbeitnehmers, die aus dem Bruttolohn berechnet werden.

In den Fällen illegaler Ausländerbeschäftigung mit unterlassener Meldung der Arbeitnehmer bei der Einzugsstelle wirken Arbeitgeber und Arbeitnehmer in der Regel einvernehmlich zusammen, so dass ein Fall der sogenannten „Schwarzlohnabrede" vorliegt. In diesen Fällen war nach der bisherigen Rechtsprechung der tatsächlich ausgezahlte Lohn als Bruttolohn anzusehen und hier-

[586] Heitmann, in: Müller-Gugenberger/Bieneck, § 36 Rz. 15
[587] Lenckner/Perron, in: Schönke/Schröder, § 266a Rz. 11

aus der Schaden zu berechnen[588] und nicht - wie bei einer für den Arbeitgeber ungünstigeren Nettolohnvereinbarung - der ausgezahlte Lohn auf einen fiktiven Bruttolohn hochzurechnen (Formel: Nettolohn + fiktive Steuern + Arbeitnehmeranteil Sozialversicherungsbeiträge = fiktiver Bruttolohn).

Art. 3 Nr. 2 des Gesetzes zur Erleichterung der Bekämpfung von illegaler Beschäftigung und Schwarzarbeit vom 23.07.2002[589] hat in § 14 Abs. 2 SGB IV folgenden Satz angefügt:

> *„Sind bei illegalen Beschäftigungsverhältnissen Steuern und Beiträge zur Sozialversicherung und zur Arbeitsförderung nicht gezahlt worden, gilt ein Nettoarbeitsentgelt als vereinbart."*

Danach ist nunmehr bei der Berechnung der Beiträge zur Sozialversicherung und zur Arbeitsförderung in Fällen illegaler Beschäftigung von einer Nettolohnvereinbarung auszugehen, auch wenn der Nachweis einer solchen Vereinbarung nicht erbracht werden kann.[590]

d. Weitere Voraussetzungen der Strafbarkeit

Nur die vorsätzliche Tatbegehung im Sinne des § 15 StGB erfüllt den Straftatbestand des § 266a Abs. 1 StGB, dolus eventualis genügt. Eine weitergehende Bereicherungsabsicht ist nicht erforderlich.

Ist beim illegalen Verleih - wie im Fall 7 - der Entleiher, der den Lohn an den Leiharbeitnehmer zahlt, nach § 266a Abs. 1 StGB strafrechtlich verantwortlicher Arbeitgeber, setzt der Vorsatz auch die Kenntnis der gesetzlichen Fiktion (§ 10 Abs. 1 AÜG) voraus.[591]

Eine rechtfertigende Einwilligung des Positivstaaters ist nicht möglich, da geschütztes Rechtsgut das Beitragsaufkommen der Sozialversicherung ist. Auch der Wille des Arbeitgebers, durch Nichtzahlung der Gesamtsozialversicherungsbeiträge den Erhalt des Betriebes und der Arbeitsplätze zu sichern, ist rechtlich irrelevant.[592]

e. Besonders schwere Fälle

§ 266a Abs. 4 StGB, der durch Art. 8 Buchst. c) des Gesetzes zur Erleichterung der Bekämpfung von illegaler Beschäftigung und Schwarzarbeit vom

---

[588] BGH, Urteil vom 13.05.1992, NStZ 1992, 441, mit dem der 5. Strafsenat seine bisherige Rechtsprechung aufgab.
Lenckner/Perron, in: Schönke/Schröder, § 266a Rz. 9

[589] BGBl. I, 2787 (2789)

[590] BT-Drucksache 14/8221, 14

[591] Lenckner/Perron, in: Schönke/Schröder, § 266a Rz. 17

[592] Siehe oben S. 104

23.07.2002[593] eingefügt worden ist, nennt als Strafzumessungsregel für besonders schwere Fälle drei Regelbeispiele, die der Strafschärfung in § 370 Abs. 3 Nrn. 1, 3 und 4 AO entsprechen. Für die der Arbeit zu Grunde liegenden Fallkonstellationen ist insbesondere Nr.1 von Bedeutung; nach dieser Alternative indiziert das Vorenthalten von Arbeitnehmerbeiträgen zur Sozialversicherung aus grobem Eigennutz in großem Ausmaß einen besonders schweren Fall.

Grober Eigennutz ist gegeben, wenn der Täter sich bei der Tat in besonders anstößigem Maß vom Streben nach seinem eigenen Vorteil leiten lässt.[594] Ein großes Ausmaß vorenthaltener Beiträge liegt vor, wenn der Gesamtschaden sich deutlich von der Schadenshöhe gewöhnlich vorkommender Fälle abhebt.[595]

3. (Beitrags-)Betrug - § 263 Abs. 1 und 3 StGB

a. Abgrenzung zu § 266a Abs. 1 StGB

Der Tatbestand des (Beitrags-)Betruges überschneidet sich in vielen Bereichen mit dem des § 266a Abs. 1 StGB. Das entscheidende Abgrenzungskriterium zwischen den beiden Tatbeständen ergibt sich aus dem Verhalten des Arbeitgebers:

Meldet er der Einzugsstelle überhaupt keine Arbeitnehmer - führt er also einen reinen Schwarzbetrieb - entfällt eine Strafbarkeit nach § 263 Abs. 1 StGB, da er keine falsche Vorstellung und damit keinen Irrtum bei der Einzugsstelle erregt. Es kommt nur eine Strafbarkeit nach § 266a Abs. 1 StGB in Betracht. Meldet er nur die deutschen,[596] nicht aber die ausländischen Arbeitnehmer, ist der Betrugstatbestand - sofern die weiteren Voraussetzungen vorliegen - erfüllt.

Diese Rechtslage führt zu einem kaum zu rechtfertigenden Wertungswiderspruch. Während nämlich der Arbeitgeber, der einen Teil seiner Arbeitnehmer bei der Einzugsstelle meldet, nach dem strengeren Betrugstatbestand wegen Nichtabführens beider Beitragsteile belangt wird, kann der Betreiber eines gänzlich illegal arbeitenden Betriebes, der unter Umständen mit wesentlich höherer krimineller Energie agiert, nur nach dem milderen § 266a Abs. 1 StGB und somit nur wegen des halben Schadens bestraft werden.[597] De lege ferenda sollte der Gesetzgeber den Schutzbereich des § 266a Abs. 1 StGB auf das Nichtabführen der Arbeitgeberanteile erstrecken.

---

[593] BGBl. I, 2787 (2791)

[594] Tröndle/Fischer, § 266a Rz. 27
Vgl. auch §§ 406 Abs. 2 S. 2, 407 Abs. 2 SGB III, 15 Abs. 2 S. 2, 15a Abs. 1 S. 2 und Abs. 2 S. 2 AÜG

[595] Senge, in: Erbs/Kohlhaas, § 370 AO Rz. 88
Tröndle/Fischer, § 266a Rz. 27

[596] Vgl. Fall 5

[597] Heitmann, in: Müller-Gugenberger/Bieneck, § 36 Rz. 14

Entsprechend sah der Referentenentwurf[598] eines Gesetzes zur Erleichterung der Bekämpfung von illegaler Beschäftigung und Schwarzarbeit vom 07.08.2001 vor, auch die Arbeitgeberanteile unter bestimmten Voraussetzungen in den Schutzbereich des § 266a Abs. 1 StGB mit aufzunehmen.[599] Art. 8 des am 01.08.2002 in Kraft getretenen Gesetzes[600] sieht eine solche Änderung des objektiven Tatbestandes des § 266a Abs. 1 StGB nicht vor und folgt insoweit der Begründung der Bundesregierung in ihrem Gesetzentwurf vom 11.02.2002,[601] eine Erweiterung auf die Arbeitgeberanteile laufe auf eine Strafbarkeit der Nichtzahlung einer den eigenen Vermögensbereich betreffenden Schuld hinaus. Dies sei dem deutschen Strafrecht grundsätzlich fremd. So sei auch die Nichtzahlung einer Steuerschuld keine Straftat. Das Schaffen zusätzlicher strafbewehrter Meldepflichten entsprechend § 370 Abs. 1 AO würde gegenüber dem jetzigen Rechtszustand hinsichtlich der Arbeitnehmeranteile zu einer mit Anwendungsschwierigkeiten verbundenen nicht unerheblichen Einschränkung der Strafbarkeit führen.[602]

Sicherlich bewegt sich der Gesetzgeber mit dieser Auffassung im Rahmen des ihm verfassungsrechtlich eingeräumten Beurteilungsspielraumes. Zweifelhaft ist jedoch, ob diese Argumentation zwingend ist oder ob nicht das Interesse der Solidargemeinschaft an der Sicherstellung des Aufkommens der Mittel für die Sozialversicherung und der Funktionsfähigkeit der Sozialversicherungssysteme ein so überragendes öffentliches Interesse darstellt, dass auch das bloße Nichtabführen der Arbeitgeberanteile unter Strafe gestellt werden kann.

b. Täter

Im Unterschied zu § 266a Abs. 1 StGB kann Täter nicht nur der Arbeitgeber, sondern jeder sein, der die Krankenkasse als Einzugsstelle durch Täuschung zu einer schädigenden Vermögensverfügung veranlasst, mithin auch der Arbeitnehmer im Zusammenwirken mit dem Arbeitgeber.

c. Tathandlung

Tathandlung kann ein positives Tun oder ein Unterlassen, insbesondere das Nichterfüllen der Meldepflicht nach § 28a SGB IV, sein, mit dem die Einzugs-

---

[598] Ebenso der Antrag der Fraktionen der SPD und Bündnis 90/Die Grünen vom 08.02.2001 „Eckpunkte zur Verbesserung der Bekämpfung illegaler Beschäftigung und Schwarzarbeit“, BT-Drucksache 14/5270, 2

[599] Art. 10 Buchst. b (§ 266a Abs. 1 StGB) des Entwurfes lautete:
„Wer als Arbeitgeber der Einzugsstelle den Gesamtsozialversicherungsbeitrag oder Teile hiervon, unabhängig ob Lohn gezahlt worden ist, vorenthält und zu diesem Zwecke
1. der Einzugsstelle über beitragserhebliche Tatsachen unrichtige oder unvollständige Angaben macht, oder
2. die Einzugsstelle pflichtwidrig über beitragserhebliche Tatsachen in Unkenntnis lässt ...“

[600] BGBl. I, 2787 (2791)

[601] BT-Drucksache 14/8221

[602] BT-Drucksache 14/8221, 18

stelle über ihren Anspruch auf Sozialversicherungsbeiträge getäuscht werden soll. Insoweit ist der Schutzbereich kleiner als der des § 266a Abs. 1 StGB, da über das schlichte Vorenthalten hinaus als zusätzliches Tatunrecht eine Täuschung der Einzugsstelle vorausgesetzt wird.

Die Vermögensverfügung der Einzugsstelle liegt in der Regel darin, dass sie aufgrund der Täuschung es unterlässt, ihren Anspruch auf die Beiträge geltend zu machen.[603]

d. Schaden

Der Schaden beim (Beitrags-)Betrug ist höher, da das Vermögen der Sozialversicherungsträger insgesamt, also auch hinsichtlich der Arbeitgeberanteile geschützt wird. Darüber hinaus kann der Betrug auch gegenüber den Trägern der Unfallversicherung (Berufsgenossenschaften) begangen werden, bei der der Arbeitgeber die Beitragslast alleine trägt.

e. Weitere Voraussetzungen der Strafbarkeit

Subjektiver Tatbestand, Rechtswidrigkeit und Schuld bereiten regelmäßig keine besonderen Probleme, sodass von einer ausführlichen Darstellung abgesehen wird.

f. Besonders schwere Fälle

§ 263 Abs. 3 StGB nennt als Strafzumessungsregel für besonders schwere Fälle mehrere Regelbeispiele. Im Zusammenhang mit der illegalen Beschäftigung von Positivstaatern ist insbesondere Nr. 1 relevant, nach dem unter anderem die gewerbsmäßige Tatbegehung einen besonders schweren Fall indiziert. Insoweit kann auf die Ausführungen zu §§ 92a Abs. 2 Nr. 1 AuslG, 406 Abs. 2 Satz 2 SGB III verwiesen werden.

III. Bildung krimineller Vereinigungen - § 129 StGB

Schüren[604] und Fries[605] weisen zutreffend darauf hin, dass in den Fällen langfristiger Zusammenarbeit zwischen Verleiher und Entleiher mit ausgetüftelten Scheinwerkverträgen auch der Tatbestand des § 129 StGB - Bildung einer kriminellen Vereinigung - in Betracht kommen könnte. Auf Einzelheiten dieses bei Wirtschaftsdelikten nur in besonders gelagerten Fällen erfüllten Tatbestandes ist hier nicht näher einzugehen.[606]

---

[603] Vgl. Cramer, in: Schönke/Schröder, § 263 Rz. 58
[604] WiVerw 2001, 173 (181)
[605] S. 153 f.
[606] Hohmann, wistra 1992, 85

B. Strafbarkeit des Arbeitnehmers

Da § 266a Abs. 1 StGB ein echtes Sonderdelikt ist, kann der Arbeitnehmer nur Teilnehmer an der Tat des Arbeitgebers sein, sofern die Voraussetzungen der §§ 26, 27 StGB vorliegen. Für die Teilnahme gelten die allgemeinen Regeln. § 28 StGB ist nicht anwendbar, weil die Beschränkung des Täterkreises nicht auf dem Gedanken eines von der Rechtsgutsverletzung unabhängigen personalen Unrechts beruht, sondern ebenso wie bei § 266 StGB seinen Grund darin hat, dass das Rechtsgut nur gegen Inhaber bestimmter Dispositionsmöglichkeiten geschützt werden soll.[607]

Bei entsprechend intensivem Zusammenwirken ist beim (Beitrags-)Betrug darüber hinaus auch Mittäterschaft im Sinne des § 25 Abs. 2 StGB möglich.

---

[607] Lenckner/Perron, in: Schönke/Schröder, § 266a Rz. 20

4. Kapitel: Straftaten und Ordnungswidrigkeiten nach sonstigen Vorschriften

A. Steuerhinterziehung - § 370 AO

Im Fall 5 hat der Geschäftsführer G in den jeweils fristgerecht beim zuständigen Finanzamt abgegebenen Lohnsteuer-Anmeldungen in der Spalte „Zahl der Arbeitnehmer“ nicht die seit acht Monaten illegal beschäftigten drei tschechischen Arbeitnehmer und dementsprechend auch nur den für die deutschen Arbeitnehmer einzubehaltenden Steuerabzugsbetrag eingetragen.

I. § 370 Abs. 1 Nr. 1 AO

Nach dieser Vorschrift macht sich unter anderem strafbar, wer den Finanzbehörden über steuerlich erhebliche Tatsachen unrichtige Angaben macht und dadurch Steuern verkürzt. Geschütztes Rechtsgut ist das öffentliche Interesse des Staates am vollständigen und rechtzeitigen Steueraufkommen.[608]

1. Täter

§ 370 Abs. 1 Nr. 1 AO ist kein auf den Steuerpflichtigen bezogenes Sonderdelikt.[609] Jedermann kann den Tatbestand verwirklichen, selbst wenn ihm das Gesetz keine steuerlichen Pflichten zuweist. Dennoch kommen als Täter in erster Linie Steuerpflichtige im Sinne des § 33 Abs. 1 AO in Betracht.

a. Steuerpflicht des ausländischen Arbeitnehmers

Unbeschränkt einkommensteuerpflichtig[610] sind natürliche Personen, die einen Wohnsitz oder ihren gewöhnlichen Aufenthalt im Inland haben (§ 1 Abs. 1 Satz 1 EStG); auf die Staatsangehörigkeit kommt es nicht an.[611]

Bei der Beurteilung, ob jemand im Inland einen Wohnsitz (§ 8 AO) oder seinen gewöhnlichen Aufenthalt (§ 9 AO) hat, spielt insbesondere das Zeitmoment eine wichtige Rolle. Nach § 9 Satz 2 AO ist als gewöhnlicher Aufenthalt ein zeitlich zusammenhängender Aufenthalt von mehr als sechs Monaten Dauer anzusehen. Nach der Rechtsprechung des Bundesfinanzhofes,[612] der insoweit zu folgen ist, drückt das Innehaben einer Wohnung im Sinne des § 8 AO unter Umständen, die darauf schließen lassen, dass der Steuerpflichtige sie beibehalten und benutzen wird, ein Zeitmoment aus, das sich auf die Wohnsitzbegründung bezieht.

---

[608] BGH, Urteil vom 25.01.1995, NStZ 1995, 405 (406)
[609] Gast-de Haan, in: Klein, § 370 Rz. 17
Hellmann, in: Hübschmann/Hepp/Spitaler, § 370 AO Rz. 208
[610] Nachfolgend wird statt Einkommensteuer nur noch der Begriff Lohnsteuer verwendet (vgl. § 38 Abs. 1 Satz 1 EStG).
[611] Schlewing/Schuhmann/Heinz, S. 155
[612] BFH, Urteil vom 30.08.1989, BStBl. II 1989, 956 (958)

Zur Konkretisierung dieses Zeitmoments kann als Anhaltspunkt auf die Sechsmonatsfrist des § 9 Satz 2 AO zurückgegriffen werden; denn die Absicht einer von vornherein nur vorübergehenden Innehabung einer Wohnung begründet keinen Wohnsitz im Sinne des § 8 AO.

Da sich im Fall 5 die drei tschechischen Arbeitnehmer bereits seit acht Monaten im Inland aufhalten und hier (illegal) arbeiten, ist davon auszugehen, dass sie einen Wohnsitz oder zumindest ihren gewöhnlichen Aufenthalt im Inland haben.

Demgegenüber wird im Fall 2 deutlich, dass der täglich zur Arbeitsaufnahme einreisende A im Inland weder einen Wohnsitz noch seinen gewöhnlichen Aufenthalt hat. Er ist daher gemäß § 1 Abs. 4 EStG beschränkt lohnsteuerpflichtig, da er nach § 49 Abs. 1 Nr. 4 i.V.m. § 19 Abs. 1 Nr. 1 EStG inländische Einkünfte aus nichtselbständiger Arbeit hat. Auf die Einzelheiten, wie bei beschränkter Lohnsteuerpflicht das steuerpflichtige Einkommen nach § 50 EStG ermittelt wird, ist nicht näher einzugehen. Herauszustellen ist nur, dass auch der beschränkt steuerpflichtige Arbeitnehmer als Lohnempfänger Schuldner der Lohnsteuer gemäß § 38 Abs. 2 Satz 1 EStG ist und dass auch in diesen Fällen ein Lohnsteuerabzug durch den Arbeitgeber nach § 38 EStG erfolgt.[613]

b. Steuerpflicht des Arbeitgebers

Steuerpflichtig ist nach § 33 Abs. 1 AO im Fall 5 die GmbH, die als Arbeitgeberin die Lohnsteuer für Rechnung ihrer Arbeitnehmer einzubehalten und abzuführen hat (§§ 38 Abs. 3 Satz 1, 41a Abs. 1 Satz 1 Nr. 2 EStG).

Die GmbH ist ferner steuerpflichtig, da sie eine Steuererklärung als Lohnsteuer-Anmeldung dem Finanzamt einzureichen hat (§ 41a Abs. 1 Satz 1 Nr. 1 EStG). Die nach amtlich vorgeschriebenem Vordruck[614] abzugebende Lohnsteuer-Anmeldung (§ 41a Abs. 1 Satz 2 EStG) ist eine Steuererklärung im Sinne des § 150 Abs. 1 Satz 2 AO, in der der Arbeitgeber als Steuerentrichtungspflichtiger[615] die Steuer selbst zu berechnen hat.[616]

Diese im Lohnsteuerabzugsverfahren der GmbH als Arbeitgeberin obliegenden steuerlichen Pflichten hat nach § 34 Abs. 1 Satz 1 AO der Geschäftsführer G als Organ (§ 35 Abs. 1 GmbHG) zu erfüllen. Außerdem ist diese dem G nach § 34 Abs. 1 Satz 1 AO als Organ auferlegte Pflicht - bezogen auf die Erfüllung der der GmbH obliegenden Pflichten - gleichzeitig für ihn eine eigene „durch Steu-

[613] Drenseck, in: Schmidt, § 39d Rz. 1
[614] Bekanntmachung des Musters für die Lohnsteuer-Anmeldung 2001 vom 22.08.2000 (BStBl. I, 1220)
[615] Boeker, in: Hübschmann/Hepp/Spitaler, § 33 AO Rz. 14
Rüsken, in: Klein, § 33 Rz. 32
[616] Drenseck, in: Schmidt, § 41a Rz. 3

ergesetze auferlegte Verpflichtung“ im Sinne des § 33 Abs. 1 AO, die ihn zum Steuerpflichtigen macht.[617]

In Fällen der illegalen Arbeitnehmerüberlassung wird der Entleiher nach § 10 Abs. 1 AÜG Arbeitgeber des Leiharbeitnehmers und haftet unter den Voraussetzungen des § 42d Abs. 1 EStG für die Lohnsteuer und ist somit Steuerpflichtiger nach § 33 Abs. 1 AO. Die nachrangige Haftung des Verleihers folgt in diesen Fällen aus § 42d Abs. 7 i.V.m. Abs. 6 EStG.

2. Tathandlung

Indem G die drei tschechischen Arbeitnehmer nicht in die Lohnsteuer-Anmeldung aufnahm und für sie auch keinen Steuerabzugsbetrag eintrug, hat er gegenüber dem Finanzamt unrichtige Angaben über steuerlich erhebliche Tatsachen gemacht.

3. Steuerverkürzung

Nach § 370 Abs. 4 Satz 1 AO sind Steuern unter anderem dann verkürzt, wenn sie nicht in voller Höhe festgesetzt werden; dies gilt auch dann, wenn eine Steueranmeldung einer Steuerfestsetzung unter Vorbehalt der Nachprüfung gleichsteht. Kraft gesetzlicher Fiktion des § 168 Satz 1 i.V.m. § 167 Abs. 1 Satz 1 AO steht die Lohnsteueranmeldung einer Steuerfestsetzung unter Vorbehalt der Nachprüfung (§ 164 AO) gleich.[618]

G hat in die Lohnsteuer-Anmeldung nur den von den deutschen Arbeitnehmern einzubehaltenden Steuerabzugsbetrag eingetragen. Damit wurde die Lohnsteuer zu niedrig festgesetzt.

4. Kausalität

Die nach dem Gesetz erforderliche Verknüpfung zwischen den unrichtigen Angaben und der Steuerverkürzung liegt auf der Hand. Die falsche Erklärung in der Lohnsteuer-Anmeldung ist ursächlich für den Erfolg, und dieser ist dem G als Täter auch objektiv zurechenbar.[619]

5. Schaden

In den Fällen illegaler Ausländerbeschäftigung wirken Arbeitgeber und Arbeitnehmer in der Regel einvernehmlich zur Hinterziehung der Lohnsteuer zusammen. Darin konnte nach der bisherigen Rechtsprechung[620] keine Nettolohnver-

---

[617] BFH, Urteil vom 27.06.1989, BStBl. II 1989, 955
Boeker, in: Hübschmann/Hepp/Spitaler, § 34 AO Rz. 6

[618] Rüsken, in: Klein, § 167 Rzn. 5 f.

[619] Vgl. Hellmann, in: Hübschmann/Hepp/Spitaler, § 370 AO Rz. 198

[620] BGH, Urteil vom 13.05.1992, NStZ 1992, 441

einbarung erblickt werden. Die Höhe der während der Lohnzahlungen hinterzogenen Lohnsteuern bemaß sich vielmehr in den Fällen des § 370 Abs. 1 Nrn. 1 und 2 AO nach dem bar ausgezahlten Lohn als Bruttolohn. Nach Art. 3 Nr. 2 des Gesetzes zur Erleichterung der Bekämpfung von illegaler Beschäftigung und Schwarzarbeit vom 23.07.2002[621] gilt nunmehr ein Nettoarbeitsentgelt als vereinbart; hierzu wird auf den gleichgelagerten Fall hinterzogener Sozialversicherungsbeiträge verwiesen.[622]

6. Weitere Voraussetzungen der Strafbarkeit

Die Straftat nach § 370 AO kann nur vorsätzlich[623] begangen werden (§ 15 StGB); dolus eventualis genügt.[624]

G als Täter muss wissen, dass seine Angaben in der Steueranmeldung unrichtig sind, weil auch für die drei tschechischen Arbeitnehmer Lohnsteuer einzubehalten und abzuführen ist, und dass sein Verhalten zur Verkürzung des Steueranspruchs führt.[625]

II. § 370 Abs. 1 Nr. 2 AO

Gibt G für die GmbH überhaupt keine Lohnsteuer-Anmeldung ab, so kommt eine Steuerhinterziehung gemäß § 370 Abs. 1 Nr. 2 AO in Betracht, indem er das zuständige Finanzamt pflichtwidrig über steuerlich erhebliche Tatsachen in Unkenntnis lässt und dadurch Lohnsteuer verkürzt.

1. Täter

Im Gegensatz zu § 370 Abs. 1 Nr. 1 AO ist diese durch Unterlassen[626] begangene Steuerhinterziehung ein Sonderdelikt.[627] Täter kann nämlich nur sein, wer zur Aufklärung steuerlich erheblicher Tatumstände besonders verpflichtet ist.

---

[621] BGBl. I, 2787 (2789)

[622] Siehe oben S. 153 f.

[623] Liegt vorsätzliches Handeln nicht vor oder kann ein solches nicht nachgewiesen werden, kommt § 378 AO als Auffangtatbestand in Betracht, der leichtfertiges Handeln voraussetzt.

[624] Senge, in: Erbs/Kohlhaas, § 370 AO Rzn. 61 und 65

[625] Rechtswidrigkeit und Schuld bereiten regelmäßig keine besonderen Probleme, sodass von einer ausführlichen Darstellung abgesehen wird.

[626] Es ist strittig, ob es sich um ein echtes (so z.B. Senge, in: Erbs/Kohlhaas, § 370 AO Rz. 21) oder unechtes (so z.B. BGH, Urteil vom 25.01.1995, NStZ 1995, 405 mit zustimmender Anmerkung von Ranft, JZ 1995, 1186) Unterlassungsdelikt handelt.
Zum Stand des Streites und dessen praktischer Bedeutungslosigkeit: Hellmann, in: Hübschmann/Hepp/Spitaler, § 370 AO Rz. 92

[627] Hellmann, in: Hübschmann/Hepp/Spitaler, § 370 AO Rz. 210
Senge, in: Erbs/Kohlhaas, § 370 AO Rz. 8
a.M. BGH, Urteil vom 25.01.1995, NStZ 1995, 405 mit zustimmender Anmerkung von Ranft, JZ 1995, 1186

2. Tathandlung

Sie besteht darin, dass G als Steuerpflichtiger das Finanzamt durch Nichtabgabe von Lohnsteuer-Anmeldungen über steuerlich erhebliche Tatsachen in Unkenntnis lässt. Dieses Unterlassen ist auch pflichtwidrig, da G nach § 41a Abs. 1 Satz 1 Nr. 1 EStG i.V.m. § 34 Abs. 1 Satz 1 AO verpflichtet ist, für die GmbH dem Finanzamt eine Steuerklärung (Lohnsteuer-Anmeldung) einzureichen.

Soweit beim Lohnsteuerabzugsverfahren auf der Arbeitgeberseite Personen mitwirken, denen keine besonderen Offenbarungspflichten nach steuerrechtlichen Vorschriften obliegen, taucht unter anderem die Streitfrage auf, ob es sich bei der Pflicht nach § 370 Abs. 1 Nr. 2 AO um ein - strafbarkeitsbegründendes - besonderes persönliches Merkmal im Sinne des § 28 Abs. 1 StGB handelt. Nach Auffassung des Bundesgerichtshofs[628] begründen steuerrechtliche Pflichten - z.B. auch die Pflicht des Arbeitgebers, nach § 41a EStG Lohnsteuer anzumelden - keine besondere Pflichtenstellung höchstpersönlicher Art. Es handele sich bei der Pflichtwidrigkeit vielmehr um ein tatbezogenes persönliches Merkmal, sodass § 28 Abs. 1 StGB nicht anzuwenden sei.[629]

3. Steuerverkürzung

Nach § 370 Abs. 4 Satz 1 AO sind Steuern unter anderem dann verkürzt, wenn sie nicht festgesetzt werden, weil es - wie hier - an einer Steueranmeldung, die einer Steuerfestsetzung unter dem Vorbehalt der Nachprüfung gleichsteht, fehlt.

Die Lohnsteuer als Fälligkeitssteuer ist somit bereits dann verkürzt, wenn dem Steuergläubiger die ihm gebührende Steuer bei Fälligkeit nicht gemeldet wird.[630]

4. Kausalität

Die Verknüpfung des - pflichtwidrigen - Unterlassens mit dem Taterfolg der Steuerverkürzung besteht in der sogenannten „hypothetischen Kausalität“, wenn also der Taterfolg bei Vornahme der vom Täter geforderten Handlung mit an Sicherheit grenzender Wahrscheinlichkeit ausgeblieben wäre.[631]

Es bedarf keiner näheren Begründung, dass die Lohnsteuer bereits mit Abgabe einer ordnungsgemäß ausgefüllten Lohnsteuer-Anmeldung zutreffend festgesetzt und damit eine Steuerverkürzung im Sinne des § 370 Abs. 4 Satz 1 AO

---

628 Urteil vom 25.01.1995, NStZ 1995, 405

629 So auch:
Gast-de Haan, in: Klein, § 370 Rz. 40
Senge, in: Erbs/Kohlhaas, § 370 AO Rz. 81

630 Senge, in: Erbs/Kohlhaas, § 370 AO Rz. 40

631 Hellmann, in: Hübschmann/Hepp/Spitaler, § 370 AO Rz. 205

i.V.m. den §§ 164, 167, 168 AO vermieden worden wäre. Ob die so festgesetzte Lohnsteuer auch „einbringbar“ ist, spielt keine Rolle.[632]

5. Weitere Voraussetzungen der Strafbarkeit

Es ist erforderlich, dass der Täter vorsätzlich handelt, also die Tatsachen kennt, die ihn zum Handeln verpflichten. Der Arbeitgeber muss also wissen, dass ein zu erfüllender Lohnsteueranspruch besteht und dieser infolge seines Unterlassens verkürzt wird.[633]

III. Besonders schwere Fälle - § 370 Abs. 3 Nr. 1 AO

Nach dieser Vorschrift gilt in der Regel ein erhöhter Strafrahmen, wenn der Täter unter anderem aus grobem Eigennutz in großem Ausmaß Steuern verkürzt. Das Regelbeispiel entspricht der neuen Strafschärfung in § 266a Abs. 4 Nr. 1 StGB; auf die entsprechenden Ausführungen wird daher verwiesen.

B. Ordnungswidrigkeit des Arbeitgebers nach § 5 Abs. 1 Nr. 1 AEntG

Nach dieser Vorschrift handelt ordnungswidrig, wer vorsätzlich oder fahrlässig entgegen § 1 Abs. 3a Satz 4 AEntG als Arbeitgeber mit Sitz im Inland einem Arbeitnehmer eine der dort genannten Arbeitsbedingungen nicht gewährt. Dazu gehört insbesondere die Zahlung des in der Rechtsverordnung festgelegten Mindestlohnes. Die Bußgeldandrohung trifft auch den deutschen Arbeitgeber, der seinem in Deutschland beschäftigten deutschen oder ausländischen Arbeitnehmer nicht die tariflichen Mindestentgelte gewährt. Die bußgeldbewehrte Sanktion untertariflicher Bezahlung - unabhängig von einer „Entsendung“ - ist bemerkenswert und eingeführt worden, um eine Ungleichbehandlung ausländischer Arbeitgeber zu vermeiden.[634] Es handelt sich in der langen bundesdeutschen Arbeitsrechtsentwicklung um eine „absolutes Novum“, dass das Nichtgewähren von Tarifleistungen eine Ordnungswidrigkeit ist.[635]

---

[632] Senge, in: Erbs/Kohlhaas, § 370 AO Rz. 37

[633] Rechtswidrigkeit und Schuld bereiten regelmäßig keine besonderen Probleme, sodass von einer ausführlichen Darstellung abgesehen wird.

[634] Hanau, NJW 1996, 1369 (1370)

[635] Vgl. Böhm, NZA 1999, 128 (130)

5. Kapitel: Rechtsfolgen der Taten

A. Strafzumessung

I. Grundzüge der Strafzumessung

Grundlage für die Strafzumessung ist nach § 46 Abs. 1 Satz 1 StGB die Schuld des Täters. Den eigentlichen Strafzumessungsvorgang kennzeichnen dabei nach der von der Rechtsprechung[636] und der herrschenden Lehre[637] vertretenen Spielraum- oder Schuldrahmentheorie drei Schritte:

- Zunächst ist der gesetzliche Strafrahmen festzustellen, dem im konkreten Einzelfall die Strafe zu entnehmen ist (hierzu nachfolgend II.).

- Im zweiten Schritt wird nach dem Maß der Strafzumessungsschuld, also nach dem Maß des konkreten Erfolgs- und Handlungsunrechts, unter Berücksichtigung der für den gerechten Schuldausgleich erheblichen Umstände der innerhalb des gesetzlichen Strafrahmens liegende Spielraum (Schuldrahmen) bestimmt, innerhalb dessen Grenzen alle Strafhöhen schuldangemessen sind[638] (hierzu nachfolgend III.).

- Der dritte Schritt betrifft insbesondere die Strafartwahl, berücksichtigt general- und spezialpräventive Aspekte und führt zur Festlegung der endgültigen Strafe (hierzu nachfolgend IV.).

Es würde den Rahmen dieser Arbeit sprengen, auch nur ansatzweise eine um Vollständigkeit bemühte Strafzumessung darzulegen. Im Folgenden werden nur ausgewählte Kriterien angesprochen, die bei der illegalen Beschäftigung von Positivstaatern in einer der drei genannten Stufen von besonderer und damit erörterungswürdiger Bedeutung sind.

---

[636] BGH, Urteil vom 10.11.1954, BGHSt 7, 28 (32) und Urteil vom 17.09.1980, BGHSt 29, 319 (320)
OLG Hamburg, Urteil vom 18.09.1963, NJW 1963, 2387

[637] Bruns, S. 105 ff.
Gribbohm, in: LK-StGB, § 46 Rz. 18 ff.
Maurach/Zipf, § 7 Rzn. 20 ff.
Schäfer, Rzn. 487 ff.
Tröndle/Fischer, § 46 Rz. 20

[638] Nach der Theorie der Punktstrafe gibt es demgegenüber nur eine ganz bestimmte Strafgröße, die als einzige der Schuld des Täters entspricht. Da diese Schuldpunktstrafe wegen der unzulänglichen menschlichen Erkenntnisfähigkeit nicht genau bestimmt werden kann, handelt es sich um eine rechtstheoretische Fiktion, die abzulehnen ist. Vgl. z.B.:
BGH, Beschluss vom 13.09.1976, BGHSt 27, 2 (3)
Dreher, in: FS-Bruns, S. 141 (154 ff.)

II. Bestimmung des gesetzlichen Strafrahmens

Bereits dieser erste Schritt des Strafzumessungsvorganges kann angesichts des komplizierten Systems von Strafrahmenverschiebungen zu erheblichen Schwierigkeiten und revisionsrechtlich nachprüfbaren Fehlern führen. Bei den der illegalen Beschäftigung von Positivstaatern zu Grunde liegenden Fallkonstellationen und den einschlägigen Straftatbeständen sind insbesondere die Strafrahmenverschiebungen bei besonders schweren Fällen[639] sowie die vertypten Milderungsgründe der §§ 27 Abs. 2 Satz 2, 46a StGB zu nennen.[640]

1. Besonders schwere Fälle

Die in der Arbeit angesprochenen besonders schweren Fälle sind ausnahmslos keine Qualifikationstatbestände, sondern als durch Regelbeispiele umschriebene besonders schwere Fälle Strafzumessungsregeln.[641] Gegen diese Regelungstechnik, die auf einen Vorschlag im E 1962[642] zurückgeht und in der modernen Strafgesetzgebung den „echten" Qualifikationstatbeständen vorgezogen wird, werden - in jüngster Zeit wieder verstärkt[643] - erhebliche Einwände erhoben, die hier nicht weiter zu vertiefen sind. Erwähnt sei nur, dass die Kritik eine im Rahmen des Sechsten Gesetzes zur Reform des Strafrechts[644] ursprünglich vorgesehene (noch größere) Ausweitung der besonders schweren Fälle mit Regelbeispielen verhindert hat.[645]

Liegen die in dieser Arbeit genannten Regelbeispiele vor, ist darin ein Indiz für die Annahme eines besonders schweren Falles zu erblicken, dessen Wirkung jedoch auf Grund einer Gesamtwürdigung[646] von Tat und Täterpersönlichkeit und Abwägung aller Umstände zur äußeren und inneren Tatseite[647] widerlegt werden kann, wenn besondere Umstände den Unrechts- oder Schuldgehalt so sehr

639 Vgl. §§ 406 Abs. 2 SGB III, 15 Abs. 2, 15a Abs. 1 Satz 2 AÜG, 291 Abs. 2 Nr. 2, 266a Abs. 4 Nr. 1, 263 Abs. 3 Nr. 1 StGB, 370 Abs. 3 Nr. 1 AO

640 Als weiterer vertypter Milderungsgrund kommt § 28 Abs. 1 StGB nicht zum Zuge, da die hier geprüften besonderen persönlichen Merkmale - z.B. Ausländer (sh. o. S. 101-104) - nicht täter-, sondern tatbezogen sind.

641 Gribbohm, in: LK-StGB, vor § 46 ff. Rz. 24
Lackner/Kühl, § 46 Rz. 11
Tröndle/Fischer, § 46 Rz. 90

642 Entwurf eines Strafgesetzbuches (StGB) mit Begründung, BR-Drucksache 200/62, 184 f., 266

643 Calliess, NJW 1998, 929 ff.
Zieschang, Jura 1999, 561 ff.

644 BGBl. I 1998, 164

645 Kreß, NJW 1998, 633 (636)
Schäfer, Rz. 602

646 OLG Celle, Urteil vom 05.11.1996, NStZ-RR 1997, 265 (266)

647 Maiwald, NStZ 1984, 433
Montenbruck, NStZ 1987, 311 (313) mit kritischer Anmerkung zu dieser Definition

mindern, dass die indizielle Wirkung des Regelbeispiels erschüttert ist.[648] Andererseits kann bei Nichtvorliegen eines Regelbeispiels die Annahme eines besonders schweren Falles in Betracht kommen, wenn dieser sich auf Grund der genannten Gesamtbewertung deutlich vom Normalfall der vom Grundtatbestand erfassten Fälle abhebt und dem Leitbild der Regelbeispiele qualitativ entspricht.

Die verfahrensrechtliche Konsequenz für die Begründung des Urteils zieht § 267 Abs. 3 Satz 3 StPO. Besonders begründet werden muss danach jeweils die Ausnahme von der Regel,[649] also die Verneinung eines besonders schweren Falles trotz Vorliegens der Regelvoraussetzungen, die Bejahung eines besonders schweren Falles, obwohl die Regelvoraussetzungen nicht vorliegen, und die Ablehnung eines in der Hauptverhandlung gestellten entsprechenden Antrages.

2. Vertypte Milderungsgründe

a. § 27 Abs. 2 Satz 2 StGB

Nach dieser Vorschrift ist z.B. die Strafe für den Beihilfe zum unerlaubten Aufenthalt leistenden Arbeitgeber[650] obligatorisch zu mildern. Durch die Verweisung auf § 49 Abs. 1 StGB wird deutlich, dass das Gesetz damit nicht eine allgemeine Strafzumessungsregel - die in der zweiten Stufe des Strafzumessungsvorganges bei Ermittlung des Schuldrahmens zu prüfen wäre - meint, sondern dass ein gegenüber dem Regelstrafrahmen des § 92 Abs. 1 AuslG[651] nach § 49 Abs. 1 Nr. 2 StGB gemilderter[652] Sonderstrafrahmen anzuwenden ist.

b. § 46a StGB

In den vorliegenden Strafverfahren ist - wie auch in anderen Wirtschaftsstrafsachen - der durch Art. 1 Nr. 1 des Verbrechensbekämpfungsgesetzes vom 28.10.1994[653] neu in das Strafgesetzbuch eingefügte § 46a zu beachten. Mit dieser Vorschrift hat der Gesetzgeber, um über die Schadenswiedergutmachung und das Bemühen des Täters, mit dem Verletzten einen Ausgleich zu erreichen (§ 46 Abs. 2 StGB), hinaus einen - weiteren - Anreiz für Ausgleichsbemühungen zu schaffen, einen vertypten Milderungsgrund für zwei gleichwertig nebeneinander stehende Fallgruppen normiert, und zwar in der Gestalt des Täter-Opfer-Ausgleichs (Nr. 1) und der Schadenswiedergutmachung (Nr. 2).[654]

---

[648] Gribbohm, in: LK-StGB, vor § 46 ff. Rz. 24
Lackner/Kühl, § 46 Rz. 13
Anders sind die Rechtsfolgen beim „echten“ Qualifikationstatbestand; dieser ist *immer*, aber auch *nur dann* erfüllt, wenn seine speziellen Merkmale verwirklicht sind.

[649] Vgl. ergänzend Montenbruck, NStZ 1987, 311 (314) zum Begründungszwang beim Überschreiten des über dem Grunddelikt liegenden Strafrahmenbereichs.

[650] Sh. o. S. 99-104

[651] Freiheitsstrafe bis zu 1 Jahr oder Geldstrafe.

[652] Freiheitsstrafe bis zu 9 Monaten oder Geldstrafe bis zu 270 Tagessätzen.

[653] BGBl. I, 3186

[654] BGH, Urteil vom 25.05.2001, NJW 2001, 2557

Liegen die Voraussetzungen vor, kann das Gericht die Strafe dem nach § 49 Abs. 1 StGB gemilderten Strafrahmen entnehmen.[655] Mit dieser fakultativen Regelung will der Gesetzgeber gewährleisten, dass dem Einzelfall hinreichend Rechnung getragen werden kann.[656]

aa. Voraussetzungen

Nr. 1 des § 46a StGB setzt voraus, dass der Täter über das Bemühen, einen Ausgleich mit dem Verletzten zu erreichen,[657] hinaus seine Tat ganz oder zum überwiegenden Teil wieder gutmacht oder deren Wiedergutmachung ernsthaft erstrebt hat. Diese Alternative bezieht sich vor allem auf den Ausgleich immaterieller[658] Folgen einer Straftat und setzt, wie sich aus dem Klammerzusatz „Täter-Opfer-Ausgleich" ergibt, einen kommunikativen Prozess[659] zwischen Täter und Opfer voraus, der auf einen umfassenden Ausgleich der durch die Straftat verursachten Folgen gerichtet sein muss.

§ 46a Nr. 2 StGB verlangt, dass der Täter das Opfer ganz oder zum überwiegenden Teil entschädigt und dies erhebliche persönliche Leistungen oder persönlichen Verzicht erfordert hat. Die Erfüllung von Schadensersatzansprüchen allein genügt nicht. Es wird, damit die Schadenswiedergutmachung ihre friedensstiftende Wirkung entfalten kann, verlangt, dass der Täter einen über die rein rechnerische Kompensation hinausgehenden Beitrag erbringt[660] und damit die Übernahme von Verantwortung[661] gegenüber dem Opfer zeigt, z.B. durch Einsatz seines gesamten - eventuell sogar unpfändbaren - Vermögens.[662] Es geht bei dieser Alternative mithin - im Gegensatz zu Nr. 1 - in erster Linie um materielle Leistungen.

bb. Anwendbarkeit bei Nachzahlung hinterzogener Steuern und Sozialversicherungsbeiträge

Fraglich und umstritten ist die Anwendbarkeit des § 46a StGB bei späterer Zahlung hinterzogener (Lohn-)Steuern und - insoweit vergleichbar - vorenthaltener

---

[655] Ist keine höhere Strafe als Freiheitsstrafe bis zu 1 Jahr oder Geldstrafe bis zu dreihundertsechzig Tagessätzen verwirkt, kann das Gericht sogar von Strafe absehen.

[656] Zu der zwischen Rechtsprechung und Lehre umstrittenen Frage, nach welchen Kriterien der Sonderstrafrahmen Anwendung finden soll, vgl.:
Schäfer, Rzn. 508 ff.
Tröndle/Fischer, § 49 Rz. 3

[657] So bereits wortgleich die allgemeine Strafzumessungsregel in § 46 Abs. 2 StGB.

[658] BGH, Beschluss vom 25.10.2000, NStZ 2001, 200 (201)
BayObLG, Beschluss vom 28.02.1996, NStZ 1997, 33

[659] BGH, Urteil vom 18.11.1999, NStZ 2000, 205
OLG Stuttgart, Urteil vom 08.03.1996, NStZ 1996, 390
Meier, GA 1999, 1 (8)

[660] KG, Urteil vom 30.12.1996, wistra 1997, 229 (230)

[661] OLG Stuttgart, Urteil vom 08.03.1996, NStZ 1996, 390 (391)

[662] BGH, Urteil vom 25.05.2001, NJW 2001, 2557 (2558)

Sozialversicherungsbeiträge durch den Arbeitgeber oder Arbeitnehmer. Dabei ist einleitend festzustellen, dass die Geschädigten juristische Person des öffentlichen Rechts sind. Nach überwiegender und zutreffender Ansicht[663] kann ein Täter auch in diesen Fällen durch sein Nachtatverhalten zeigen, dass er zur Übernahme von Verantwortung bereit ist.

Der Bundesgerichtshof[664] und das Bayerische Oberste Landesgericht[665] haben allerdings in zwei Entscheidungen klargestellt, dass die Nachzahlung hinterzogener Steuern keine Wiedergutmachung im Sinne des § 46a Nr. 1 StGB darstelle. Bei Steuerdelikten, deren geschütztes Rechtsgut allein die Sicherung des staatlichen Steueranspruchs sei, komme ein Täter-Opfer-Ausgleich nicht in Betracht. Diese Vorschrift beziehe sich vor allem auf immaterielle Folgen einer Straftat.[666] Ob der materiellen Schadensersatz regelnde § 46a Nr. 2 StGB in diesen Fallkonstellationen vorliegen kann, haben die Gerichte ausdrücklich offen gelassen, da die Angeklagten in den den Beschlüssen zu Grunde liegenden Sachverhalten (nur) die hinterzogenen Steuern (teilweise) nachgezahlt hatten und die weiteren tatbestandlichen Voraussetzungen dieser Alternative - eine über die rein rechnerische Kompensation des geschuldeten Betrages hinausgehende persönliche Leistung - nicht erfüllt waren.

Der Rechtsprechung ist, soweit sie die Anwendbarkeit des § 46a Nr. 1 StGB auf Steuerstraftaten ablehnt, zuzustimmen. Maßgeblich ist dabei nicht die Differenzierung zwischen immateriellem und materiellem Schaden, die der Bundesgerichtshof in seiner neuesten Rechtsprechung[667] selbst in Zweifel gezogen hat, sondern der bei dieser Alternative zu fordernde kommunikative Prozess zwischen Täter (Arbeitgeber/Arbeitnehmer) und Opfer (Staat), der bei Steuerdelikten nicht in Betracht kommen kann.[668] Die Auffassung Brauns',[669] die Vertreter der Finanzbehörde seien geeignete Kommunikationspartner, die dem Steuerpflichtigen die Sozialschädlichkeit seiner Tat und den sachlichen Bezug seiner Leistungen zu den Schäden aus unaufgeklärten Steuerhinterziehungen vor Augen führen könnten, ist nicht geeignet, eine kommunikative Konfliktlösung zwischen Täter und

---

[663] BGH, Urteil vom 18.11.1999, NStZ 2000, 205
Dierlamm, NStZ 2000, 536
Tröndle/Fischer, § 46a Rz. 8
[664] Beschluss vom 25.10.2000, NStZ 2001, 200 (201)
[665] Beschluss vom 28.02.1996, NStZ 1997, 33
[666] Die ständige Rechtsprechung des BGH, dass § 46a Nr. 1 StGB vor allem auf den Ausgleich immaterieller Folgen einer Straftat anzuwenden sei, während sich Nr. 2 der Vorschrift auf den materiellen Schadensausgleich beziehe, ist nach der Rechtsprechung des BVerfG mit dem Wortlaut und dem Willen des Gesetzgebers vereinbar und von Verfassungs wegen nicht zu beanstanden (BVerfG, Beschluss vom 30.10.2002, NJW 2003, 740).
[667] Urteil vom 25.05.2001, NJW 2001, 2557
[668] So auch Meier, GA 1999, 1 (9)
[669] wistra 1996, 214 (218)

Opfer zu vermitteln. Gleiches gilt für die Mitarbeiter der Krankenkassen bei vorenthaltenen Sozialversicherungsbeiträgen.[670]

Der Anwendbarkeit des § 46a Nr. 2 StGB begegnen demgegenüber keine fundierten Bedenken. Dass ein wiedergutmachungsfähiger Schaden bei Steuerdelikten vorhanden ist, bedarf keiner weiteren Begründung. Die Ansicht Blesingers,[671] § 46a StGB wirke kontraproduktiv auf die Regelung der strafbefreienden Selbstanzeige und werde daher von § 371 AO als lex specialis verdrängt, ist nicht stichhaltig. Bei Vorliegen der Tatbestandsvoraussetzungen des § 371 AO erlangt der Täter durch rein rechnerische Kompensation garantiert Straffreiheit, während die Möglichkeit der Strafmilderung oder des Absehens von Strafe im Rahmen des § 46a StGB selbst bei rechnerischer Kompensation des Schadens und darüber hinaus gehender Wiedergutmachungsbemühungen im Ermessen des Gerichts liegt und nicht sichere Rechtsfolge ist.[672]

cc. Zwischenergebnis

Werden die im Zusammenhang mit der illegalen Beschäftigung von Positivstaatern nicht entrichteten (Lohn-)Steuern und Sozialversicherungsbeiträge nachträglich entrichtet, ist in den entsprechenden Strafverfahren § 46a Nr. 2 StGB zu beachten. Bei Erfüllung der weiteren - strengen - Voraussetzungen kann der Strafrahmen nach Maßgabe des § 49 Abs. 1 StGB gemildert oder - in begrenzten Ausnahmefällen - von Strafe abgesehen werden. Echte Schadenswiedergutmachungsaktivitäten sind unter diese Vorschrift zu subsumieren und nicht in die allgemeinen Strafzumessungsgründe nach § 46 StGB zu verlagern.[673]

III. Bestimmung des Schuldrahmens

Um den - gegenüber dem gesetzlichen Strafrahmen engeren - Schuldrahmen (Spielraum) zu finden, innerhalb dessen alle Strafen schuldangemessen sind, müssen alle Umstände, die für den gerechten Schuldausgleich maßgeblich sind, herangezogen und sodann gegeneinander abgewogen werden (§ 46 Abs. 2 Satz 1 StGB).

1. Strafzumessungsgründe

Zu den hier maßgeblichen Umständen zählen insbesondere die in § 46 Abs. 2 Satz 2 StGB aufgeführten Faktoren. Die zentrale Strafzumessungsnorm enthält

---

[670] Unvollständig und damit unklar insoweit die Auffassung des OLG Dresden, nach der bei vollständiger Schadenswiedergutmachung der Anwendung des § 46a Nr. 1 StGB keine Bedenken entgegenstünden. Auf die weiteren tatbestandlichen Voraussetzungen der Norm, insbesondere den erforderlichen kommunikativen Prozess, geht der Beschluss nicht ein (Beschluss vom 15.12.2000, wistra 2001, 277).

[671] wistra 1996, 90 f.

[672] von Briel, NStZ 1997, 33 (34)

[673] Dierlamm, NStZ 2000, 536 (537)

einen Katalog von Strafzumessungsgründen, der nicht abschließend ist.[674] Im Folgenden werden gesetzlich ausdrücklich genannte sowie darüber hinausgehende strafzumessungserhebliche Umstände aufgeführt, soweit sie für Strafverfahren im Zusammenhang mit der illegalen Beschäftigung von Positivstaatern von besonderer Bedeutung sind.

a. Strafzumessungserhebliche Faktoren für Arbeitnehmer und Arbeitgeber

Zunächst sind die Faktoren herauszustellen, die in Strafverfahren gegen Arbeitnehmer und Arbeitgeber Bedeutung erlangen können. Trotz berechtigter Kritik[675] an der inflationären Nutzung der hergebrachten Begriffe „strafschärfend" und „strafmildernd" soll hier an diesen festgehalten werden.

aa. Strafschärfend

In der forensischen Praxis haben sich als zentrale strafschärfende Faktoren die Dauer[676] der den unerlaubten Aufenthalt begründenden illegalen Erwerbstätigkeit und die Höhe der nicht entrichteten (Lohn-)Steuern[677] und Sozialversicherungsbeiträge[678] herausgebildet. In den meisten Bundesländern gibt es entsprechende Strafzumessungsrichtlinien, die insbesondere die Antragspraxis der Staatsanwaltschaften prägen. Da die Strafzumessung auch bei Massendelikten stets Einzelfallentscheidung ist, kann vor einem undifferenzierten schematischen Vorgehen nur gewarnt werden. Insbesondere ist sorgfältig darauf zu achten, dass das Handlungsunrecht mit berücksichtigt wird. Ein Automatismus zwischen Höhe der hinterzogenen Steuern und Sozialversicherungsbeiträge einerseits und der Höhe und Art des Strafmaßes andererseits verstößt gegen das Schuldmaßprinzip (§ 46 Abs. 1 Satz 1 StGB). Die Schadenshöhe allein stellt keinen ausreichenden Anhalt für das zu beurteilende Handlungsunrecht dar.

Modalitäten der Tatplanung und -ausführung prägen die Intensität des bei der Tat aufgewendeten Willens, der bei der Bewertung des Handlungsunrechts von maßgeblicher Bedeutung ist. Hier sind die Fallgruppen zu nennen, in denen Ar-

---

[674] Stree, in: Schönke/Schröder, § 46 Rz. 52

[675] BGH, Beschluss vom 29.10.1986, JR 1987, 119 (121)
Streng, NStZ 1989, 393 (397)

[676] Je länger die Tat dauert, desto größer ist das verschuldete Unrecht. Auf diesem Gesichtspunkt beruht § 239 Abs. 3 Nr. 1 StGB.
OLG Hamburg, Beschluss vom 04.02.2000, StV 2000, 353 (354)
Gribbohm, in: LK-StGB, § 46 Rz. 112
Lackner/Kühl, § 46 Rz. 33a
Schäfer, Rz. 348
Stree, in: Schönke/Schröder, § 46 Rz. 21

[677] Schäfer, Rzn. 318 und 1017
Tröndle/Fischer, § 46 Rz. 36

[678] Lenckner/Perron, in: Schönke/Schröder, § 266a Rz. 29
Tröndle/Fischer, § 266a Rz. 25

beitgeber und/oder Arbeitnehmer ihr Entdeckungsrisiko[679] planmäßig reduzieren, wie z.B. im Fall 6 durch Erschleichen rechtswidriger Aufenthalts- und Arbeitsgenehmigungen.

Letztlich können tateinheitlich verwirklichte Strafgesetze, die im Wege des Absorptionsprinzips (§ 52 Abs. 1 StGB) bei der Strafrahmenwahl (Stufe 1) keine Rolle spielen, strafschärfend verwertet werden.[680] Entsprechendes gilt für ordnungswidriges Verhalten.[681] Dieses sollte insbesondere beim Arbeitgeber, der einen Positivstaater ohne Arbeitsgenehmigung beschäftigt und sich (lediglich) wegen Beihilfe zum unerlaubten Aufenthalt strafbar macht, berücksichtigt werden, um systemwidrige Lösungen zu vermeiden: Bei der Wahl des Strafrahmens ist der für den Arbeitnehmer geltende gesetzliche Strafrahmen für den Arbeitgeber obligatorisch zu mildern (§§ 27 Abs. 2 Satz 2, 49 Abs. 1 StGB). Dem widerspricht ersichtlich die gesetzgeberische Konzeption bei der Beschäftigung ausländischer Arbeitnehmer ohne Arbeitsgenehmigung. Gemäß § 404 Abs. 3 SGB III beträgt der Rahmen der Geldbuße für den Arbeitgeber bis zu 500.000 € und für den Arbeitnehmer bis zu 5.000 €. Daraus ergibt sich die generelle Vorbewertung des Gesetzgebers, dass das typische Handlungsunrecht bei der illegalen Beschäftigung ausländischer Arbeitnehmer ohne Arbeitsgenehmigung beim Arbeitgeber höher anzusiedeln ist als beim Arbeitnehmer.

bb. Strafmildernd

Als Kehrseite des strafschärfenden Kriteriums „Höhe der nicht entrichteten (Lohn-)Steuern und Sozialversicherungsbeiträge" ist eine den tatbestandsmäßigen Erfolg reduzierende Schadenswiedergutmachung zu Gunsten des Arbeitgebers und des Arbeitnehmers nach § 46 Abs. 2 StGB zu berücksichtigen, ebenso wie das (schlichte) Bemühen um diese. Die Schadenswiedergutmachung ist insbesondere dann als Strafzumessungsfaktor von Bedeutung, wenn § 46a Nr. 2 StGB nicht zur Strafrahmenverschiebung führt - entweder, weil man entgegen der hier vertretenen Ansicht eine Anwendbarkeit der Norm bei Steuerdelikten ablehnt, die strengen weiteren tatbestandlichen Voraussetzungen nicht vorliegen oder das Gericht trotz Vorliegens der Voraussetzungen in Ausübung seines Ermessens nicht zur (fakultativen) Strafrahmenverschiebung gelangt.

Beweggründe und Ziele des Arbeitgebers und des Arbeitnehmers sind ebenfalls ein beachtlicher Strafzumessungsfaktor. Zentrales Kriterium ist dabei die wirt-

---

[679] BGH, Beschluss vom 13.07.2000, 4 StR 230/00, bei Detter, NStZ 2001, 130 (132)
Schäfer, Rz. 339
Tröndle/Fischer, § 46 Rz. 33

[680] BGH, Urteil vom 03.11.1998, NStZ 1999, 130 (131)
Horn, in: SK-StGB, § 46 Rz. 96c
Stree, in: Schönke/Schröder, § 52 Rz. 47
Tröndle/Fischer, § 46 Rz. 33

[681] Göhler, § 21 Rz. 12

schaftliche Not,[682] die häufig kausal für das illegale Beschäftigungsverhältnis ist. Während die ausländischen Arbeitnehmer aus ungünstigsten wirtschaftlichen Verhältnissen kommend einen - meist schlecht bezahlten - Arbeitsplatz im Bundesgebiet suchen, handeln die Arbeitgeber zunehmend nicht aus Profitgier, sondern mit dem Willen, durch Reduzierung der Lohn- und Lohnnebenkosten das wirtschaftliche Überleben des Betriebes zu sichern. Wie bereits dargelegt, führen diese Beweggründe zwar nicht zu einem die Rechtswidrigkeit ausschließenden rechtfertigenden Notstand. Die notstandsähnliche Situation stellt aber einen bedeutenden strafmildernden Faktor dar.

b. Zusätzliche strafzumessungserhebliche Faktoren beim Arbeitnehmer

Neben den allgemeinen Grundsätzen der Strafzumessung sind bei den Positivstaatern als ausländischen Staatsangehörigen im Wesentlichen drei besondere Faktoren zu beachten.

aa. Ausländereigenschaft

Die Ausländereigenschaft des Positivstaaters darf als solche wegen des darin liegenden Verstoßes gegen Art. 3 Abs. 1 und 3 GG nicht strafschärfend berücksichtigt werden.[683] Formulierungen, die ohne weitere Substanz auf einen Missbrauch des gewährten Gastrechts[684] oder des Rechts der Positivstaater, ohne Aufenthaltsgenehmigung in das Bundesgebiet einreisen und sich hier aufhalten zu dürfen, abstellen, sind rechtsfehlerhaft, wenn sie besorgen lassen, dass allein die Ausländereigenschaft des Positivstaaters strafschärfend verwertet worden ist. Positivstaater trifft keine gesteigerte Pflicht, sich im Bundesgebiet straffrei zu führen.[685]

Ebenso fehlerhaft ist die Erwägung, der Positivstaater habe durch sein strafbares Verhalten dazu beigetragen, die überwiegend unberechtigten Vorurteile gegen ausländische Staatsangehörige in der deutschen Bevölkerung zu vertiefen und ein gedeihliches Zusammenleben zwischen ausländischen und deutschen Bürgern erheblich zu erschweren.[686]

Dagegen kann strafschärfend berücksichtigt werden, dass der Positivstaater allein zum Zwecke der Begehung von Straftaten eingereist ist.[687]

---

[682] BGH, Beschluss vom 29.04.1992, StV 1992, 570 und Beschluss vom 15.01.1988, StV 1988, 248

[683] OLG Schleswig, Beschluss vom 25.02.2000, StraFo 2000, 209 (210)
Horn, in: SK-StGB, § 46 Rz. 119
Sarstedt/Hamm, Rz. 1213
Stree, in: Schönke/Schröder, § 46 Rz. 36

[684] BGH, Beschluss vom 09.01.1981, StV 1981, 123
OLG Düsseldorf, Beschluss vom 10.04.1995, NJW 1996, 66 (67)

[685] Gribbohm, in: LK-StGB, § 46 Rz. 179

[686] Vgl. OLG Bremen, Beschluss vom 04.11.1993, StV 1994, 130

[687] BGH, Urteil vom 16.09.1981, NStZ 1982, 112
Gribbohm, in: LK-StGB, § 46 Rz. 180
Tröndle/Fischer, § 46 Rz. 43a

bb. Besondere Strafempfindlichkeit

Es ist in Rechtsprechung und Literatur allgemein anerkannt, dass die schuldangemessene Strafe je nach dem Grad der Strafempfindlichkeit des Täters durchaus verschieden sein kann.[688] Zu beachten ist dabei, dass die Ausländereigenschaft allein nicht geeignet ist, eine strafmildernd zu berücksichtigende besondere Strafempfindlichkeit des Positivstaaters zu begründen.[689] Nur besondere Umstände[690] können ausnahmsweise zu einer anderen Beurteilung führen.

cc. Ausländerrechtliche Folgen

Ausländerrechtliche Folgen der illegalen Arbeitsaufnahme, insbesondere die ein Einreise- und Aufenthaltsverbot[691] begründende Ausweisung, sind regelmäßig keine bestimmenden Strafzumessungsgründe,[692] obwohl der Positivstaater sie häufig schwerer als die strafrechtliche Sanktion einstuft.[693] Nur besondere Umstände können im Einzelfall eine andere Beurteilung rechtfertigen.[694] Bei der Ausweisung kommen solche besonderen Umstände - wenn überhaupt - nur bei einem zwingenden Ausweisungsgrund nach § 47 Abs. 1 AuslG in Betracht.[695] Bei einer „Regel"-[696] oder „Kann"-[697] Ausweisung sind etwaige Härten im verwaltungsgerichtlich überprüfbaren Ausweisungsverfahren[698] zu berücksichtigen und für die Strafzumessung irrelevant.

c. Zusätzliche strafzumessungserhebliche Faktoren beim Arbeitgeber

Neben den allgemeinen Grundsätzen der Strafzumessung sind bei dem einen Positivstaater beschäftigenden Arbeitgeber insbesondere die noch anzusprechenden außerstrafrechtlichen Sanktionen strafmildernd zu berücksichtigen sowie strafschärfend eine außergewöhnliche Intensität der Tatbegehung, sofern diese nicht allein unter dem Gesichtspunkt der Gewerbsmäßigkeit oder des groben Eigennutzes zur Annahme eines besonders schweren Falles führt und damit dem Doppelverwertungsverbot gemäß § 46 Abs. 3 StGB unterliegt.

---

688 BGH, Urteil vom 10.11.1954, BGHSt 7, 28 (31)
Schäfer, Rzn. 412 und 416 ff.

689 BGH, Beschluss vom 11.09.1996, NStZ 1997, 77

690 Z.B. Verständigungsprobleme oder erschwerte familiäre Kontakte bei einer in Deutschland vollzogenen Haft.

691 Vgl. § 8 Abs. 2 Satz 1 i.V.m. § 44 Abs. 5 AuslG

692 BGH, Beschluss vom 12.07.1996, NStZ 1996, 595
OLG Stuttgart, Beschluss vom 13.10.1999, StV 2000, 82

693 Hierauf weist Schmidt zutreffend hin und ergänzt, dieses Umstandes müsse sich ein mit der Verteidigung von Ausländern befasster Strafverteidiger stets bewusst sein (Verteidigung von Ausländern, Rzn. 14 und 182).

694 BGH, Urteil vom 05.12.2001, NStZ 2002, 196

695 BGH, Beschluss vom 27.11.1998, NStZ 1999, 240
OLG Stuttgart, Beschluss vom 13.10.1999, StV 2000, 82

696 Vgl. § 47 Abs. 2 AuslG

697 Vgl. §§ 45, 46 AuslG

698 BGH, Beschluss vom 11.09.1996, NStZ 1997, 77

d. Schutz des Wettbewerbs als Strafzumessungsfaktor

Bei der Untersuchung einschlägiger gerichtlicher Entscheidungen, denen Strafverfahren wegen illegaler Beschäftigung ausländischer Arbeitnehmer zu Grunde liegen, bleibt ein schärfender Strafzumessungsgesichtspunkt gänzlich unbeachtet: Die Verzerrung des Wettbewerbes zu Lasten legal arbeitender Konkurrenten. Die Arbeitgeber, die illegal beschäftigte (billige) ausländische Arbeitnehmer einsetzen, verschaffen sich einen Wettbewerbsvorteil zu Lasten der legal arbeitenden Mitbewerber, der zu Existenzbedrohung und Insolvenz der zuletzt Genannten führt oder führen kann.

Der Wettbewerb nimmt in einer sozialen Marktwirtschaft eine zentrale Position ein.[699] Dass es sich dabei um ein durch das Strafrecht schützenswertes Rechtsgut handelt, zeigt der durch das Gesetz zur Bekämpfung der Korruption vom 13.08.1997 neu in das Strafgesetzbuch eingeführte 26. Abschnitt.[700] Die §§ 298, 299 StGB schützen die Freiheit der Marktkonkurrenz vor unlauteren Einflüssen, die den Wettbewerb einseitig zu Gunsten eines Beteiligten verzerren.[701] Dahinter steht letztlich die marktwirtschaftliche Gesellschaftsordnung als Ganzes.

Illegale Beschäftigung kann man insoweit als Kehrseite des in § 298 StGB unter Strafe gestellten Submissionsbetruges ansehen. Während Submissionsabsprachen erfahrungsgemäß das Preisniveau in die Höhe treiben oder auf einem künstlich hohen Niveau halten, senkt die illegale Beschäftigung von Positivstaatern das Preisniveau auf oder unter ein für legal agierende Unternehmen nicht zu leistendes Preisniveau mit den aufgezeigten nachteiligen Folgen für den Wettbewerb.

Da der freie Wettbewerb in der Regel nicht vom Schutzbereich der in dieser Arbeit untersuchten Normen erfasst ist, liegt in einer straferhöhenden Berücksichtigung kein Verstoß gegen das in § 46 Abs. 3 StGB normierte Doppelverwertungsverbot.

2. Doppelverwertungsverbot

Umstände, die schon Merkmale des gesetzlichen Tatbestandes sind, dürfen nach § 46 Abs. 3 StGB bei der Strafzumessung nicht berücksichtigt werden. Bei den Arbeitgebern ist daher insbesondere darauf zu achten, dass Gewerbsmäßigkeit oder grober Eigennutz, die zur Annahme eines besonders schweren Falles führen, bei der Bestimmung des Schuldrahmens nicht erneut herangezogen werden.[702]

---

[699] Otto, wistra 1999, 41 (42)
[700] BGBl. I, 2038 f.
[701] Tröndle/Fischer, vor § 298 Rz. 6
[702] Schäfer, Rz. 617

Erhöhte Sorgfalt erfordert auch die Strafzumessung bei Arbeitgebern, die nach einer einschlägigen Vorstrafe wegen Einschleusens von Ausländern gemäß § 92a Abs. 1 Nr. 2 1. Alternative AuslG verurteilt werden. Die klassische Formulierung, zu Lasten des Angeklagten sei die einschlägige Vorstrafe zu werten, verstößt offensichtlich gegen § 46 Abs. 3 StGB, da erst die wiederholte Tatbegehung diese Alternative des Qualifikationstatbestandes eröffnet. Keine Doppelverwertung liegt dagegen vor, wenn der Arbeitgeber zusätzlich mehrere Positivstaater beschäftigt und dafür einen Vermögensvorteil erhält und somit sämtliche drei Alternativen des § 92a Abs. 1 AuslG verwirklicht. Die straferhöhende Verwertung mehrerer Alternativen desselben Tatbestandes ist nicht zu beanstanden.[703]

Das Verbot der Doppelverwertung gilt auch für die Berücksichtigung der gesetzgeberischen Intention eines Tatbestandes insgesamt. Unzulässig ist daher, bei der Steuerhinterziehung oder dem Vorenthalten von Arbeitnehmerbeiträgen zur Sozialversicherung deren Sozialschädlichkeit strafschärfend heranzuziehen.[704]

IV. Festlegung der Strafe

Die Abwägung der unter dem Aspekt der Strafzumessungsschuld und des gerechten Schuldausgleichs erheblichen Umstände ergibt - wie bereits angesprochen - eine Bandbreite von Strafen (Spielraum), die letztlich alle schuldangemessen sind. Nur im Rahmen dieses Schuldangemessenen ist Raum für die Berücksichtigung general- und spezialpräventiver Gründe.[705]

In den meisten Fällen liegt dieser Spielraum - insbesondere bei den ausländischen Arbeitnehmern - im Bereich von Freiheitsstrafe bis zu sechs Monaten oder Geldstrafe bis zu 180 Tagessätzen. Als Strafart kommt damit gemäß § 47 Abs. 1 StGB vorrangig eine Geldstrafe in Betracht.[706]

Zu beachten ist in den Strafverfahren gegen die Positivstaater, dass die lange Dauer des unerlaubten Aufenthaltes für sich keinen besonderen Umstand im Sinne des § 47 Abs. 1 StGB darstellt, der das Verhängen einer Freiheitsstrafe von unter sechs Monaten unerlässlich macht.[707] Gleiches gilt für die Begrün-

---

[703] BGH, Urteil vom 03.11.1998, NStZ 1999, 130 (131)
Stree, in: Schönke/Schröder, § 46 Rz. 47

[704] BGH, Urteil vom 24.04.1996, StV 1996, 605
Stree, in: Schönke/Schröder, § 46 Rz. 46

[705] Schäfer, Rz. 645

[706] Exemplarisch hierzu die Zahlen aus der Strafverfolgungsstatistik 2001:
- Von 17.036 wegen Verstoßes gegen § 92 AuslG Verurteilten erhielten 88,7 % (15.107) eine Geldstrafe; 99,7 % der Geldstrafen lagen im Bereich bis zu 180 Tagessätzen (S. 92, 194).
- Von 126 wegen Verstoßes gegen das SGB III Verurteilten erhielten 89,7 % (113) eine Geldstrafe; 96,5 % der Geldstrafen lagen im Bereich bis zu 180 Tagessätzen (S. 94, 198).

[707] KG, Urteil vom 11.08.1999, 1 Ss 299/98 (nur im JURIS veröffentlicht)

dung, nur so könne gegenüber Ausländern die Rechtsordnung der Bundesrepublik Deutschland durchgesetzt werden.[708]

Soll die Verhängung einer kurzen Freiheitsstrafe wegen der Zunahme der illegalen Beschäftigung und der Gefahr der Nachahmung mit generalpräventiven Aspekten begründet werden, hat das Tatgericht anhand statistischen Materials den früheren und den jetzigen Zustand gegenüberzustellen.[709]

B. Berufsverbot und Verfall

I. Berufsverbot - § 70 StGB

Das Berufsverbot setzt eine rechtswidrige Tat voraus, die der Täter unter Missbrauch seines Berufs oder unter grober Verletzung der mit dem Beruf verbundenen Pflichten begangen hat (§ 70 Abs. 1 Satz 1 StGB). Die Straftat muss dabei mit der Berufsausübung im inneren Zusammenhang stehen, d.h. Ausfluss der jeweiligen Berufstätigkeit sein. Diese Voraussetzungen können auch bei der illegalen Beschäftigung von Positivstaatern gegeben sein, z.B. wenn die unternehmerische Tätigkeit des Arbeitgebers auf die systematische Hinterziehung von Lohn- und Umsatzsteuern angelegt ist und die Steuerhinterziehung in einem großen Umfang über einen längeren Zeitraum zum betrieblichen Kalkulationsfaktor wird.[710] Dementsprechend kann auch die Pflicht, die Sozialversicherungsbeiträge des Arbeitnehmers an die Krankenkasse abzuführen, eine Berufspflicht im Sinne von § 70 StGB sein.[711]

Wegen der erforderlichen Gefahrprognose und des verfassungsrechtlichen Grundsatzes der Verhältnismäßigkeit, der für Maßregeln der Besserung und Sicherung in § 62 StGB ausdrücklich normiert ist, spielt das strafrechtliche Berufsverbot in der forensischen Praxis[712] keine bedeutende Rolle und soll daher nicht weiter vertieft werden.

II. Verfall - §§ 73, 73a StGB

Die Anordnung des Verfalls bezweckt die Beseitigung der Vermögensvorteile, die der Arbeitnehmer und der Arbeitgeber aus dem illegalen Beschäftigungsverhältnis erworben haben. Der Begriff „etwas“ in § 73 Abs. 1 Satz 1 StGB umfasst

[708] OLG Schleswig, Beschluss vom 25.02.1999, SchlHA 2000, 123 (124)
[709] OLG Hamburg, Beschluss vom 04.02.2000, StV 2000, 353 (354)
[710] BGH, Beschluss vom 12.09.1994, NStZ 1995, 124
[711] LG München, Urteil vom 02.12.1985, wistra 1987, 261
Horn, in: SK-StGB, § 70 Rz. 5
Tröndle/Fischer, § 70 Rz. 3
A.A.: BayObLG, Urteil vom 05.04.1957, NJW 1957, 958 f.
[712] Nach der Strafverfolgungsstatistik 2001 (S. 286 f., S. 298 f.) wurden bei Verurteilungen wegen Verstoßes gegen das SGB III keine und gegen die AO eine „andere(n) Maßregel(n)“ (Führungsaufsicht, Berufsverbot) verhängt; bei Verurteilungen wegen Verstoßes gegen § 266a Abs. 1 StGB gab es vier Fälle.

dabei die Gesamtheit des aus der Tat Erlangten, sodass nach dem Bruttoprinzip[713] ohne Abzug etwaiger Aufwendungen abgeschöpft werden darf. In Betracht kommen grundsätzlich der Lohn[714] des Arbeitnehmers und beim Arbeitgeber gemäß § 73a Satz 1 StGB ein Geldbetrag, der der Höhe der ersparten Kosten[715] entspricht, die ihm bei legaler Beschäftigung entstanden wären.[716]

Die praktische Bedeutungslosigkeit der Verfallsvorschriften in den in dieser Arbeit untersuchten Fallgruppen folgt aus § 73 Abs. 1 Satz 2 StGB. Nach dieser Vorschrift, die eine Konkurrenz zwischen staatlichen Abschöpfungsmaßnahmen und zivil- oder öffentlich-rechtlichen Ersatzansprüchen vermeiden soll,[717] ist der Verfall ausgeschlossen, wenn dem Verletzten aus der Tat ein Anspruch erwachsen ist. Da sich § 73 Abs. 1 Satz 2 StGB auf Ansprüche schlechthin bezieht und damit neben den Ansprüchen der Sozialversicherungsträger auch Steuerforderungen[718] umfasst, scheiden Verfallsanordnungen in den Fällen illegaler Beschäftigung von Positivstaatern regelmäßig aus.

C. Abschluss des Ermittlungsverfahrens

Wie bereits in der Einleitung der Arbeit dargelegt, gibt es keine exakten Zahlen über den Umfang der illegalen Beschäftigung von Positivstaatern. Entsprechendes gilt für Angaben über Anzahl und Ausgang der strafrechtlichen Ermittlungs- und Hauptverfahren einschließlich der Verurteilungen nach Strafart und Strafhöhe. Die angesprochene Differenz zwischen den Zahlen der Polizeilichen Kriminalstatistik und der Strafverfolgungsstatistik deutet aber an, dass der größere Teil der Ermittlungsverfahren nicht mit der Erhebung der öffentlichen Klage endet, sondern durch Einstellungen der Staatsanwaltschaften abgeschlossen wird. Gründe für die hohe Einstellungsquote sind neben Beweisproblemen vor allem die angesprochenen schwierigen tatbestandlichen Strukturen der einschlägigen Strafvorschriften.[719]

I. Einstellungsmöglichkeiten

Neben § 170 Abs. 2 StPO (bei Vorliegen einer Ordnungswidrigkeit i.V.m. § 43 Abs. 1 OWiG) und § 205 StPO (insbesondere bei den ausländischen Arbeitnehmern) sind von den Einstellungsmöglichkeiten nach dem Opportunitätsprin-

[713] BGH, Urteil vom 21.08.2002, NStZ 2003, 37
Tröndle/Fischer, § 73 Rz. 7
[714] Vgl. OLG Frankfurt/Main, Beschluss vom 24.10.2001, StV 2002, 308 f.
[715] Horn, in: SK-StGB, § 73 Rz. 7 und § 73a Rz. 2
[716] Zu den ersparten Aufwendungen gehören insbesondere der Differenzbetrag zwischen dem Tariflohn und der gewährten Vergütung sowie die nicht entrichteten Sozialversicherungsbeiträge und (Lohn-) Steuern.
[717] OLG Zweibrücken, Urteil vom 30.11.2001, NStZ 2002, 254 (255)
[718] BGH, Beschluss vom 28.11.2000, NStZ 2001, 155 ff.
[719] Vgl. 9. Bericht der Bundesregierung (Fn. 2), 33

zip für die hier zu beurteilenden Fälle insbesondere die §§ 153 Abs. 1, 153a Abs. 1 und 154b Abs. 3 StPO von praktischer Relevanz.

1. § 153 Abs. 1 StPO

§ 153 Abs. 1 StPO kommt in den Fällen besonders geringer Strafwürdigkeit in Betracht, also bei Sachverhalten, die im Vergleich mit Vergehen identischer Art nicht unerheblich unter dem Durchschnitt liegen. Eine zu erwartende Strafe müsste im untersten Bereich des konkreten Strafrahmens angemessen sein, wobei die aufgezeigten deliktsspezifischen Strafzumessungserwägungen, insbesondere die Dauer der illegalen Beschäftigung, von entscheidender Bedeutung sind. Bei nicht entrichteten (Lohn-) Steuern und Sozialversicherungsbeiträgen wird regelmäßig das öffentliche Interesse einer folgenlosen Einstellung entgegenstehen.

2. § 153a Abs. 1 StPO

Typische Anwendungsfälle dieser Vorschrift, die über § 153 Abs. 1 StPO hinaus auch Fälle mittlerer Kriminalität erfasst, sind im Bereich der illegalen Beschäftigung von Positivstaatern Verfahren, in denen auf der einen Seite die Dauer der illegalen Beschäftigung, die Höhe des Schadens oder andere strafzumessungserhebliche Gesichtspunkte nach einer entsprechenden Gesamtwürdigung die Erhebung der öffentlichen Klage nicht gebieten, auf der anderen Seite einer oder mehrere dieser Faktoren oder das öffentliche Interesse einer Einstellung nach § 153 Abs. 1 StPO entgegenstehen.

Als Auflage kommt insbesondere die in Nr. 1 geregelte Anordnung, zur Wiedergutmachung des durch die Tat verursachten Schadens eine bestimmte Leistung zu erbringen, in Betracht. Durch diese Vorschrift kann der durch die Straftat erlangte Vermögensvorteil abgeschöpft werden.[720] Die dem Wortlaut der materiell-rechtlichen Regelung in § 46a Nr. 1 StGB im Wesentlichen entsprechende Nr. 5 kommt in den vorliegenden Verfahren aus den genannten Gründen - Forderung nach einem kommunikativen Prozess zwischen Täter und Opfer - nicht in Betracht.

3. § 154b Abs. 3 StPO

In den Verfahren gegen die ausländischen Arbeitnehmer ist besonderes Augenmerk auf die Einstellungsmöglichkeit nach § 154b Abs. 3 StPO zu legen. Die Norm, der im Vollstreckungsverfahren § 456a Abs. 1 StPO entspricht, ermöglicht, von der Erhebung der öffentlichen Klage ohne Zustimmung des Gerichts nach pflichtgemäßem Ermessen abzusehen, wenn der Arbeitnehmer ausgewiesen wird.

[720] Vgl. Nr. 93a RiStBV

Die Anwendung der Vorschrift setzt zunächst das Vorliegen einer bestandskräftig angeordneten Ausweisung (§§ 45 ff. AuslG) voraus, der die Abschiebung (§§ 49 ff. AuslG) und Zurückschiebung (§ 61 AuslG) gleichstehen,[721] nicht aber das freiwillige Verlassen des Bundesgebietes. Nicht ausreichend ist ebenfalls, wenn lediglich die Voraussetzungen für eine Ausweisung vorliegen. Dies gilt es zu beachten, da die Ausländerbehörden häufig den Ausgang des Strafverfahrens abwarten. In geeigneten Fällen kann aus diesem Grund eine Kontaktaufnahme mit der Ausländerbehörde mit dem Ziel, den Erlass der Ausweisungsverfügung zu beschleunigen, angezeigt sein.

Kriterien für die Handhabung des eingeräumten Ermessens enthält § 154b Abs. 3 StPO nicht. Zum Zwecke der Ermessensausübung haben einzelne Bundesländer Ermessensrichtlinien erlassen.[722]

II. Erhebung der öffentlichen Klage

Kommt eine Einstellung, insbesondere aus Opportunitätserwägungen, nicht in Betracht, hat die Staatsanwaltschaft nach dem Legalitätsprinzip die öffentliche Klage zu erheben, § 170 Abs. 1 StPO.

Bei der sachlichen Zuständigkeit ist die durch Art. 7 des Gesetzes zur Erleichterung der Bekämpfung von illegaler Beschäftigung und Schwarzarbeit vom 23.07.2002[723] geänderte Neufassung des § 74c Abs. 1 Nr. 6 GVG zu beachten, nach der die Wirtschaftsstrafkammer nunmehr auch für die in dieser Arbeit untersuchten Straftaten des Vorenthaltens von Arbeitsentgelt, nach dem Arbeitnehmerüberlassungsgesetz und dem Dritten Buch Sozialgesetzbuch zuständig ist, soweit zur Beurteilung des Falles besondere Kenntnisse des Wirtschaftslebens erforderlich sind. Die Zuweisung der typischen Straftaten gegen einen geordneten Arbeitsmarkt an die Wirtschaftsstrafkammern soll sicher stellen, dass Straftaten in diesem Bereich mit einer ausreichenden Intensität verfolgt werden.[724]

Praktische Bedeutung erlangt die Änderung des § 74c Abs. 1 Nr. 6 GVG aber auch für die Amtsgerichte, die für den Großteil der hier relevanten Verfahren nach § 24 GVG sachlich zuständig sind, da einige Bundesländer[725] durch Rechtsverordnun-

---

[721] Meyer-Goßner, § 154b Rz. 1 und § 456a Rz. 3

[722] Vgl. z.B.:
- Niedersachsen: Allgemeine Verfügung vom 05.08.1997, NdsRpfl. 1997, 194 f.
- Sachsen: Verwaltungsvorschrift vom 25.04.1996, JMBl. 1996, 69 f.

[723] BGBl. I, 2787 (2790)

[724] BT-Drucksache 14/8221, 18

[725] Vgl. z.B.:
- Brandenburg: § 4 Abs. 1 Nr. 3 der Verordnung über gerichtliche Zuständigkeiten und Zuständigkeitskonzentrationen vom 03.11.1993, GVBl. II, 689
- Rheinland-Pfalz: § 3 Abs. 1 und 4 Nr. 2 der Landesverordnung über die gerichtliche Zuständigkeit in Strafsachen und Bußgeldverfahren vom 19.11.1985, GVBl. 1985, 265
- Schleswig-Holstein: § 1 der Landesverordnung über die Zuständigkeit der Amtsgerichte in Wirtschaftsstrafsachen vom 25.01.2000, GVOBl. 2000, 129

gen gemäß § 58 Abs. 1 GVG die in § 74c Abs. 1 GVG genannten Wirtschaftsstraftaten bei einem Amtsgericht für die Bezirke mehrerer Amtsgerichte konzentriert haben.

Durch die zu erwartenden Rechtsfolgen - im überwiegenden Teil der Verfahren kommt nur die Verhängung einer Geldstrafe in Betracht - ist die Art der Erhebung der öffentlichen Klage vorgezeichnet: Antrag auf Erlass eines Strafbefehls gemäß den §§ 407 ff. StPO.[726] Während bei den Arbeitgebern insoweit keine erörterungswürdigen Besonderheiten bestehen, gibt es bei den ausländischen Arbeitnehmern spezifische Probleme, die zum einen aus der regelmäßigen Zwischenschaltung eines Zustellungsbevollmächtigten resultieren, zum anderen auf ihrer fehlenden finanziellen Leistungsfähigkeit beruhen.

1. Zustellungsbevollmächtigung - Zweck, Verfahren und Wirkung

Die Positivstaater haben als ausländische Staatsangehörige, die ausschließlich zur Aufnahme einer illegalen Beschäftigung einreisen, in der überwiegenden Anzahl der Fälle keinen festen Wohnsitz oder Aufenthalt im Bundesgebiet. Damit liegt im Ermittlungsverfahren regelmäßig der Haftgrund der Fluchtgefahr (§ 112 Abs. 2 Nr. 2 StPO)[727] vor, insbesondere bei den Arbeitnehmern, die nicht unmittelbar bei Ausübung ihrer Erwerbstätigkeit festgestellt werden, sondern erst bei der grenzpolizeilichen Ausreisekontrolle, mithin unmittelbar vor der Rückkehr in ihr Heimatland. Dem Erlass eines entsprechenden Haftbefehls steht nicht zwingend der in § 112 Abs. 1 Satz 2 StPO normierte Verhältnismäßigkeitsgrundsatz entgegen. Unter dem Gesichtspunkt der Rechtsfolgeerwartung besteht, wie sich aus § 113 Abs. 1 und Abs. 2 Nr. 2 StPO ergibt, Unverhältnismäßigkeit nicht allein deshalb, weil nur eine Geldstrafe zu erwarten ist.[728]

Um unnötige Verhaftungen im Ermittlungsverfahren zu vermeiden und um die spätere Strafverfolgung und -vollstreckung ohne aufwändige Rechtshilfeersuchen zu ermöglichen, hat der Gesetzgeber im Jahre 1968[729] mit § 127a und § 132 zwei für die Praxis wichtige Normen in die Strafprozessordnung eingefügt.[730] Für die

[726] Nach Nr. 175 Abs. 3 RiStBV soll von dem Antrag auf Erlass eines Strafbefehls nur abgesehen werden, wenn die vollständige Aufklärung aller für die Rechtsfolgenbestimmung wesentlichen Umstände oder Gründe der Spezial- oder Generalprävention die Durchführung einer Hauptverhandlung geboten erscheinen lassen. Auf einen Strafbefehlsantrag ist nicht schon deswegen zu verzichten, weil ein Einspruch des Angeschuldigten zu erwarten ist.

[727] Einschränkend: Heidig/Langner, StraFo 2002, 156 (158 f.)

[728] Dünnebier, NJW 1968, 1752 (1753)
Geppert, GA 1979, 281 (293 f.)
Meyer-Goßner, § 112 Rzn. 11 und 20

[729] Erster Abschnitt Art. 2 Nrn. 6 und 7 des Einführungsgesetzes zum Gesetz über Ordnungswidrigkeiten (EGOWiG) vom 24.05.1968, BGBl. I, 503 (507 f.)

[730] Die Vorschriften sollten ursprünglich vor allem Mängel beseitigen, die bei der Verfolgung von Verkehrsverstößen durchreisender ausländischer Kraftfahrer große Schwierigkeiten bereiteten (Geppert, GA 1979, 281). Heute sind sie insbesondere bei der Verfolgung ausländerrechtlicher Straftaten unverzichtbar.

dieser Arbeit zu Grunde liegenden Fallkonstellationen, in denen die Ermittlungsverfahren mit Anträgen auf Erlass von Strafbefehlen abgeschlossen werden, ist insbesondere § 132 Abs. 1 Nr. 2 StPO von Bedeutung. Danach kann angeordnet werden, dass der Positivstaater eine im Bezirk des zuständigen Gerichts wohnende Person zum Empfang von Zustellungen - und damit auch für die spätere Zustellung eines Strafbefehls - bevollmächtigt. Da die Positivstaater regelmäßig keine näheren Kontakte im Bundesgebiet haben und somit einen Zustellungsbevollmächtigten eigener Wahl nicht benennen können, wird in der forensischen Praxis auf Vorschlag des Anordnenden (§ 132 Abs. 2 StPO) gemäß Nr. 60 Abs. 1 Satz 2 RiStBV ein für solche Fälle vom zuständigen Amtsgericht benannter Mitarbeiter, der zuvor sein generelles Einverständnis erklärt hat, bevollmächtigt. Entsprechende Blankovordrucke liegen bei den Ermittlungsbehörden vor.[731]

Nach erfolgter Zustellung muss der Bevollmächtigte den für den Positivstaater bestimmten und übersetzten[732] Strafbefehl unverzüglich an diesen (formlos) weiterleiten. Dies ist insbesondere erforderlich, weil die zweiwöchige Einspruchsfrist (§ 410 Abs. 1 StPO) mit Zustellung an den Zustellungsbevollmächtigten zu laufen beginnt. Aus diesem Grunde ist es notwendig, dass dem Angeklagten mitgeteilt wird, wann die Zustellung an den Zustellungsbevollmächtigten erfolgt ist, denn nur so kann er Kenntnis über die ihm verbleibende Frist zur Einlegung des Einspruchs erlangen.

2. Wiedereinsetzung in den vorigen Stand

Durch die Zwischenschaltung eines Zustellungsbevollmächtigten geht dem im Ausland wohnenden Positivstaater hinsichtlich der Einspruchsfrist wertvolle Zeit verloren. Während deutsche Angeklagte in der Regel am Tag der Zustellung Kenntnis vom Strafbefehl erlangen und zwei Wochen Überlegungsfrist haben, verkürzt der übliche Postlauf in die mittel- und osteuropäischen Staaten die Überlegungsfrist erheblich. Zum Teil erhalten die ausländischen Arbeitnehmer die formlos übersandten Strafbefehle erst nach Ablauf der zweiwöchigen Einspruchsfrist, also zu einem Zeitpunkt, in dem diese bereits rechtskräftig geworden sind. Damit wird der verfassungsrechtliche Grundsatz, dass ausländische Staatsangehörige in Verfahren vor deutschen Gerichten die gleichen prozessua-

---

[731] Nach Benennung des Zustellungsbevollmächtigten und evtl. - bei vorhandenen Barmitteln - Leistung einer angemessenen Sicherheit (§ 132 Abs. 1 Nr. 1 StPO) kann der Beschuldigte in den meisten Fällen ausreisen, da die Fortführung des Strafverfahrens gesichert ist. Diese strafprozessualen Möglichkeiten verkennt Hailbronner, § 92 AuslG Rz. 25, wenn er zu dem Ergebnis kommt, das Legalitätsprinzip und die Einleitung eines strafrechtlichen Ermittlungsverfahrens führten in der Praxis zu dem Problem, dass eine Zurückschiebung nach § 61 AuslG nie möglich sei.

[732] Art. 6 Abs. 3 Buchst. a) MRK gebietet zwingend die Übersetzung des Strafbefehls (vgl. auch Nr. 181 Abs. 2 RiStBV), nicht aber die Übersetzung einer Rechtsbehelfsbelehrung:
BVerfG, Beschluss vom 07.04.1976, BVerfGE 42, 120 (125)
Greßmann, NStZ 1991, 216 (218)
Meyer-Goßner, § 35a Rz. 9

len Grundrechte und den gleichen Anspruch auf rechtsstaatliche Verfahren sowie auf umfassenden und effektiven gerichtlichen Schutz wie Deutsche haben,[733] in bedenklicher Weise unterlaufen.

De lege lata ist bei der Auslegung und Anwendung der die Wiedereinsetzung in den vorigen Stand regelnden §§ 44, 45 StPO darauf Bedacht zu nehmen, dass keine überspannten Anforderungen gestellt werden und der erste Zugang zum Gericht in unzumutbarer, aus Sachgründen nicht mehr zu rechtfertigender Weise erschwert wird.[734] Nach der Rechtsprechung des Bundesverfassungsgerichts ist für das Strafbefehlsverfahren das Rechtsinstitut der Wiedereinsetzung in den vorigen Stand die unter dem Blickpunkt der Rechtsschutzgarantien der Art. 19 Abs. 4 und 103 Abs. 1 GG verfassungsrechtlich geforderte Ergänzung seines nur summarischen Charakters.[735]

Zwar sollte die Belehrung über die Möglichkeit des Einspruchs und die dafür vorgeschriebene Frist und Form sowie den Hinweis, dass der Strafbefehl rechtskräftig und vollstreckbar wird, soweit gegen ihn kein Einspruch eingelegt wird, grundsätzlich in einer dem Angeklagten verständlichen Sprache erteilt werden.[736] Da Art. 6 Abs. 3 Buchst. a) MRK die Übersetzung der Rechtsbehelfsbelehrung jedoch nicht umfasst und die Gerichte daher regelmäßig diese nicht übersetzen lassen, sollte de lege ferenda § 409 Abs. 1 Nr. 7 StPO um folgenden zweiten Satz ergänzt werden:

> *„Bei einem der deutschen Sprache nicht mächtigen Angeklagten ist die Belehrung in einer ihm verständlichen Sprache zu erteilen."*

3. Geldstrafe als faktische Freiheitsstrafe

Die durch Strafbefehl rechtskräftig festgesetzte Geldstrafe wird von den Positivstaatern regelmäßig nicht bezahlt - entweder, weil sie wegen unzuverlässiger Postwege oder unvollständig angegebener Anschriften keine Kenntnis vom Strafbefehl und den Zahlungsaufforderungen der Staatsanwaltschaft als Vollstreckungsbehörde erhalten, oder, weil sie schlicht nicht zahlungsfähig sind. Gesetzlich vorgesehene Folge: Anordnung der Vollstreckung der Ersatzfreiheitsstrafe gemäß den §§ 43 StGB, 459e StPO und späterer Erlass eines Vollstreckungshaftbefehls. Bei einer Festnahme des verurteilten Arbeitnehmers, etwa bei einer versuchten Wiedereinreise, fehlen regelmäßig Zahlungsmittel, um die Vollstreckung abzuwenden, aus z.B. 90 Tagessätzen Geldstrafe werden 90 Tage Ersatzfreiheitsstrafe, die vollständig zu verbüßen sind.

---

[733] BVerfG, Beschluss vom 07.04.1976, BVerfGE 42, 120 (125 f.) Greßmann, NStZ 1991, 216
[734] BVerfG, Beschluss vom 04.07.2002, NJW 2002, 3534
[735] BVerfG, Beschluss vom 16.12.1975, BVerfGE 41, 23 (26)
[736] Meyer-Goßner, § 35a Rz. 9

Dieser kurze Überblick über den weiteren Gang vieler Verfahren und der Vergleich zu einem Täter, der als Ergebnis einer ungünstiger ausfallenden Strafzumessung zu einer kurzen, nach § 56 Abs. 1 und 3 StGB aber nicht zu vollstreckenden Freiheitsstrafe verurteilt wurde, zeigt plastisch die Strafungerechtigkeit der Ersatzfreiheitsstrafe. Die richterlich verhängte leichtere Strafe[737] wandelt sich im Fall des § 43 StGB wegen Unanwendbarkeit des § 56 StGB zu einer Freiheitsstrafe, die härter ist als eine ursprünglich richterlich ausgesprochene strengere Freiheitsstrafe, mit anderen Worten: Die Geldstrafe überspringt die zur Bewährung ausgesetzte Freiheitsstrafe und wird unmittelbar zu vollstreckbarem Freiheitsentzug. Überdies konterkariert die Ersatzfreiheitsstrafe in der Regel den in § 47 Abs. 1 StGB normierten Willen, die Vollstreckung kurzer Freiheitsstrafen zu vermeiden. Bei Teilzahlungen wird häufig sogar das Mindestmaß einer zeitigen Freiheitsstrafe von einem Monat (§ 38 Abs. 2 StGB) unterlaufen.

Selbst im Vergleich zur unbedingt verhängten Freiheitsstrafe kann die Geldstrafe über die Ersatzfreiheitsstrafe zur schärferen Strafe mutieren. Nach überwiegender Auffassung der Obergerichte[738] fällt die Ersatzfreiheitsstrafe nicht unter den Anwendungsbereich des § 57 StGB, die Aussetzung eines Strafrestes nach Verbüßung der Hälfte oder von zwei Dritteln der Ersatzfreiheitsstrafe kommt nicht in Betracht. Der seit Jahrzehnten kontrovers ausgetragene Streit, ob § 57 StGB auf die Ersatzfreiheitsstrafe nicht, nur analog oder auch unmittelbar anwendbar sei, soll hier nicht vertieft werden, da keiner der Lösungsansätze widerspruchsfrei ist und sich jede Meinung mit guten Gründen vertreten lässt.

Nur ein gegen die Anwendbarkeit des § 57 StGB auf die Ersatzfreiheitsstrafe vorgebrachtes Argument[739] soll - da für den in der Arbeit behandelten Personenkreis relevant - entkräftet werden. Danach habe es der eine Ersatzfreiheitsstrafe Verbüßende weitgehend selbst in der Hand, es gar nicht erst zu einer Strafverbüßung kommen zu lassen, da nunmehr alle Bundesländer von der Ermächtigung des Art. 293 EGStGB Gebrauch gemacht hätten, als Surrogat der Ersatzfreiheitsstrafe gemeinnützige Arbeit einzuführen. Unzweifelhaft hat diese Regelung, die nach dem Referentenentwurf eines Gesetzes zur Reform des Sanktionenrechts[740] in § 43 StGB transformiert werden soll, die Problematik der Ersatzfreiheitsstrafe bei deutschen Verurteilten gemildert. Bei ausländischen Verurteilten greift sie wegen fehlender Arbeitsangebote jedoch nicht; die Ersatzfreiheitsstrafe ist nach wie vor primäre Ersatzstrafe.

---

[737] Seebode, in: FS-Böhm, S. 519 (520)

[738] KG, Beschluss vom 08.12.1976, GA 1977, 237
OLG Bamberg, Beschluss vom 29.06.1998, StV 1999, 493
OLG Düsseldorf, Beschluss vom 05.03.1979, NJW 1980, 250
OLG Hamm, Beschluss vom 24.03.1998, wistra 1998, 274 (275)
OLG München, Beschluss vom 26.04.1976, NJW 1977, 309

[739] OLG Jena, Beschluss vom 30.10.1997, StV 1999, 491 (492)

[740] Der Entwurf nebst einer umfangreichen Begründung findet sich auf der Internet-Seite des Bundesministeriums für Justiz; vgl. Wolters, ZStW 114 (2002), 63 (Fn. 1)

Überdies wird die Problematik der Ersatzfreiheitsstrafe bei ausländischen Staatsangehörigen durch eine in der Praxis[741] in Einzelfällen zu beobachtende Sachbehandlung verschärft: Auch wenn als Ergebnis des Strafzumessungsvorganges eine über sechs Monate liegende Freiheitsstrafe als schuldangemessen angesehen wird, greifen Staatsanwaltschaften und Gerichte bei bereits ausgereisten Ausländern auf das Strafbefehlsverfahren zurück, um die Verfahren zu erledigen. Dabei wird bei der Wahl der Strafart ebenfalls auf die Geldstrafe zurückgegriffen, da die ausländischen Staatsangehörigen regelmäßig keinen Verteidiger haben (vgl. § 407 Abs. 2 Satz 2 StPO). So kann - um auf die bereits angesprochene Strafungerechtigkeit zurückzukommen - aus einer (Gesamt-)Geldstrafe von 270 Tagessätzen eine bis auf den letzten Tag zu verbüßende Ersatzfreiheitsstrafe von fast *neun Monaten* werden, während bei Verhängung einer bedingten neunmonatigen (Gesamt-)Freiheitsstrafe (also der zunächst schärferen Strafart) und wohlfeilem Verhalten in der Bewährungszeit mit anschließendem Straferlass *kein* Tag Freiheitsentzug und bei unbedingter (Gesamt-)Freiheitsstrafe eine Entlassung nach verbüßten *sechs Monaten* (§ 57 Abs. 1 und 2 StGB) in Betracht kommen.

4. Fazit und Ausblick

Zur Vermeidung strafungerechter und entsozialisierender Ersatzfreiheitsstrafen sieht der Referentenentwurf eines Gesetzes zur Reform des Sanktionenrechts die Einfügung eines Absatzes 2 in § 43 StGB vor, der einen geänderten Maßstab für die Umrechnung von uneinbringlicher und nicht durch gemeinnützige Arbeit[742] zu ersetzender Geldstrafe in Ersatzfreiheitsstrafe vorsieht. Danach sollen künftig zwei Tagessätze durch einen Tag Freiheitsstrafe ersetzt werden.[743]

De lege lata entstehen aus den aufgezeigten Gründen (faktische Nichtanwendbarkeit des Art. 293 EGStGB, Verhängung auch höherer schuldangemessener Strafen als Geldstrafen) insbesondere bei im Ausland lebenden ausländischen Verurteilten grobe Unbilligkeiten. Zur angemessenen Reduzierung dieser erscheinen zwei Forderungen an die Praxis sachgerecht:

---

[741] Dass in Verfahren gegen im Ausland lebende Straftäter der prozentuale Anteil der hohen Geldstrafen (91 - 180 bzw. 181 - 360 Tagessätze) unter den insgesamt verhängten Geldstrafen tendenziell höher ist, belegt ein Blick in die Strafverfolgungsstatistik 2001 (S. 162, 166, 194):
In Verfahren wegen Verstoßes gegen § 92 AuslG lagen 7,5 % der ausgesprochenen Geldstrafen im Bereich von 91 - 180 Tagessätzen und 0,3 % im Bereich von 181 - 360 Tagessätzen. Demgegenüber verhängten die Gerichte bei Strafverfahren nach § 185 StGB (identischer gesetzlicher Strafrahmen) nur in 1,4 % der Geldstrafen solche von 91 - 180 Tagessätzen und nur in 0,06 % der Fälle Geldstrafen von 181 - 360 Tagessätzen. Der prozentuale Anteil hoher Geldstrafen lag bei Verstößen gegen § 92 AuslG also fünfmal höher als bei einem Delikt mit identischem Strafrahmen.
Selbst bei Verurteilungen nach § 242 Abs. 1 StGB, der einen deutlich höheren gesetzlichen Strafrahmen aufweist, liegen die prozentualen Anteile hoher Geldstrafen niedriger: 2,8 % (91 - 180 Tagessätze) bzw. 0,08 % (181 - 360 Tagessätze).

[742] Nach § 43 Abs. 1 des Referentenentwurfes primäre Ersatzstrafe.

[743] Kritisch zu diesem Umrechnungsmaßstab: Wolters, ZStW 114 (2002), 63 (84 f.), unter Hinweis auf die Gefahr einer drohenden Erhöhung des Geldstrafenniveaus, die hieraus resultieren könnte.

- Bei zu erwartenden Freiheitsstrafen von sechs Monaten bis zu einem Jahr, für die das Gesetz im Gegensatz zu § 47 Abs. 1 StGB keinen Vorrang einer Strafart vorschreibt, sollte vermehrt das beschleunigte Verfahren (§§ 417 ff. StPO) genutzt werden, um die faktische Härte hoher, im Strafbefehlsverfahren verhängter Geldstrafen zu vermeiden und eine ordnungsgemäße Wahl der Strafart fern von prozessökonomischen Erwägungen zu ermöglichen. Die Verfahren gegen illegal beschäftigte Positivstaater sind hierfür in besonderem Maße geeignet. Zur Sicherung des Verfahrens ist auf die Möglichkeit der vorläufigen Festnahme und den Erlass eines (zeitlich befristeten) Haftbefehls gemäß § 127b StPO hinzuweisen.

- Nach der Verhaftung eines zur Vollstreckung der Ersatzfreiheitsstrafe ausgeschriebenen ausländischen Arbeitnehmers ist schnellstmöglich eine Entscheidung nach § 456a Abs. 1 StPO herbeizuführen. Danach kann die Vollstreckungsbehörde von der Vollstreckung einer Ersatzfreiheitsstrafe absehen, wenn der Verurteilte aus dem Bundesgebiet ausgewiesen wird. Abschiebung und Zurückschiebung stehen der Ausweisung gleich. Regelmäßig liegen die Voraussetzungen vor, da der Verurteilte auf Grund der der Verurteilung zu Grunde liegenden Straftat bereits bestandskräftig ausgewiesen wurde. Andernfalls ist unter Einschaltung der Ausländerbehörde schnellstmöglich eine entsprechende Entscheidung herbeizuführen. Entsprechende Grundsätze erhalten die zu § 456a StPO erlassenen Länderrichtlinien. So bestimmt § 2 Abs. 2 der Allgemeinen Verfügung über die Anwendung des § 456a StPO der Senatsverwaltung für Justiz des Landes Berlin vom 17.01.1997,[744] dass von der Vollstreckung einer Ersatzfreiheitsstrafe - auch einer bereits begonnenen - in der Regel abgesehen werden solle.

  Hier eröffnet sich zum Ausgleich von Benachteiligungen, die Ausländer im deutschen Strafprozess erfahren können, ein nicht unbedeutender Anwendungsbereich des § 456a StPO, der zugleich der häufig geäußerten Kritik[745] an der Vorschrift, sie diene vor allem der Entlastung überbelegter Justizvollzugsanstalten und damit fiskalischen Interessen, begegnen könnte.

D. Zumessung der Geldbuße

Da im überwiegenden Teil der Fälle illegaler Beschäftigung von Positivstaatern das Verhalten des Arbeitnehmers und des Arbeitgebers die aufgezeigten Straftatbestände erfüllt und gleichzeitig verwirklichte Ordnungswidrigkeiten gemäß § 21 Abs. 1 Satz 1 OWiG als subsidiär zurücktreten, soll hier nur ein kurzer Blick auf die Sanktionsmöglichkeiten bei Ordnungswidrigkeiten geworfen werden. Praktische Relevanz erlangen diese vor allem, wenn die Staatsanwaltschaft das Ermittlungsverfahren gemäß § 170 Abs. 2 StPO oder § 153 Abs. 1 StPO

---

744 ABl. 1997, 467

745 Zum Ausmaß der justizökonomischen Bedürfnisse als Anlass für die „Aktivierung" des § 456a StPO: Giehring, in: FS-StA Schleswig-Holstein, S. 469 (482, 509)
Groß, StV 1987, 36

einstellt und zur Verfolgung der Ordnungswidrigkeiten an die zuständige Verwaltungsbehörde abgibt (§§ 21 Abs. 2, 43 Abs. 1 OWiG).

Als Rechtsfolge eines Verstoßes gegen Ordnungswidrigkeitentatbestände sieht das Gesetz in erster Linie die Geldbuße vor. Einzelheiten über deren Bemessung finden sich in § 17 Abs. 3 und 4 OWiG.

Im Gegensatz zu § 46 Abs. 1 Satz 1 StGB, nach dem Grundlage für die Strafzumessung die Schuld des Täters ist, stellt § 17 Abs. 3 OWiG - entsprechend dem Wesen der Ordnungswidrigkeiten - vorrangig auf die Bedeutung der Ordnungswidrigkeit und damit ein objektives Kriterium ab. Die Bedeutung ist in aller Regel daran abzulesen, welche Einstufung der Gesetzgeber mit dem speziellen Bußgeldrahmen, der eine kontinuierliche Schwereskala aller möglichen Erscheinungsformen eines Bußgeldtatbestandes normiert,[746] vorgenommen hat.[747] Exemplarisch seien hierfür die zentralen Ordnungswidrigkeitenvorschriften bei der illegalen Beschäftigung von Positivstaatern (§ 404 Abs. 2 Nrn. 3 und 4 SGB III) erwähnt: § 404 Abs. 3 SGB III sieht bei der Beschäftigung eine Positivstaaters ohne Arbeitsgenehmigung für den Arbeitgeber einen Bußgeldrahmen bis zu 500.000 € vor, während der Bußgeldrahmen für den Arbeitnehmer (nur) bis zu 5.000 € beträgt. Hier ist der bereits angesprochene deutliche Wertungsmaßstab des Gesetzgebers ersichtlich, dass der vom Arbeitgeber begangenen Tat größeres Gewicht beizumessen ist als der des Arbeitnehmers. Diese grundlegende Bewertung hat der Gesetzgeber zuletzt durch Änderung des Bußgeldrahmens in § 404 Abs. 3 OWiG mit Wirkung ab dem 01.08.2002[748] unterstrichen, in dem er das Höchstmaß der Geldbuße für den Arbeitgeber von zuvor bis zu 250.000 € verdoppelt hat, während er den Bußgeldrahmen für den Arbeitnehmer nicht veränderte.

Soweit § 17 Abs. 3 OWiG ergänzend auf den den Täter treffenden Vorwurf abstellt, sind die Zumessungsgesichtspunkte entsprechend anwendbar,[749] die bei der Strafzumessung aufgezeigt worden sind.

Von besonderer Bedeutung ist die in § 17 Abs. 4 Satz 1 OWiG normierte Zumessungsrichtlinie, nach der die Geldbuße den wirtschaftlichen Vorteil, den Arbeitnehmer und Arbeitgeber aus der Ordnungswidrigkeit gezogen haben, übersteigen soll.[750] Sinn dieser der Gewinnabschöpfung dienenden Regelung ist zu verhindern, dass sich die Begehung der Ordnungswidrigkeit für den Arbeitneh-

---

[746] OLG Köln, Beschluss vom 26.02.1988, NJW 1988, 1606

[747] Göhler, § 17 Rz. 25
Steindorf, in: KK-OWiG, § 17 Rz. 36

[748] Art. 2 Nr. 8 Buchst. b) bb) des Gesetzes zur Erleichterung der Bekämpfung von illegaler Beschäftigung und Schwarzarbeit vom 23.07.2002, BGBl. I, 2787 (2788)

[749] Göhler, § 17 Rz. 17
Zu weiteren Zumessungskriterien: Steindorf, in: KK-OWiG, § 17 Rzn. 51 ff.

[750] Zu diesem Zweck kann sogar das gesetzliche Höchstmaß der Geldbuße überschritten werden (§ 17 Abs. 4 Satz 2 OWiG).

mer und/oder den Arbeitgeber in irgendeiner Weise „lohnt".[751] Der abzuschöpfende wirtschaftliche Vorteil besteht in dem Habensaldo,[752] welcher sich aus dem Vergleich der wirtschaftlichen Position vor und nach Begehung der Tat ergibt.

Aus diesem Nettoprinzip folgt, dass bei dem Arbeitnehmer grundsätzlich der gesamte Lohn abzüglich tatsächlich getätigter eigener Aufwendungen (z.B. Kosten für Reisen in das Bundesgebiet) berücksichtigt werden kann. Hypothetische Einkünfte, die der Positivstaater aus einer legalen Arbeit während des Tatzeitraumes, z.B. in seinem Heimatland, hätte erlangen können, bleiben als Passivposten außer Betracht.[753] Existenzbedrohenden Notlagen, die durch die Abschöpfung des gesamten wirtschaftlichen Vorteils eventuell hervorgerufen werden können, ist im Rahmen des § 17 Abs. 3 Satz 2 OWiG, wonach die wirtschaftlichen Verhältnisse des Täters bei der Bußgeldbemessung zu berücksichtigen sind, Rechnung zu tragen. Dies kann im Einzelfall dazu führen, dass eine Abschöpfung des tatsächlich erlangten wirtschaftlichen Vorteils teilweise oder ganz unterbleibt.[754]

Beim Arbeitgeber gehören zum abzuschöpfenden wirtschaftlichen Vorteil insbesondere die Ersparnis der bei der regulären Beschäftigung eines Arbeitnehmers notwendigen Kosten[755] und die - wenn auch schwer zu berechnende - Verbesserung der Marktposition[756] durch das Zurückdrängen von legal und damit kostenintensiver arbeitenden Wettbewerbern. Die nach Aufdeckung der Tat nachträglich zu entrichtenden Steuern und Sozialversicherungsbeiträge sind grundsätzlich abzugsfähig. Da diese meist noch nicht festgesetzt worden sind und die Berechnung der exakten Beträge dem Besteuerungsverfahren und dem Festsetzungsverfahren der Krankenkassen als Einzugsstellen der Gesamtsozialversicherungsbeiträge vorbehalten bleiben sollte, können und sollten diese Beträge bei der Berechnung des wirtschaftlichen Vorteils unberücksichtigt bleiben.[757] Ein Verstoß gegen das Verbot der Doppelbelastung liegt nicht vor, da der den wirtschaftlichen Vorteil abschöpfende Teil der Geldbuße gemäß § 4 Abs. 5 Nr. 8 Satz 4 EStG als den Gewinn mindernde Betriebsausgabe geltend gemacht werden kann.

---

[751] Steindorf, in: KK-OWiG, § 17 Rz. 117

[752] Drathjer, S. 62 f.
Steindorf, in: KK-OWiG, § 17 Rz. 122

[753] Vgl. OLG Hamburg, Beschluss vom 03.03.1971, NJW 1971, 1000 (1002)

[754] BayObLG, Beschluss vom 25.04.1995, wistra 1995, 360 (362) unter Hinweis auf das Übermaßverbot
OLG Düsseldorf, Beschluss vom 27.08.1996, wistra 1996, 354 (355)

[755] Drathjer, S. 62
Göhler, § 17 Rz. 41

[756] BayObLG, Beschluss vom 02.01.1998, NJW 1998, 2461 (2462)
OLG Karlsruhe, Beschluss vom 30.12.1974, NJW 1975, 793
Göhler, § 17 Rz. 41

[757] So auch:
BayObLG, Beschluss vom 19.06.1997, NStZ-RR 1997, 339
Cramer, wistra 1996, 248 (250)
Göhler, § 17 Rz. 39 a

In den Fällen 5 und 6 sind die wirtschaftlichen Vorteile der GmbH als Arbeitgeberin zugeflossen, sodass gemäß § 30 OWiG auch gegen sie eine Geldbuße festgesetzt werden kann. § 17 Abs. 4 OWiG gilt entsprechend.[758]

E. Außerstrafrechtliche Konsequenzen

I. Einleitung

Das Bekämpfen der illegalen Beschäftigung von Ausländern wird insbesondere auch dadurch geprägt, dass der Gesetzgeber in mehr oder weniger regelmäßigen Abständen versucht, durch Verschärfen der Sanktionen die besondere Sozialschädlichkeit bestimmter Verhaltensweisen noch stärker zu betonen, das Unrechtsbewusstsein der Normadressaten zu erhöhen und die Abschreckungswirkung zu verstärken.[759] Auch ist er ständig bestrebt, die Organisation der Strafverfolgungsbehörden und die gegenseitigen Informationspflichten zu verbessern.[760]

Das Bemühen des Gesetzgebers, Vollzugsdefizite beim Bekämpfen der illegalen Beschäftigung auf diese Weise auszugleichen, ist gleichzeitig das Eingeständnis, dass die Gesetze nicht so funktionieren wie sie sollen, also insbesondere als Instrument der Prävention hier nicht in dem erwarteten Ausmaß wirken. Ausgehend von der Erkenntnis, dass allein das Kurieren an den straf- und bußgeldrechtlichen Sanktionen offensichtlich nicht ausreicht, das Phänomen der illegalen Beschäftigung wirksam zu bekämpfen, ist es angezeigt, das Sanktionssystem durch außerstrafrechtliche Konsequenzen mit präventiver Wirkung zu verstärken, indem - teilweise auch anknüpfend an straf- und bußgeldrechtliche Tatbestände - zivil- oder verwaltungsrechtliche Maßnahmen, die den Normadressaten empfindlich treffen, ergriffen werden.

II. Vergabesperre nach § 5 SchwarzarbG

Mit dem durch Änderungsgesetz vom 26.07.1994[761] in das Gesetz zur Bekämpfung der Schwarzarbeit eingefügten § 5 hat der Gesetzgeber eine zivilrechtliche Möglichkeit genutzt, um deutlich zu machen, „dass der Staat und seine Dienststellen der Bekämpfung der Schwarzarbeit und illegalen Beschäftigung einen hohen Stellenwert auch im Rahmen einer möglichst wirtschaftlichen Vergabe von Aufträgen einräumen".[762] Nach der durch Art. 9 Nr. 5 des Gesetzes zur Erleichterung der Bekämpfung von illegaler Beschäftigung und Schwarzarbeit vom 23.07.2002[763] geänderten Fassung des § 5 SchwarzarbG sollen Bewerber,

---

[758] § 30 Abs. 3 OWiG

[759] Beispiele: BT-Drucksache 14/8221, 11, 14 und 25 sowie BT-Drucksache 14/8625, 1

[760] Dazu allgemein: BT-Drucksache 14/8221, 11 und BT-Drucksache 14/8625, 1

[761] Gesetz zur Änderung des Gesetzes zur Bekämpfung der Schwarzarbeit und zur Änderung anderer Gesetze, BGBl. I, 1792

[762] BT-Drucksache 12/7563, 10

[763] BGBl. I, 2787 (2792)

gegen die oder deren nach Satzung oder Gesetz Vertretungsberechtigte insbesondere wegen der im 2. Kapitel unter C und D erwähnten Straftaten und Ordnungswidrigkeiten sowie wegen Verstoßes gegen § 266a StGB (3. Kapitel unter A. II.) Sanktionen im gesetzlich näher festgelegten Ausmaß verhängt worden sind, von der Teilnahme an einem Wettbewerb um einen Bauauftrag[764] bis zu drei Jahren ausgeschlossen werden. Unter den Voraussetzungen des § 5 Abs. 1 Satz 2 SchwarzarbG soll der Ausschluss auch schon vor Durchführung eines Straf- oder Bußgeldverfahrens erfolgen.[765]

Es ist kein sachlicher Grund dafür zu erkennen, dass die an gravierende Gesetzesverletzungen auf dem Gebiet der illegalen Beschäftigung anknüpfende Vergabesperre im Gesetz zur Bekämpfung der Schwarzarbeit steht. Die Verbindung mit diesem Gesetz besteht lediglich durch den in § 5 Abs. 1 Satz 1 Nr. 1 erwähnten Verstoß gegen § 2 SchwarzarbG. § 5 SchwarzarbG betrifft somit nur am Rande das Gesetz zur Bekämpfung der Schwarzarbeit. Auch ein gutwilliger Normadressat muss kaum damit rechnen, die Regelung einer Vergabesperre auf Grund von Verstößen gegen Vorschriften des Dritten Buches Sozialgesetzbuch, des Arbeitnehmerüberlassungsgesetzes oder des § 266a StGB in diesem Gesetz zu finden. Der systematisch verunglückte Standort der Vorschrift könnte durchaus zusätzliche Anwendungsschwierigkeiten zur Folge haben.[766]

III. Generalunternehmerhaftung nach § 28e Abs. 3a SGB IV

Mit dem Einfügen dieser Vorschrift durch Art. 3 Nr. 4 des Gesetzes zur Erleichterung der Bekämpfung von illegaler Beschäftigung und Schwarzarbeit vom 23.07.2002[767] hat der Gesetzgeber die sogenannte Generalunternehmerhaftung in dem besonders von illegaler Beschäftigung betroffenen Baubereich eingeführt. Ohne auf die Einzelheiten dieser komplizierten Regelung einzugehen, sei nur erwähnt, dass der Generalunternehmer grundsätzlich für die vom Subunternehmer zu zahlenden Gesamtsozialversicherungsbeiträge wie ein selbstschuldnerischer Bürge haftet. Ziel dieser Regelung, mit der die „Mitwirkung privater zur Einhaltung der Ordnung auf dem Arbeitsmarkt im Baubereich" aktiviert wird, ist es vor allem, dass der Generalunternehmer nicht mehr trotz eindeutiger Indizien für das Vorliegen illegaler Beschäftigung - z.B. unrealistische Preiskalkulation - die Augen verschließt, sondern durch sorgfältige Auswahl der Subun-

---

[764] Entgegen der alten Fassung werden Liefer- und Dienstleistungsaufträge nicht mehr von der Vergabesperre erfasst; siehe dazu:
BT-Drucksache 14/8221, 29 und BT-Drucksache 14/8288, 3

[765] Durch die nur schwer verständliche Regelung in § 5 Abs. 2 SchwarzarbG wird schließlich sichergestellt, dass der öffentliche Auftraggeber nach den §§ 282, 324 i.V.m. § 241 Abs. 2 BGB vom bereits abgeschlossenen Vertrag ohne Fristsetzung zurücktreten und Schadensersatz statt der Leistung verlangen kann.

[766] Nicht weiter zu vertiefen ist die Frage, inwieweit die Vergabesperren nach § 5 SchwarzarbG und § 6 AEntG zu harmonisieren und dabei auch die Regelungen in § 8 Nr. 5 VOB und § 7 Nr. 5 VOL über den Ausschluss von Bewerbern in einzelnen Vergabeverfahren wegen Unzuverlässigkeit (z.B. wegen illegaler Beschäftigung von Arbeitskräften) mit zu berücksichtigen sind.

[767] BGBl. I, 2787 (2789)

ternehmer und durch entsprechende Verträge das Risiko, das die Subunternehmer durch den Einsatz illegaler Arbeitnehmer verursachen, vermeidet und dadurch den Eintritt seiner Haftung gering hält.[768]

Neben staatlichen Kontrollen mit Straf- und Bußgeldverfahren werden hier die Selbstregulierungskräfte der Wirtschaft eingesetzt, um die Funktionsfähigkeit und finanzielle Stabilität der Sozialversicherungsträger sowie die Ordnung auf dem Arbeitsmarkt als Gemeinschaftsgüter mit hohem Stellenwert zu gewährleisten.[769]

IV. Unterlassungsklage nach § 1 UWG

Ausgehend von den wettbewerbsverzerrenden Auswirkungen des Lohn-Dumpings ist auf das Urteil des Bundesgerichtshofes vom 03.12.1992[770] zu verweisen. In dieser Entscheidung wird näher dargelegt, unter welchen Voraussetzungen eine auf § 1 UWG gestützte Unterlassungsklage eines Mitbewerbers erfolgreich sein kann, wenn ein anderer Betriebsinhaber (Beklagter) durch Unterschreiten des Tariflohnes eine bessere betriebswirtschaftliche Lage gewinnt und diese durch eine entsprechend günstigere Gestaltung der Leistungsangebote ausnutzt, um unlautere wettbewerbliche Vorteile zu erlangen.

Zwar sind die generalpräventiven Wirkungen eines solchen Urteils mangels ausreichender Publizität und wegen des im Einzelfall bestehenden Prozessrisikos eng begrenzt. Dennoch ist diese Entscheidung ein weiterer Schritt in die richtige Richtung, um zumindest sanktionsverstärkend neben Strafen und Geldbußen zivilrechtliche Maßnahmen aufzuzeigen, mit denen die illegale Beschäftigung, die in der Regel mit dem Lohn-Dumping verknüpft ist, bekämpft werden kann. Auch mag ein solches Urteil den Gesetzgeber anregen, darüber nachzudenken, inwieweit es bedenklich ist, die strafrechtliche Ahndung in den Vordergrund zu stellen und so „das Strafrecht als Ausfallbürgschaft für wirtschaftspolitische Phantasielosigkeit einzusetzen".[771]

In diesem Zusammenhang ist noch zu erwähnen, dass der Gesetzgeber schon einmal - allerdings vergeblich - versucht hat, einen Schritt in die vom Bundesgerichtshof vorgezeichnete Richtung zu gehen. Um die im Urteil vom 03.12.1992 aufgezeigten Voraussetzungen einer erfolgreichen Unterlassungsklage durch Gesetz zu schaffen, sah der Entwurf der SPD-Fraktion zum Arbeitnehmer-Entsendegesetz,[772] der im Gesetzgebungsverfahren scheiterte, in § 11 Abs. 1 unter der Überschrift „Konkurrentenschutz" folgende Regelung vor:

---

[768] BT-Drucksache 14/8221, 16
[769] BT-Drucksache 14/8221, 6
[770] BGHZ 120, 320
[771] Ignor/Rixen, NStZ 2002, 510 (517)
[772] BT-Drucksache 13/2418, 4 und 13

„Werden Arbeitnehmern die gemäß § 1 und § 3 zwingenden Arbeitsbedingungen nicht gewährt, so kann von Unternehmen, die mit dem Arbeitgeber dieser Arbeitnehmer im Wettbewerb stehen, von dem Arbeitgeber Unterlassung dieses Wettbewerbsverstoßes und Schadensersatz verlangt werden."

V. Entwurf eines Tariftreuegesetzes

Wegen der zivilrechtlichen Gestaltungsmöglichkeiten, unterhalb der Schwelle von Straftaten und Ordnungswidrigkeiten das Einhalten gesetzlicher Regelungen abzusichern, seien noch die Maßnahmen erwähnt, die in § 7 des im Gesetzgebungsverfahren gescheiterten Entwurfs eines Tariftreuegesetzes[773] unter der Überschrift „Sanktionen" vorgesehen waren, um die durch untertarifliche Entlohnung verursachten Wettbewerbsverzerrungen - häufig auch verbunden mit illegaler Beschäftigung - zu bekämpfen. Danach hatte der öffentliche Auftraggeber bei der Vergabe öffentlicher Bauaufträge ab einem geschätzten Auftragswert von 50.000 € die Unternehmen zu verpflichten, für jeden schuldhaften Verstoß gegen die Tariftreuepflicht eine Vertragsstrafe von 1 % des jeweiligen Auftragswertes zu zahlen. Ferner sollte das Gesetz rechtliche Möglichkeiten geben, den Vertrag fristlos zu kündigen und eine Vergabesperre von bis zu drei Jahren zu verhängen.

VI. Ausschluss als Geschäftsführer oder Vorstand

§ 6 Abs. 2 Satz 3 GmbHG und § 76 Abs. 3 Satz 3 AktG enthalten identische absolute[774] Ausschlussgründe vom Amt des Geschäftsführers einer GmbH oder des Vorstands einer AG. Auf die Dauer von fünf Jahren seit der Rechtskraft des Urteils kann diese Ämter nicht ausüben, wer wegen einer Straftat nach den §§ 283 bis 283d StGB verurteilt worden ist. Beide Vorschriften sind nicht analogiefähig,[775] sodass Verurteilungen wegen anderer Straftaten, z.B. im Zusammenhang mit der illegalen Beschäftigung von Positivstaatern, nicht ausreichen.

Ausgehend vom Zweck der Normen, dem Schutz gegenwärtiger und künftiger Gläubiger der Gesellschaft zu dienen,[776] überzeugt die Beschränkung auf Insolvenzdelikte nicht. Der dem Schutz der Sozialversicherungsträger als Gläubiger der Sozialversicherungsbeiträge dienende § 266a Abs. 1 StGB sollte zwingend in den Straftatenkatalog mit aufgenommen werden. Darüber hinaus sollte in Erweiterung des gegenwärtigen Schutzzweckes die Möglichkeit genutzt werden, in diesen zivilrechtlichen Normen neben den bereits bestehenden strafrechtli-

---

[773] BT-Drucksache 14/7796
BR-Drucksache 1079/01

[774] Auf die relativen Ausschlussgründe in §§ 6 Abs. 2 Satz 4 GmbHG und 76 Abs. 3 Satz 4 AktG, z.B. die verwaltungsrechtliche Untersagung der Tätigkeit als Vertretungsberechtigter eines Gewerbetreibenden wegen Unzuverlässigkeit (§ 35 GewO), wird nicht näher eingegangen.

[775] BayObLG, Beschluss vom 18.07.1991, BB 1991, 1729
LG Köln, Beschluss vom 06.01.1995, NJW-RR 1995, 553

[776] Schneider, in: Scholz, § 6 Rz. 20

chen Konsequenzen sanktionsverstärkende Maßnahmen zur Ordnung des Arbeitsmarktes und damit gleichzeitig zur Bekämpfung der illegalen Beschäftigung zu schaffen. Daher scheint es geboten, die in § 5 Abs. 1 Nr. 1 SchwarzarbG genannten Straftatbestände ebenfalls aufzuführen. Die Aufnahme anderer Vorschriften, z.B. § 92a AuslG oder § 370 AO, ist nicht angezeigt, da die Sachverhaltsgestaltungen, die einer Verurteilung nach diesen Vorschriften zu Grunde liegen können, zu vielgestaltig sind und vom Unrechtsgehalt der Tat eine solche Rechtsfolge nicht in jedem Fall angemessen erscheinen lassen.[777]

De lege ferenda sollte daher der erste Halbsatz des § 6 Abs. 2 Satz 3 GmbHG und des § 76 Abs. 3 Satz 3 AktG wie folgt ergänzt und neu gefasst werden:

> *„Wer wegen einer Straftat nach den §§ 266a Abs. 1 und 4, 283 bis 283d des Strafgesetzbuches, §§ 406, 407 des Dritten Buches Sozialgesetzbuch oder Artikel 1 §§ 15, 15a des Arbeitnehmerüberlassungsgesetzes verurteilt worden ist, kann auf die Dauer von fünf Jahren seit der Rechtskraft des Urteils nicht Geschäftsführer/Mitglied des Vorstands sein;"*

VII. Gewerberechtliche Maßnahmen nach den §§ 15 Abs. 2 Satz 1, 35 GewO

Aus den von ihm als „Interventionsrecht" bezeichneten Maßnahmen, bei denen außerhalb des Straf- und Ordnungswidrigkeitenrechts das Einhalten gesetzlicher Regelungen abgesichert werden kann, nennt Hassemer[778] als Beispiel auch Betriebsstilllegungen. Soweit es um Betriebe des Gaststätten- und Beherbungsgewerbes sowie des Baugewerbes, die beide Schwerpunktbereiche der illegalen Beschäftigung von Positivstaaten sind, geht, kommen als gesetzliche Grundlagen die §§ 15 Abs. 2 Satz 1 und 35 GewO in Betracht.

Rechtsgrundlage für die Stilllegung eines erlaubnispflichtigen Gaststättengewerbes, das nach Widerruf der Erlaubnis wegen Unzuverlässigkeit weiter betrieben wird, ist § 15 Abs. 2 Satz 1 GewO. Erweist sich der Inhaber eines Handwerksbetriebes aus dem Bereich der Bauwirtschaft als unzuverlässig, wird sein Betrieb unter den Voraussetzungen des § 35 GewO stillgelegt.

Unzuverlässig im Sinne der beiden Normen ist beispielsweise der Gewerbetreibende, der in seinem Betrieb ausländische Arbeitnehmer ohne die erforderliche Arbeitsgenehmigung beschäftigt.[779] Führt der Gewerbetreibende die Gesamtsozialversicherungsbeiträge nicht ab, so zeigt er damit einen so bedenklichen Mangel an sozialem Verantwortungsbewusstsein gegenüber den Arbeitnehmern

---

[777] Z.B. hinterzogene Einfuhrabgaben bei Schmuggeldelikten oder „klassische" Schleusungsfälle ohne jeden Bezug zur Tätigkeit des Arbeitgebers.

[778] StV 1995, 483 (490)

[779] BVerwG, Urteil vom 13.03.1973, BVerwGE 42, 68 (72)

und der Solidargemeinschaft der Versicherten, dass er regelmäßig ebenfalls als unzuverlässig einzustufen ist.[780]

Führen die zuständigen Behörden unter Beachtung des Grundsatzes der Verhältnismäßigkeit das Untersagungsverfahren konsequent und zügig durch und legen sie unter Einsatz der ihnen im Rahmen des verwaltungsrechtlichen Vollzuges zur Verfügung stehenden Zwangsmittel den Gewerbebetrieb tatsächlich still, so sind diese Maßnahmen durchaus geeignet, in den einschlägigen Kreisen eine über Strafen und Bußgeldern hinausgehende abschreckende Wirkung zu erzielen.

VIII. Ausweisung

Der Positivstaater, der im Bundesgebiet illegal arbeitet, begeht eine vorsätzliche Straftat gemäß § 92 Abs. 1 Nr. 1 AuslG und damit nicht nur einen vereinzelten oder geringfügigen Verstoß gegen Rechtsvorschriften im Sinne des § 46 Nr. 2 AuslG, sodass er nach § 45 Abs. 1 AuslG ausgewiesen werden kann.[781] In der danach zu treffenden Ermessensentscheidung ist der Verletzung des gesetzlichen Verbots, als visumsfrei eingereister Positivstaater im Bundesgebiet eine unselbständige Erwerbstätigkeit auszuüben, ein erhebliches Gewicht beizumessen. Der Zugang ausländischer Arbeitnehmer zum Arbeitsmarkt bedarf eines geregelten Verfahrens, dessen Nichteinhalten erhebliche Gefahren arbeitsmarktpolitischer und sozialer Art mit sich bringt. In Zeiten eines äußerst angespannten Arbeitsmarktes besteht ein dringendes öffentliches Interesse, Verstößen gegen die den Zugang zum Arbeitsmarkt regelnden Vorschriften durch generalpräventive Maßnahmen wirksam vorzubeugen.[782] Nach dem Oberverwaltungsgericht Hamburg[783] ist es sachgerecht, nach Öffnung der Grenzen zu den mittel- und osteuropäischen Staaten auch durch eine rechtmäßige Ausweisungspraxis darauf hinzuwirken, dass die illegale Beschäftigung von Staatsangehörigen dieser Länder unterbleibt oder zumindest zurückgedrängt wird.

Dem gewichtigen öffentlichen Interesse, durch eine kontinuierliche Ausweisungspraxis das gesetzliche Ziel einer wirksamen Arbeitsmarktkontrolle zu erreichen und andere Positivstaater von illegalen Erwerbstätigkeiten abzuhalten, stehen grundsätzlich keine nach § 45 Abs. 2 Nr. 1 AuslG schützenswerten Belange des Positivstaaters von Gewicht gegenüber, die in einem Abwägungsprozess nach dem Grundsatz der Verhältnismäßigkeit zu seinen Gunsten zu berücksichtigen wären. Wegen der mit einer Ausweisung verbundenen Sperrwir-

---

[780] Michel/Kienzle, § 4 Rz. 30
Nr. 3.1.2.4. der Allgemeinen Verwaltungsvorschrift zum Vollzug des § 35 GewO (GewUVwV) des Landes Bayern, abgedruckt bei Landmann/Rohmer unter Nr. 253.

[781] BVerwG, Urteil vom 24.09.1996, NVwZ 1997, 1123
VGH Mannheim, Beschluss vom 14.11.1994, InfAuslR 1995, 197 (198)

[782] BVerwG, Urteil vom 16.09.1980, BVerwGE 61, 32 (35)

[783] Beschluss vom 07.09.1995, EZAR 033 Nr. 7

kung[784] scheiden im Interesse einer wirksamen Generalprävention grundsätzlich mildere ausländerrechtliche Maßnahmen aus. Auch ist zu bedenken, dass bei der starken Motivation, im Bundesgebiet illegal zu arbeiten, damit zu rechnen ist, dass der Positivstaater, der zunächst freiwillig (ohne Ausweisung) ausgereist ist, ins Bundesgebiet zurückkehrt und erneut Verfehlungen derselben Art begeht. Somit ist auch aus spezialpräventiven Erwägungen die Ausweisung des illegal erwerbstätig gewesenen Positivstaaters geboten.

[784] Vgl. § 8 Abs. 2 Satz 1 i.V.m. § 44 Abs. 5 AuslG

Zusammenfassung

In dieser Arbeit ist der Versuch unternommen worden, in der täglichen Praxis auftretende rechtliche Probleme im Zusammenhang mit der illegalen Beschäftigung von Positivstaatern unter Auswertung der ergangenen Rechtsprechung, des Schrifttums und der Gesetzesmaterialien wissenschaftlich aufzuarbeiten, vorhandene Kommentierungslücken zu schließen und Anregungen für gesetzgeberische Initiativen zu geben. Die Ergebnisse sind thesenhaft wie folgt zusammenzufassen:

I.

1. Illegal beschäftigt werden aus der Gruppe der Positivstaater insbesondere die Angehörigen mittel- und osteuropäischer Staaten (MOE-Staaten). Sie drängen auf den deutschen Arbeitsmarkt und werden dort zu extrem niedrigen Löhnen beschäftigt. Die nachteiligen Folgen sind immens und führen zu Ausfällen von Sozialversicherungsbeiträgen und Steuern in Milliardenhöhe, negativen Auswirkungen auf den Arbeitsmarkt und Wettbewerbsverzerrungen.

   Die rechtliche Einordnung ihrer Tätigkeit ist ein Schwerpunkt bei der Bekämpfung der illegalen Beschäftigung.

2. Ein Kernproblem der Arbeit ist, dass die bei der Bekämpfung der illegalen Beschäftigung maßgeblichen Straf- und Ordnungswidrigkeitentatbestände des Nebenstrafrechts an das Fehlen verwaltungsrechtlicher Genehmigungen (Aufenthalts- und Arbeitsgenehmigung) anknüpfen. Für eine sachgerechte Ahndung muss Klarheit über die rechtliche Einordnung des Tatbestandsmerkmals „ohne Genehmigung“ bestehen. Aus der Vielzahl von Meinungen und Lösungsansätzen sind - insbesondere auch unter dem Gesichtspunkt praxisnaher Lösungen - folgende Thesen herauszustellen:

   a) Aufenthalts- und Arbeitsgenehmigung sind Kontrollgenehmigungen. Sie dienen einer wirksamen Zuzugs- und Arbeitsmarktkontrolle. Ihnen liegt ein präventives Verbot mit Erlaubnisvorbehalt zu Grunde. In den Straftatbeständen ist das Fehlen der Genehmigung negatives Tatbestandsmerkmal.

   b) Hat die zuständige Verwaltungsbehörde eine Genehmigung erteilt, so sind nach dem Grundsatz der strengen Verwaltungsaktsakzessorietät die Strafverfolgungsorgane daran gebunden. Dabei kommt es nur auf die Wirksamkeit, nicht aber auf die Rechtmäßigkeit der Genehmigung an. Nur die nichtige Genehmigung entfaltet keine Tatbestandswirkung.

   c) Die beispielsweise durch falsche Angaben im Antrag rechtsmissbräuchlich erlangte Genehmigung ist nach verwaltungsrechtlichen Grundsätzen bis zu ihrer Rücknahme wirksam und de lege lata von den Strafverfolgungsorganen zu beachten. Das in Artikel 103 Abs. 2 GG und § 1 StGB normierte Gesetzlichkeitsprinzip verbietet es, eine - wenn auch rechtsmissbräuchlich erlangte - wirksame (rechtswidrige) Genehmigung als nicht existent und damit zu Lasten des Genehmigungsinhabers das Tatbestandsmerkmal „ohne Genehmigung" als gegeben anzusehen.

Dieses aus Gründen eines wirksamen Rechtsgüterschutzes unbefriedigende Ergebnis kann nur der Gesetzgeber de lege ferenda korrigieren. Dabei erscheint es sinnvoll, nicht entsprechend den bereits bestehenden Sonderregelungen für einzelne Rechtsgebiete (z.B. § 330d Nr. 5 StGB für den Bereich der Umweltdelikte) noch weitere spezielle Regelungen für das Aufenthalts- und Arbeitsförderungsrecht zu schaffen, sondern die Thematik im Allgemeinen Teil des Strafgesetzbuches generell zu regeln wie z.B. durch eine entsprechende Ergänzung des § 11 StGB.

Will man einen weiteren „Stoß ins Mark der Verwaltungsakzessorietät" vermeiden, so könnte im Sinne der Einheit der Rechtsordnung daran gedacht werden, die Nichtigkeitsgründe in § 44 Abs. 2 VwVfG um die Rechtsmissbrauchsfälle zu erweitern oder die Wirksamkeit auch der rechtsmissbräuchlich erlangten Genehmigung unangetastet zu lassen und im Strafgesetzbuch unter Aufhebung der z.Z. bestehenden Sonderregelungen das rechtsmissbräuchliche Erwirken einer Genehmigung - beispielsweise in Anlehnung an § 92 Abs. 2 Nr. 2 AuslG - in einem eigenen Tatbestand unter Strafe zu stellen.

II.

1. Den Tatbestand der unerlaubten Einreise (§ 92 Abs. 1 Nr. 6 AuslG) erfüllt nicht, wer als Positivstaater ohne Visum in das Bundesgebiet einreist und schon zu diesem Zeitpunkt die Absicht hat, eine Erwerbstätigkeit auszuüben.

2. a) Der durch die Aufnahme einer Erwerbstätigkeit begründete unerlaubte Aufenthalt ist kein (echtes) Unterlassungsdelikt, sondern ein durch aktives Tun verwirklichtes Begehungsdelikt.

   b) Von den fünf Alternativen der Legaldefinition einer Erwerbstätigkeit in § 12 Abs. 1 DVAuslG bereitet vor allem die „Üblichkeit eines Entgelts" bei Beschäftigungen im Rahmen (behaupteter) Familien- und Nachbarschaftshilfe Probleme. § 12 DVAuslG sollte insoweit um einen Absatz 7 ergänzt werden, in dem in Anlehnung an die Personenkreise in § 11 Abs. 1 Nr. 1 StGB oder § 52 Abs. 1 StPO klargestellt wird, dass bei Tätigwerden für diese Angehörigen in der Regel ein Entgelt nicht üblich ist.

   c) Die tägliche Einreise mit anschließender Erwerbstätigkeit stellt jeweils eine eigene materiell-rechtliche Handlung im Sinne des § 53 StGB dar. Nach der faktischen Abschaffung der fortgesetzten Handlung durch den Großen Senat für Strafsachen kommt eine Erweiterung der Anwendungsbereiche anderer konkurrenzrechtlicher Gebilde zur Vermeidung einer Gesamtstrafenbildung jedenfalls in den vorliegenden Fällen nicht in Betracht.

d) Das die Strafbarkeit begründende Tatbestandsmerkmal „Ausländer" ist ein tatbezogenes besonderes persönliches Merkmal, auf das § 28 Abs. 1 StGB nicht anzuwenden ist.

e) Gewährt der Arbeitgeber dem illegalen beschäftigten Positivstaater Unterkunft, Arbeit oder ähnliche Unterstützungsleistungen, so fördert er durch diese tatkräftige Hilfe objektiv den unerlaubten Aufenthalt als Haupttat und bestärkt damit gleichzeitig den Arbeitnehmer in seinem Tatentschluss. Er leistet damit Beihilfe zu einem Dauerdelikt, und zwar ohne Rücksicht darauf, ob der Täter zur Fortsetzung seines illegalen Verhaltens unter allen Umständen entschlossen ist. Der abweichenden Auffassung des Bayerischen Obersten Landesgerichts und des Oberlandesgerichts Düsseldorf ist nicht zu folgen.

3. a) Die amtliche Überschrift „Einschleusen von Ausländern" beschränkt den Anwendungsbereich des § 92a AuslG nicht darauf, dass der Ausländer, der entsprechend § 92 Abs. 1 Nrn. 1, 2 oder 6 oder Abs. 2 AuslG handelt, immer ein „Eingeschleuster" sein muss. § 92a AuslG ist vielmehr auf jeden anzuwenden, der - ohne Berücksichtigung der Überschrift - die einzelnen Tatbestandsmerkmale der Norm erfüllt.

b) Handeln aus Eigennutz im Sinne des § 92a Abs. 1 Nr. 1 AuslG ist ein täterbezogenes, den Anwendungsbereich des § 28 Abs. 2 StGB eröffnendes besonderes persönliches Merkmal.

c) Wiederholtes Handeln nach § 92a Abs. 1 Nr. 2 AuslG setzt keine vorherige Verfolgung oder rechtskräftige Ahndung der Vortat voraus.

4. a) Zu den maßgeblichen Arbeitsbedingungen des objektiven Tatbestandes des § 406 Abs. 1 SGB III gehört neben Lohn und Urlaub auch die Sozialversicherung, d.h. das Sichern der dem Arbeitnehmer zustehenden Ansprüche durch Entrichten der Gesamtsozialversicherungsbeiträge.

b) Konstitutives Element der Straftat nach § 406 Abs. 1 SGB III ist die Beschäftigung des Positivstaaters zu Arbeitsbedingungen, die in einem auffälligen Missverhältnis zu den Arbeitsbedingungen deutscher Arbeitnehmer stehen, die die gleiche oder eine vergleichbare Tätigkeit ausüben. Bei der Arbeitsbedingung „Lohn" bereitet die Anwendung des unbestimmten Rechtsbegriffs „auffälliges Missverhältnis" Probleme. Entsprechend der Kommentarliteratur und einem Gesetzentwurf aus dem Jahre 1995 (zu einem vergleichbaren Tatbestand aus dem Arbeitnehmer-Entsendegesetz) sollte der Gesetzgeber de lege ferenda einen Lohnunterschied von 20 % im Gesetz als maßgeblich festschreiben, um den Tatbestand zu konkretisieren und seine Akzeptanz in der strafrechtlichen Praxis zu erhöhen.

5. In § 407 Abs. 1 Nr. 1 SGB III sollten die Worte „mehr als fünf Ausländer" durch die Worte „mehr als einen Ausländer" ersetzt werden, um die besondere Sozial-

schädlichkeit der unerlaubten Beschäftigung mehrerer Ausländer deutlich zu machen und den objektiven Tatbestand dem des § 92a Abs. 1 Nr. 2 AuslG anzupassen.

6. a) Bei der Bewertung der Arbeitsleistung des Arbeitnehmers als Vermögensvorteil des Arbeitgebers in § 291 Abs. 1 Satz 1 Nr. 3 StGB ist der Tariflohn aus allgemeinverbindlichen Tarifverträgen eine feste Bezugsgröße. In anderen Fällen ist für tarifvertraglich Gebundene grundsätzlich der Tariflohn maßgebend; für nicht Tarifgebundene sind aufgrund der Vertragsfreiheit auch erheblich untertarifliche Lohnabreden zulässig und somit für die Ermittlung des Marktwertes der Arbeitsleistung ausschlaggebend.

b) Der herrschenden Meinung, dass das auffällige Missverhältnis zwischen Leistung (des Arbeitgebers) und Gegenleistung (des Arbeitnehmers) beim Lohnwucher sich allein aus der Sicht des Arbeitgebers nach einem Vergleich zwischen dem Marktwert der Arbeitsleistung als Vermögensvorteil und dem gezahlten Lohn bemisst und dem Arbeitnehmer als Opfer aus dem wucherischen Geschäft zufließende Vorteile nicht zu berücksichtigen sind, kann in dieser Allgemeinheit nicht gefolgt werden.

Diese pauschale Aussage ist dahingehend zu präzisieren, dass beim Ermitteln des objektiven Wertes der Täterleistung „Lohn“ auch werterhöhende Kriterien, die auf Grund besonderer Umstände des Einzelfalles seitens des Opfers (Arbeitnehmers) gegeben sind, mit berücksichtigt werden.

So ist entgegen der Auffassung des Bundesgerichtshofes auch die erhöhte Kaufkraft des Lohnes im Heimatland des Positivstaaters in den Leistungsvergleich einzubeziehen, soweit der Arbeitnehmer wesentliche Teile seines (untertariflichen) Lohnes in seine Heimat transferiert.

c) Da § 291 StGB in Abs. 1 Satz 1 Nr. 3 allgemein den Leistungswucher erfasst und der Lohnwucher nur ein Unterfall ist, eignet sich diese Vorschrift nicht für die Aufnahme einer prozentualen Orientierungsmarke, um den unbestimmten Rechtsbegriff „auffälliges Missverhältnis“ näher zu konkretisieren.

Sollte der Gesetzgeber sich entschließen können, in § 406 Abs. 1 SGB III die 20 %-Marke aufzunehmen, hätte das sicherlich auch Auswirkungen auf die Auslegung des Begriffs „auffälliges Missverhältnis“ beim Lohnwucher.

d) Das Tatbestandsmerkmal „Unerfahrenheit“ liegt bei ausländischen Arbeitnehmern in der Regel vor, wenn ihnen ausreichende Sprachkenntnisse fehlen und sie dadurch den erforderlichen Überblick über den Bereich, zu dem das Wuchergeschäft gehört, nicht besitzen.

e) Entgegen einer Meinung im Schrifttum, das Tatbestandsmerkmal „Ausbeuten“ bedeute ein besonders intensives, sittlich anstößiges, parasitäres und verwerfliches Ausnutzen, ist der Begriff über das bewusste Ausnutzen der Opferschwäche hinaus nicht in einer die Anwendung des § 291 Abs. 1 Satz 1 Nr. 3 StGB zusätzlich erschwerenden Weise „moralisch aufzuladen".

7. Der Anregung, kaum zu rechtfertigende Wertungswidersprüche beim Anwenden des § 263 StGB (Beitragsbetrug: der Arbeitgeber meldet nur einige seiner Arbeitnehmer bei der Einzugsstelle an) und des § 266a StGB (der Arbeitgeber meldet keine Arbeitnehmer an) zu vermeiden und auch die Arbeitgeberanteile am Gesamtsozialversicherungsbeitrag in den Schutzbereich des § 266a StGB einzubeziehen, ist der Gesetzgeber in Art. 8 des Gesetzes zur Erleichterung der Bekämpfung von illegaler Beschäftigung und Schwarzarbeit vom 23.07.2002 nicht gefolgt. Damit bewegt er sich sicherlich im Rahmen des ihm verfassungsrechtlich eingeräumten Beurteilungsspielraumes, wenn auch die zur Begründung angeführten Argumente keineswegs zwingend sind. Hinzuweisen ist in diesem Zusammenhang auf § 406 Abs. 1 SGB III, bei dem unter dem Gesichtspunkt, dass zu den maßgeblichen Arbeitsbedingungen die Sozialversicherung gehört, das Nichtzahlen auch der Arbeitgeberanteile mit zu berücksichtigen ist.

III.

1. Bei der Bestimmung des gesetzlichen Strafrahmens, dem ersten Schritt des Strafzumessungsvorganges, sind Strafrahmenverschiebungen zu beachten.

   a) Die in der Arbeit angesprochenen besonders schweren Fälle sind keine Qualifikationstatbestände, sondern ausnahmslos durch Regelbeispiele umschriebene Strafzumessungsregeln.

   b) In Fällen echter Schadenswiedergutmachung kann das Gericht unter den Voraussetzungen des § 46a StGB die Strafe nach § 49 Abs. 1 StGB mildern. Sind der Staat oder andere Träger der öffentlichen Verwaltung, die als juristische Personen Verletzte im Sinne des § 46a StGB sein können, geschädigt, so kommt ein Täter-Opfer-Ausgleich nach § 46a Nr. 1 StGB nicht in Betracht; denn Voraussetzung dieser Alternative ist ein kommunikativer Prozess zwischen Täter und Opfer, der auf einen umfassenden Ausgleich der durch die Straftat verursachten Folgen gerichtet sein muss. Der Staat ist hierfür kein geeigneter Kommunikationspartner. Die Strafrahmenverschiebung kann in diesen Fällen, z.B. bei späterer Zahlung hinterzogener (Lohn-) Steuern und vorenthaltener Sozialversicherungsbeiträge, nur unter den Voraussetzungen des § 46a Nr. 2 StGB erfolgen.

2. Um den gegenüber dem gesetzlichen Strafrahmen engeren Schuldrahmen zu finden, innerhalb dessen alle Strafen schuldangemessen sind, sind unter Beachtung der in § 46 Abs. 2 Satz 2 StGB nicht abschließend aufgeführten Faktoren alle Umstände heranzuziehen, die für einen gerechten Schuldausgleich maßgeblich sind, und sodann gegeneinander abzuwägen (§ 46 Abs. 2 Satz 1 StGB). Im Zusammen-

hang mit der illegalen Beschäftigung von Positivstaatern sind insbesondere folgende strafzumessungserheblichen Umstände von Bedeutung:

a) Zentrale strafschärfende Faktoren sind die Dauer der unerlaubten Aufenthalt begründenden illegalen Erwerbstätigkeit und die Höhe der nicht entrichteten (Lohn-) Steuern und Sozialversicherungsbeiträge. Es ist davor zu warnen, entsprechend den in den meisten Bundesländern vorhandenen (nicht veröffentlichten) Strafzumessungsrichtlinien eine dem Schuldmaßprinzip genügende Einzelfallentscheidung einem undifferenzierten schematischen Vorgehen zu opfern.

b) Macht sich ein Arbeitgeber, der einen Positivstaater ohne Arbeitsgenehmigung beschäftigt, wegen Beihilfe zum unerlaubten Aufenthalt strafbar, so ist für ihn der für den Arbeitnehmer geltende Strafrahmen obligatorisch zu mildern. Demgegenüber sieht § 404 Abs. 3 SGB III für die vom Arbeitgeber begangene Ordnungswidrigkeit, die gemäß § 21 Abs. 1 Satz 1 OWiG nicht zum Zuge kommt, einen wesentlich höheren Bußgeldrahmen als für die Ordnungswidrigkeit des Arbeitnehmers vor. Diese gesetzgeberische Bewertung der „untergegangenen" Ordnungswidrigkeit ist strafschärfend zu berücksichtigen.

c) Scheidet eine Strafrahmenverschiebung gemäß § 46a Nr. 2 StGB aus, ist die Schadenswiedergutmachung oder das Bemühen um sie im Rahmen der allgemeinen Strafzumessungsgründe nach § 46 Abs. 2 Satz 2 StGB strafmildernd zu berücksichtigen.

d) Beweggründe und Ziele des Arbeitgebers und des Arbeitnehmers können sich strafmildernd auswirken. Zentrales Kriterium ist dabei die wirtschaftliche Not, die häufig kausal für das illegale Beschäftigungsverhältnis ist.

e) Allein die Ausländereigenschaft des Positivstaaters ist grundsätzlich weder strafschärfend noch strafmildernd zu berücksichtigen.

f) Auch das mit einer Ausweisung verbundene Einreise- und Aufenthaltsverbot ist regelmäßig kein bestimmender Strafzumessungsgrund.

g) Als strafschärfender Zumessungsgesichtspunkt kann beim Arbeitgeber berücksichtigt werden, dass er sich durch den Einsatz untertariflicher bezahlter Positivstaater einen Wettbewerbsvorteil zu Lasten der legal arbeitenden Mitbewerber verschafft und dadurch deren wirtschaftliche Existenz gefährdet oder vernichtet.

3. Insbesondere bei den ausländischen Arbeitnehmern liegt der Schuldrahmen (Spielraum), innerhalb dessen Bandbreite letztlich alle Strafen schuldangemessen sind, im Bereich von Freiheitsstrafe bis zu sechs Monaten oder Geldstrafe bis zu 180 Tagessätzen. Da auch die lange Dauer des unerlaubten Aufenthalts für sich genommen nicht das Verhängen einer Freiheitsstrafe unter sechs Monaten gemäß § 47 Abs. 1 StGB unerlässlich macht, ist vorrangige Strafart die Geldstrafe.

4. Von den Einstellungsmöglichkeiten nach dem Opportunitätsprinzip kommen vor allem die §§ 153 Abs. 1, 153a Abs. 1 und § 154b Abs. 3 StPO in Betracht.

   a) Bei einer Einstellung nach § 153a Abs. 1 StPO ist als Auflage vor allem die in Nr. 1 geregelte Anordnung, zur Wiedergutmachung des durch die Tat verursachten Schadens eine bestimmte Leistung zu erbringen, von praktischer Bedeutung. Auf diese Weise kann der durch die Straftat erlangte Vermögensvorteil abgeschöpft werden.

   b) Nach Vorliegen einer bestandskräftigen Ausweisung des Positivstaaters gemäß § 45 AuslG kann nach § 154b Abs. 3 StPO von der Erhebung der öffentlichen Klage abgesehen werden. In der Praxis kann es angezeigt sein, dass die Staatsanwaltschaft mit der Ausländerbehörde Kontakt aufnimmt, um den Erlass der Ausweisungsverfügung zu beschleunigen und sich diese Einstellungsmöglichkeit zu eröffnen.

5. Wegen der im Regelfall gegen den Arbeitnehmer zu verhängenden Geldstrafe wird die öffentliche Klage fast ausnahmslos durch den Antrag auf Erlass eines Strafbefehls gemäß den §§ 407 ff. StPO erhoben.

   a) Bei Positivstaatern, die ausschließlich zur Aufnahme einer illegalen Beschäftigung eingereist sind und überwiegend keinen festen Wohnsitz oder Aufenthalt im Bundesgebiet haben, kann, um die Durchführung des Strafverfahrens sicherzustellen, gemäß § 132 Abs. 1 Nr. 2 StPO angeordnet werden, dass sie einen Zustellungsbevollmächtigten bestellen. Der Bevollmächtigte muss den ihm zugestellten Strafbefehl unverzüglich (formlos) an den Ausländer weiterleiten; die zweiwöchige Einspruchsfrist beginnt mit Zustellung an den Bevollmächtigten.

   b) Der Strafbefehl ist gemäß Art. 6 Abs. 3 Buchst. a) MRK in die Heimatsprache des Ausländers zu übersetzen, nicht aber zwingend die Rechtsbehelfsbelehrung. Nach der Rechtsprechung reicht es aus, dass der Angeklagte Wiedereinsetzung in den vorigen Stand unter den Voraussetzungen der §§ 44, 45 StPO erlangen kann. Über diese Möglichkeit, seine Rechte zu wahren, wird er allerdings nicht belehrt.

   Wegen der erheblichen Folgen, die ein rechtskräftiger Strafbefehl auslöst, erscheint es geboten, durch eine entsprechende Ergänzung des § 409 Abs. 1 Nr. 7 StPO sicherzustellen, dass dem Ausländer eine Rechtsbehelfsbelehrung in seiner Heimatsprache erteilt wird.

6. Zahlt der Positivstaater die rechtskräftig festgesetzte Geldstrafe nicht, wird die Vollstreckung der Ersatzfreiheitsstrafe nach den §§ 43 StGB, 459e StPO angeordnet. Für diese Ersatzfreiheitsstrafe gilt weder § 56 noch § 57 StGB. Sie wird uneingeschränkt vollstreckt und konterkariert damit den in § 47 Abs. 1 StGB normierten Willen des Gesetzgebers, die Vollstreckung kurzer Freiheitsstrafen zu vermeiden.

Die Strafungerechtigkeit der Ersatzfreiheitsstrafe gegenüber einer als Ergebnis einer ungünstiger ausfallenden Strafzumessung verhängten, aber nach § 56 Abs. 1 und 3 StGB nicht zu vollstreckenden Freiheitsstrafe liegt auf der Hand. Die rechtliche Möglichkeit, die Verbüßung der Ersatzfreiheitsstrafe durch das Leisten gemeinnütziger Arbeit abzuwenden, scheidet für ausländische Verurteilte mangels Angebot geeigneter Arbeit regelmäßig aus.

Die Strafungerechtigkeit der Ersatzfreiheitsstrafe wird bei den im Ausland lebenden Positivstaatern noch dadurch verschärft, dass auch bei an sich verwirkten Freiheitsstrafen von über sechs Monaten auf das Strafbefehlsverfahren zurückgegriffen und eine entsprechend hohe Geldstrafe festgesetzt wird, die sich dann wieder in eine bis zum letzten Tag zu verbüßende Ersatzfreiheitsstrafe verwandelt.

Um die mit Ersatzfreiheitsstrafen zusammenhängenden Ungerechtigkeiten auf ein angemessenes Maß zu reduzieren, werden zwei Lösungsansätze vorgeschlagen:

a) Bei zu erwartenden Freiheitsstrafen von sechs Monaten bis zu einem Jahr sollte vermehrt das beschleunigte Verfahren gewählt werden, um zu hohe Geldstrafen zu vermeiden.

b) Nach Verhaftung eines zur Vollstreckung der Ersatzfreiheitsstrafe ausgeschriebenen ausländischen Arbeitnehmers ist zügig eine Entscheidung nach § 456a Abs. 1 StPO herbeizuführen, da der Verurteilte in der Regel bereits auf Grund der begangenen Straftat bestandskräftig ausgewiesen wurde. Andernfalls ist schnellstmöglich eine Entscheidung der Ausländerbehörde über die Ausweisung zu erwirken.

7. Um die illegale Beschäftigung von Ausländern auf allen rechtlichen Ebenen wirksam zu bekämpfen, ist es geboten, das straf- und bußgeldrechtliche Sanktionssystem durch außerstrafrechtliche Konsequenzen mit präventiver Wirkung zu verstärken. Als zivil- oder verwaltungsrechtliche Maßnahmen sind insoweit zu nennen:

- Vergabesperre nach § 5 SchwarzarbG.
  Zu bemängeln ist, dass diese Norm, die nur am Rande das Gesetz zur Bekämpfung der Schwarzarbeit betrifft, einen systematisch verunglückten, ihre Effektivität einschränkenden Standort hat.

- Generalunternehmerhaftung nach § 28e Abs. 3a SGB IV.

- Unterlassungsklage nach § 1 UWG.
  Hierzu ist anzuregen, die Voraussetzungen für eine erfolgreiche Unterlassungsklage näher gesetzlich zu regeln, wie es im Entwurf der SPD-Fraktion zum Arbeitnehmer-Entsendegesetz vorgesehen war.

- Ausschluss als Geschäftsführer oder Vorstand.
  Die absoluten Ausschlussgründe in § 6 Abs. 2 Satz 3 GmbHG und § 76 Abs. 3 Satz 3 AktG sollten um die in § 5 Abs. 1 Nrn. 1 und 2 SchwarzarbG aufgeführten Straftaten erweitert werden.

- Gewerberechtliche Maßnahmen nach den §§ 15 Abs. 2 Satz 1, 35 GewO.

- Ausweisung nach den §§ 45, 46 AuslG.

Kolibri 360 GmbH
Ferdinand-Jühlke-Straße 7
99095 Erfurt, Deutschland
produktsicherheit@kolibri360.de

Druck:
CPI Druckdienstleistungen GmbH
im Auftrag der
Kolibri 360 GmbH
Ferdinand-Jühlke-Str. 7
99095 Erfurt